中国特色社会主义经济建设协同创新中心重点合作课题

# 跨境资金流动及本外币协同监管体系构建研究

中国人民银行天津分行和南开大学联合课题组　著

中国金融出版社

责任编辑：张翠华
责任校对：潘　洁
责任印制：陈晓川

**图书在版编目（CIP）数据**

跨境资金流动及本外币协同监管体系构建研究（Kuajing Zijin Liudong ji Benwaibi Xietong Jianguan Tixi Goujian Yanjiu）/中国人民银行天津分行和南开大学联合课题组著．—北京：中国金融出版社，2018.7
ISBN 978-7-5049-9563-6

Ⅰ.①跨…　Ⅱ.①中…　Ⅲ.①国际金融—资本循环—金融监管体系—研究—中国　Ⅳ.①F832.6

中国版本图书馆 CIP 数据核字（2018）第 086931 号

出版发行　中国金融出版社
社址　北京市丰台区益泽路 2 号
市场开发部　(010)63266347，63805472，63439533（传真）
网 上 书 店　http://www.chinafph.com
(010)63286832，63365686（传真）
读者服务部　(010)66070833，62568380
邮编　100071
经销　新华书店
印刷　北京市松源印刷有限公司
尺寸　169 毫米×239 毫米
印张　18.25
字数　203 千
版次　2018 年 7 月第 1 版
印次　2018 年 7 月第 1 次印刷
定价　40.00 元
ISBN 978-7-5049-9563-6

# 序

跨境资金流动及其监管是国际金融领域的焦点问题之一，随着经济全球化、金融一体化的不断深入，跨境资金流动大幅提高了金融资源配置效率，但同时也对货币政策和金融稳定提出了挑战。特别是2008年金融危机后，全球资本流动引起了广泛关注，在金融市场逐步实现和扩大双向开放的背景下，如何健全完善风险防控体系、切实维护经济金融安全，已成为国际国内金融领域重点研究课题。

21世纪以来，我国跨境资金流动主要经历了两个阶段。一是2000—2013年，国内经济增长强劲、发达经济体实施量化宽松货币政策，国际资本高强度流入阶段；二是2014年以后，我国经济进入新常态、发达国家货币政策分化，跨境资本遭受流出冲击阶段。短期资本快速集聚和大规模跨境流动，干扰了人民币汇率稳定和国际收支平衡，容易引发金融风险。党的十九大明确提出，要健全货币政策和宏观审慎政策双支柱调控框架，深化利率和汇率市场化改革，健全金融监管体系，牢牢守住不发生系统性金融风险的底线。第五次全国金融工作会议确定的金融工作“三大任务”，其中非常重要的一项任务就是防控金融风险，突出强调加强金融监管协调、补齐监管短板，强化金融监管的专业性、统一性和穿透性，及时有效地识别和化解风险。中国人民银行和国家外汇管理局作为国家重要的金融管理部门，高度重视跨境资金流动监管及风险防控工作，特别是在构建跨境资本流动的宏观审慎管理与微观市场监管体系等方面作了大量工作，为分支行更加有针对性地开展工作提供了重要遵循和政策指导。

作为人民银行基层行，天津分行认真学习贯彻党的十九大精神和全国金融工作会议精神，始终把防控金融风险放在重要位置，持续加强跨境本外币一体化管理，有效防范跨境资金流动风险，切实维护地区金融安全稳定运行。自2015年底，分行就积极构建跨境本外币创新工作机制和跨境资金双向平衡管理机制，统筹抓好跨境本外币管理的机制建立、改革创新、政策研究、联合监管等重要工作。2016年，分行和南开大学成立联合课题组，合作开展跨境本外币管理研究，全面梳理国内外跨境资金流动监管的基础理论和管理实践，总结吸取国际经验和教训，紧密结合我国跨境资金流动现状、特点及规律，全面对比分析本币和外币监管政策在不同阶段、不同项目、不同区域的一致性和差异性，并在此基础上，积极探索构建适应新形势下我国经济金融发展要求的跨境资金流动本外币协同监管体系。

本书研究的跨境资金流动及本外币协同监管体系，是宏观审慎管理制度建设的重要内容之一，也是现代金融监管框架的重要组成部分。本书立足于国内外跨境资金流动及其监管的实践历程，坚持维护金融安全稳定和国际收支平衡的总体原则，牢牢把握新时期健全金融监管体系、推动全面开放新格局的改革目标，坚持以加快推进跨境资金流动监管工作制度化、规范化为努力方向，对跨境资金流动本外币协同监管开展了一系列具有前瞻性、探索性、建设性的理论研究，以及务实可行、有操作性、有针对性的实证研究。本书研究兼顾政策性和实务性特点，其主要特色体现在“三个有机结合”。

第一，坚持历史梳理与现实思考有机结合。以我国跨境资金流动及监管发展历程为研究主线，运用资产组合平衡理论和套利理论，分析我国跨境资金流动的客观性和监管的必要性。同时，结合我国不同时期经济金融发展实践，详细对比分析本币和外币跨境资金流动监管政策在目标、尺度上的差异，深入研究在岸与离岸人民币市场、人民币汇率制度改革和外汇管理改革对跨境资金流动的影响及对本外币协同监管的影响。特别是，针对近年来我国金融风险跨市场、跨行业、跨区域、跨国境交叉感染传导等严峻复杂形势，对照国际理论和成功做法，深入分析研究我国跨境本外币监管上存在的问题和不足，着重从监管部门、政策尺度、信息共享、统计监管等方面提出一系列符合我国实际、符合监管要求、符合履职实践的政策建议，理论研究和实证分析具有较强的针对性、可行性和前瞻性。

第二，坚持国际借鉴与我国国情有机结合。本书着眼于对世界主要货币国家资金流动及监管的比较分析，力求为我国跨境资金流动监管体系构建提供有益参考。特别是，重点研究总结了美元、马克以及日元等世界主要货币在国际化过程中的本外币协同监管经验，以及巴西、印度、新加坡、马来西亚等主要新兴市场国家动态资本监管经验。通过理论和实证研究，我们认为当前国际上跨境资金流动监管目标基本一致、措施逐步趋同，不同阶段措施与国内经济及汇率波动高度相关，并就此深入研究总结出对我国跨境资金流动监管具有指导意义的规律性认识，为我国人民币国际化以及本外币协同监管提供了思路性、方向性的借鉴和参考。

第三，坚持理论研究与实践探索有机结合。我们牢固树立跨境本外币管理“一盘棋”的思想，结合理论研究和我国金融监管现状，系统提出我国跨境资金流动监管体系的政策框架和实现路径，具有很强的现实意义。我们探索性地提出，本外币协同监管可分两步走，第一步，本币与外币相对独立的协同监管，采取“监测先行，差异化管理并存”的协同监管方式；第二步，本外币一体化监管，最终实现“无差异、一体化管理”。同时，为确保协同监管有效运行，创新地提出本外币协同监管时期，需加强制度协同机制、信息管理协同机制、协同监测评估机制、联合行动机制等四个方面的协同监管机制建设，为最终实现本外币一体化管理奠定理论和实践基础。

本书是近年来人民银行天津分行关于跨境资金本外币监管研究成果的集中体现，反映了人民银行基层一线人员对当前跨境人民币、外汇管理的实践和探索，为今后我国跨境资金流动监管、提高防范化解金融风险能力提供了有益参考。

# 目　　录

# 第一章 绪 论

## 第一节 研究背景

跨境资金流动及其监管是国际金融监管实践领域关注的焦点问题之一，长期以来存在诸多争论。一方面跨境资金流动可以提高资本配置效率，促进国家经济的发展，推动全球经济金融一体化；另一方面跨境资金流动也会影响一国汇率的稳定以及货币政策的独立性。因此，各国应当根据其实际经济情况、汇率制度安排以及国内外具体经济金融形势等因素来决定如何对跨境资金流动实施有效监管，充分发挥其积极作用，抑制其负面影响。

就我国而言，随着人民币国际化进程逐渐加快，人民币的国际影响力显著提升。2016 年 10 月 1 日，人民币正式纳入国际货币基金组织特别提款权（SDR）货币篮子，是人民币国际化的重要里程碑。据环球银行金融电信协会（SWIFT）统计，2016 年 12 月，人民币成为全球第六大支付货币，市场占有率为 1.68%。截至 2016 年末，我国境内（不含港澳台地区，下同）银行的非居民人民币存款余额为 9 154.7 亿元，主要离岸市场人民币存款余额约为 1.12 万亿元，人民币国际债券未偿余额为 7 132.9 亿元。共有 18 个国家和地区获得人民币合格境外投资者（RQFII）额度，合计人民币 1.51 万亿元；共有 407 家境外机构获准进入银行间债券市场，入市总投资备案规模为 1.97 万亿元。据不完全统计，共有 60 多个国家和地区将人民币纳入外汇储备。① 人民币国际合作成效显著，截至 2017 年 7 月末，我国与 36 个国家和地区的中央银行（或货币当局）签署了双边本币互换协议，协议总规模达到 33 437 亿元人民币。②

同时，人民币跨境流动规模越来越大，稳居我国跨境收付第二大货币。2016 年，跨境人民币收付金额合计 9.85 万亿元，占同期本外币跨境收付金额的 25.2%，人民币已连续六年是我国第二大跨境收付货币。其中，经常项目人民币收付金额 52 274.7 亿元，对外直接投资（ODI）人民币收付金额 10 618.5 亿元，外商直接投资（FDI）人民币收付金额13 987.7亿元。截至 2016 年末，使用人民币进行跨境结算的境内企业约 24 万家。③

伴随人民币资本项目可兑换稳步推进，全口径跨境融资宏观审慎管理试点推广至全国，进一步开放和便利境外机构投资银行间债券市场，完善沪港通机制，启动深港通，拓宽了人民币跨境资金流动渠道，有利于人民币国际化稳步发展，同时也增加了跨境资金本外币监管难度。

复杂多变的国内外经济形势以及我国独特的人民币国际化和资本项目开放进程，使得我国跨境资金流动同时涉及本币与外币监管。目

---

① 数据来源于中国人民银行公布的《人民币国际化报告（2017）》，http：//www. pbc. gov. cn/huobizhengceersi/214481/214511/214695/3398597/index. html。

② 数据来源于中国人民银行网站，http：//www. pbc. gov. cn/huobizhengceersi/214481/214511/214541/3353449/index. html。

③ 数据来源于中国人民银行公布的《人民币国际化报告（2017）》，http：//www. pbc. gov. cn/huobizhengceersi/214481/214511/214695/3398597/index. html。

前，我国对人民币与外币监管分属不同部门，中国人民银行负责本币跨境流动监管，国家外汇管理局负责外币跨境流动监管。在实际的监管中，由于人民币跨境流动的影响与外汇流动不同，央行立足于宏观审慎角度建立人民币跨境交易监管框架，在管理理念、管理方式、管理工具上与外汇管理有区别。因此，本外币不同的管理理念、管理方式会引起管理松紧程度不同，在一定程度影响到监管的效果。

第五次全国金融工作会议提出服务实体经济、防控金融风险和深化金融改革三项任务，跨境资金流动管理在坚持服务实体经济，服务改革开放，支持和推动金融市场的双向开放，提升贸易投资便利化水平的同时，还要防范跨境资金流动风险，防止跨境资金无序、高强度流动对宏观经济和金融稳定带来的冲击，为改革开放创造健康良性稳定的市场环境。因此，研究并构建跨境资金本外币协同监管体系，进一步提升跨境资金管理有效性，防范异常跨境资金流动，不仅具有理论价值，更具有重要的现实意义。

## 第二节　研究框架、主要内容与创新

### 一、研究框架与主要内容

本书的总体研究框架是，首先介绍基本背景，提出需要研究分析的主要问题。在此基础上，梳理与跨境资金流动以及监管相关的文献资料，并对有关文献进行评述。研究并总结美国、德国、日本等发达国家以及巴西、印度、马来西亚、新加坡等新兴市场国家的经验与教训，将其中可供借鉴的经验运用于人民币国际化过程中的跨境资金流动管理中。其次分析我国跨境资金流动发展的历史沿革及现状，以及跨境资金流动管理的现状。在此基础上，根据资产组合理论和套利理论分别分析我国本外币跨境资金流动机理和运作方式，以及市场主体通过不同渠道实现跨境资金流动的策略。最后结合理论分析与我国本外币跨境资金管理实践，研究提出构建我国本外币跨境资金流动协同监管体系的意见建议。

本书包括七章内容。

第一章介绍研究的是国内外背景，尤其是人民币国际化的现状和问题，并提出研究的问题。

第二章总结和梳理跨境资金流动以及监管相关的国内外主要文献，掌握有关理论的基本逻辑、主要观点以及科学的研究方法，为后续的分析奠定研究基础。

第三章是跨境资金流动管理的国际经验分析。本部分不仅研究了美元、德国马克以及日元在其国际化进程中的管理实践经验，还分析了巴西、印度、马来西亚以及新加坡等新兴市场国家的跨境资金流动管理经验，对我国人民币国际化及本外币跨境资金流动监管具有借鉴意义。

第四章是我国跨境资金流动发展情况及现状分析。本部分分析了跨境资金流动的国内背景，回顾我国跨境资金流动的发展进程及实践经验，分析了跨境资金流动的国际背景，重点研究 2008 年国际金融危机以来全球跨境资金流动变化趋势，介绍区块链等新技术可能对跨境资金流动管理带来的影响。

第五章是对我国本外币跨境资金流动影响因素进行分析。本部分重点分析了宏观经济因素、市场价格因素和制度安排对我国跨境资金流动的影响。

第六章是我国本外币跨境资金流动管理政策分析。本部分侧重于我国本外币跨境资金流动现有管理政策的梳理，分析其可能引发的协同管理问题。分析研究内容包括跨境人民币和外汇管理政策，以及自贸试验区先行先试政策。

第七章重点研究基于资产组合平衡动机和套利行为的跨境资金流动策略，为规避监管本外币跨境资金流动采取的主要渠道。结合我国实际国情，提出构建我国本外币跨境资金流动协同监管体系的设想，建议从本外币跨境资金流动协同监管的框架体系和协同机制两个方面来构建，并从长期角度，展望了我国本外币跨境资金流动监管的未来趋势。

## 二、研究的创新之处

第一，根据资产组合平衡理论与套利理论，并结合我国本外币监管实践以及投资者金融实践，从理论的角度深入分析了我国跨境资金流动机制与原因，给出了本外币跨境资金流动协同监管的理论与现实依据。

第二，系统总结了国际上主要货币国际化过程中跨境资金流动监管经验，以及主要新兴市场国家动态资本监管的经验，为我国人民币国际化以及跨境资金流动协同监管提供了国际上的经验借鉴。

第三，在综合有关分析的基础上系统提出我国本外币跨境资金流动协同监管的体系框架、协同机制等具体内容，并给出了不同阶段的参考思路，提高了我国本外币跨境资金流动协同监管体系构建的可操作性。

# 第二章　跨境资金流动及监管的相关理论

## 第一节　跨境资金流动的理论研究

### 一、跨境资金流动经典理论研究

（一）新古典学派理论

早期有关跨境资金流动的研究主要沿袭新古典经济学的基本假设来考察开放经济下的资本流动问题，主要由 Miller（1968）等学者提出并不断发展完善。这些研究假定经济增长是由外生技术进步驱动的、两个国家投入同样的资本和劳动，生产出一种相同的产品，使用规模报酬不变的生产技术以及资本存在边际报酬递减等。他们发现在资本边际报酬递减规律作用下，人均产出水平低的国家（穷国）的资本边际产出较高，而人均产出水平高的国家（富国）的资本边际报酬较低。如果资本可在两国间自由流动，新的资本将会投向穷国，直至两国的人均产出水平相等为止。

早期的要素价格均等化定理表明，商品的国际自由贸易使要素价格在国家之间均等化。若该定理成立，货物贸易可以完全替代要素流动，要素价格相等之后要素的国际流动就不会出现。囿于要素价格均等化假设，古典经济学并未建立完善的国际资本流动理论框架。在 Miller（1968）之前，对资本流动的成因与后果分析未能达成一般均衡框架。

Meade（1955）从要素价格均等化定理出发，强调要素价格均等化定理所隐含的条件在现实世界中未必能够满足。Meade（1955）指出要素价格均等化定理背后存在多个潜在条件，国家环境、规模经济、运输成本、历史分工等都可能导致要素流动。此外，生产要素多于两种时，多种要素组合能够产生不同产量组合，要素价格均等化定理无法成立。而当要素之间存在替代性时，还可能出现产品生产的要素密集度逆转，最终要素价格不均等。因此，Meade（1955）认为要素的自由流动将要素转移到生产效率更高的地方，有利于资源的有效利用和经济效率的提高。关于要素流动理论的这一系列分析，深入挖掘了与国际货物贸易同时进行的人力和资本流动问题，极大地扩展了国际贸易理论。

针对里昂惕夫之谜，Kenen（1965）重新定义资本并将之纳入赫克歇尔—俄林模型，以此建立了一个关于资本和贸易的简单模型。1953 年，美国经济学家里昂惕夫利用投入产出模型分析美国的对外贸易情况，通过对美国出口产品和进口替代产品的资本—劳动比的考察，发现美国出口产品中的资本—劳动比低于进口替代产品。这一结果恰与传统要素禀赋理论（H—O 理论）相悖，产生了里昂惕夫之谜。在 Kenen（1965）看来，产生这一悖论的原因在于，先前研究所定义的资本完全忽略了人力资本，而仅仅包含机器、设备、厂房等物质资本。通过对资本要素定义的修正，这一模型表明要素均等化定理适用于土地和劳动，但不适用于资本。因此，资本流动继续存在于理论和现实中。

在前期文献研究的基础上，Miller（1968）将资本和利率的简单理论与米德的国际贸易几何学相结合，试图建立一般性理论以说明资本流动均衡方向和量级的决定因素及背后的原因。最终，形成了具有系统性的资本流动理论。

首先，在仅存在一种商品的封闭经济下，资本存量 K 和预期稳定净收益流 Y（Expected Steady Net Income Flow）之间的关系。

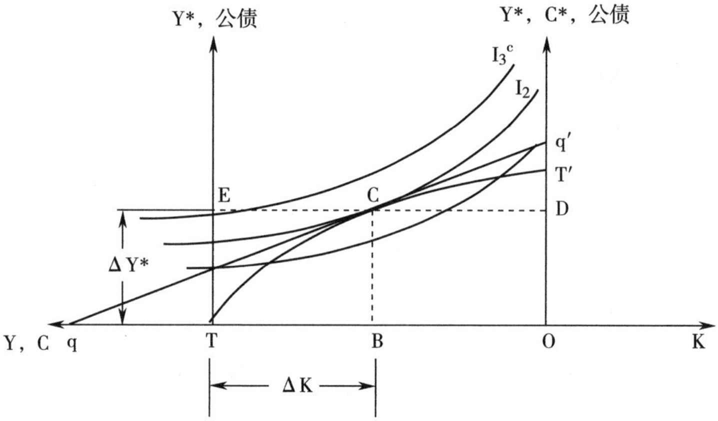


**图 2－1　单一商品封闭经济中资本存量和预期平稳净收益**

图 2－1 中 $TT'$ 为转换曲线，$T$ 时的 $K$ 是当期的期初资本存量，而此时的 $Y^*$ 值表示当期产出或收入。也就是说，$TT'$ 曲线上 $T$ 显示当期产出由当期资本存量决定。资本存量的增加（$\Delta K$）将使预期稳定收入流增加，增加量为 $\Delta Y^*$。因此，$TT'$ 在任意点的斜率，均等于凯恩斯的资本边际效率。以 $O$ 为原点的坐标轴自右向左度量当期收入（或产出）和消费，其中当期收入 $OT$ 可以被消费或投资。例如，位于 $TT'$ 曲线上的点 $C$，其当期消费与当期储蓄和投资分别为 $OB$ 和

$BT$，纵轴显示 $Y^* = C^*$（$C^*$ 为未来每期的最大消费）。因此，$TT'$ 在这一坐标体系内是当前产出的消费与预期未来产出或消费的转换曲线。

两个纵坐标也度量统一公债（Consols）。通过 Non - maturing Consols 的发行，企业出售预期收入增量的要求权为当前投资提供资金。其中，每一份公债代表每个时期内对一单位产出的要求权。点 $C$ 情况下公债发行量为 $OD = TE$，且与当期投资所带来的产出增量 $\Delta Y^*$ 相等。因此，$TT'$ 还可以被看做消费品供给和公债供给的转换曲线。

图 2－1 中的无差异曲线显示当期消费和可能的未来每期消费的无差异组合，也是当期消费和公债购买的无差异组合。无差异曲线组合反映社会的时间偏好，无差异曲线上任意点的斜率等于社会的边际时间偏好（Marginal Time Preference，MTP）。转换曲线 TT′和时间偏好无差异曲线的切点处达到均衡，此时 $i = MTP = r$，其中 $i$ 为利率。

随后，将国际贸易几何分析与封闭经济中资本存量和预期平稳净收益的理论相结合，得到新的几何分析模型（见图 2－2）。图 2－2 第二象限展示了一个封闭经济国家的曲线。该图只包含了图 2－1 的右侧坐标轴。若 $TT'$ 按照通常的 Meade 方式（保持 $OT'$ 部分向纵坐标平移）沿 $I_2^k$ 滑切，原点 $O$ 经过的轨迹就是“资本流动无差异曲线”$I_2^k$。转换块沿着各无差异曲线移动，因此每一条时间偏好无差异曲线都对应一条资本流动无差异曲线，最终铺满整个象限。

$ii'$ 越陡峭，表示国际利率越高。$ii'$ 将在第一象限与更高的资本流动无差异曲线相切（该国为资本供给者）。更低的世界利率使切点

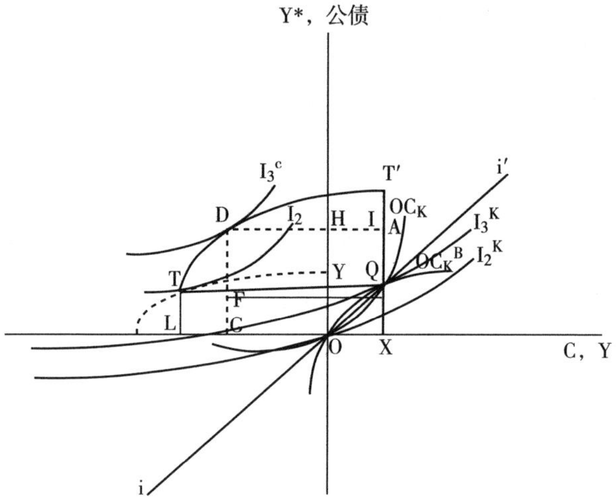


**图 2-2　封闭经济下的贸易与资本流动**

落在第三象限，其中 $OC_k^A$ 是 A 国对资金的一般均衡需求。

若另一国家 B 的转换曲线和时间偏好无差异曲线在图 2-2 的第四象限显示，那么我们能够用类似的方法构建国家 B 的资本流动曲线和资本供给曲线（图中未显示）。B 国的资本供给曲线类似于 $OC_k^B$。假设 B 国的初始国内利率资本边际效率高于 A 国，$OC_k^B$ 将与 A 国供给曲线 $OC_k^A$ 相交于第一象限的 Q 点。若 A 国的初始国内利率资本边际效率高于 B 国，交点将落于第三象限。

当国际均衡点落在两条资本供给曲线交点 Q 时，可以直接读取此时的产出、消费、贸易和资本流动数据。可以看到，A 国生产 LX 单位产出，消费其中的 OG 部分，余下的一部分（GL）进入国内投资，而另一部分（OX）则被出口。也就是说，A 国是一个净出口国。

此外，A 国中机构发行了 FD = YH 单位公债，但是其国内居民共购买 GD = OH 单位的公债。也就是说，A 国买入 GF = OY 单位由国外发行的公债，这就带来 A 国的资金外流。当然，资金流出额不是 OY，而是 OY 单位公债的现值 OY/i，i 为国际利率线的斜率。A 国的资金流出额等于经常项目盈余，因此国际收支平衡。与之相对 B 国资本流入 OY/i 与其经常项目赤字额相等。

总之，几何分析模型通过两国一般均衡资本供给曲线的交点说明资本流动均衡的方向与量级的决定过程。

作为古典贸易理论的延伸与发展，Miller（1968）的资本流动理论和比较优势理论具有很多共同之处。首先，资本流动理论和比较优势理论的最优化都要求各国专门生产相对价格较低的“好的”产品。其次，贸易前的相对价格、资本边际效率和利率在两个理论中都很重要。最后，商品贸易和资本流动的潜在原因在本质上是一致的，只是形式不同。以偏好为例，可以分别反映为时间偏好和商品偏好。

虽然资本流动理论和比较优势理论的最优化都要求各国专门生产相对价格较低的“好的”产品，但是资本流动理论考虑了跨期问题。更重要的是，通过资本流动达到的世界资本边际效率和利率相等，并不会使未来资本流动停止。而根据要素均等化理论，自由贸易下的世界商品价格均等将消除未来的商品贸易。

Miller（1968）所建立的一般均衡框架，得到了一些关于资本流动形成的一些有趣结论。资本从边际效率和利率较低国家流向较高国家，资本自由流动使世界利率等于资本边际效率。该模型均衡点处，净资本流动等于经常项目平衡（CA = KA），此时的资本流动可以视做债务国当期商品吸收超过当期商品产出的部分，或者债权国当期储蓄超出当期可盈利使用的部分。此外，资本并不必然流向资本边际产出（MPK）较高的国家，但是如果预期收益率使资本从高边际产出国家流向低边际产出国家，那么今天的资本流动可能降低未来的福利。关于政策制定，Miller（1968）认为仅使用一种工具（如利率、财政政策、关税、汇率等）以实现外部均衡，很可能是次优的，这也是“米德冲突”的表现。与此相对，政府对绝对价格水平或汇率带来的任何改变，都不能永久影响贸易均衡。

### （二）资产组合平衡理论

资产组合平衡模型（Portfolio Balance Model，PBM）是货币学派提出的用来解释跨境资金流动与汇率变动的理论模型。资产组合平衡模型是由 Branson（1976，1984）、Branson 等（1977，1985）以及 Kouri（1976）等人提出，Obstfeld（1980）以及 Kenen（1980）等人进行了完善。尽管延续了货币学派的大多数假设，但不同的是，该理论强调由于风险差异的存在，国内外债券并不是完全可替代的。风险大的债券需要更多的风险溢价补偿，反之则需要更少的风险溢价补偿。

国内外债券风险差异的来源主要有两个，分别为货币风险与国家风险。货币风险主要包括通货膨胀引起的本币贬值风险以及汇率错误定价的风险，而国家风险则包括违约风险、政治风险以及资本限制风险等。对于风险中性的投资者而言，国内外债券风险的差异必然要求一个合理的风险溢价补偿。而对于风险厌恶的投资者而言，则需要更多的风险溢价补偿。

资产组合平衡理论强调，投资者愿意持有符合其风险偏好的投资者组合。而当组合内国内或者国外债券的风险增加时，将会导致其现有资产组合的风险超出其承受水平，因此在财富一定的情况下，投资者将减少高风险债券的比例以维持组合的平衡。

资产组合平衡模型假定存在三种资产，分别为基础货币 $M$、本币计价的国内债券 $B$ 以及外币计价的国外债券 $F$。这些资产分别被中央银行和私人部门持有。

国内债券中央银行持有 $B_a$，国内私人部门持有 $B_p$，因此国内债券的净供给为 $B = B_a + B_p$。类似地，中央银行持有国外债券作为外汇储备 $R$，私人部门持有国外债券为 $F_p$，国内持有的国外债券数量 $F = F_p + R$。

由于中央银行的资产与负债是一一对应的，因此其负债基础货币 $M = B_a + SR$，其中 $S$ 为购入外国债券时的人民币兑外币汇率。

这样私人部门的财富总量 $W$ 可以表示为

$$W = M + B_p + SF_p \qquad (2-1)$$

两边同除以 $W$，即可得到私人部门资产负债表约束条件：

$$m_w + b_w + f_w = 1 \qquad (2-2)$$

根据该条件，当私人部门财富不变时，一种资产的需求增加必然要求对其他资产的需求减少，以维持组合的平衡；当私人部门财富增加或减少时，三种资产同比例增加或者减少。

由于资产组合平衡理论假定汇率预期是静态的，即未来不会发生贬值，因此私人部门对货币的需求 $M$ 与国内利率、国外债券预期收益率和财富有关，并且满足如下条件：

$$M = m(r, r*, W), m_r < 0; m_{r*} < 0; m_w > 0 \qquad (2-3)$$

其中，$r$ 与 $r*$ 分别表示国内利率和国外债券预期收益率，$W$ 为私人部门财富，$m_r$、$m_{r*}$ 以及 $m_w$ 分别表示其对货币需求的边际影响。因此货币需求与国内利率和国外债券收益率负相关，但与财富正相关。

类似地，本国债券的需求 $B_p$ 与国内利率正相关，与国外债券预期收益率负相关，与财富正相关。

$$B_p = b(r, r*, W), b_r > 0; b_{r*} < 0; b_w > 0 \qquad (2-4)$$

国外债券的需求与国内利率负相关，与国外债券预期收益以及财富正相关。

$$F_p = f(r, r*, W), f_r < 0; f_{r*} > 0; f_w > 0 \qquad (2-5)$$

对式 2-1 求全微分可以得到：

$$\mathrm{d}W = \mathrm{d}M + \mathrm{d}B_p + F_p\mathrm{d}S + S\mathrm{d}F_p \qquad (2-6)$$

对式 2-3、式 2-4 和式 2-5 同样求全微分可以得到

$$\begin{aligned} \mathrm{d}M &= m_r\mathrm{d}r + m_w(\mathrm{d}M + \mathrm{d}B_p + F_p\mathrm{d}S + S\mathrm{d}F_p) \\ \mathrm{d}B_p &= b_r\mathrm{d}r + b_w(\mathrm{d}M + \mathrm{d}B_p + F_p\mathrm{d}S + S\mathrm{d}F_p) \\ \mathrm{d}SF_p &= f_r\mathrm{d}r + f_w(\mathrm{d}M + \mathrm{d}B_p + F_p\mathrm{d}S + S\mathrm{d}F_p) \end{aligned} \qquad (2-7)$$

假定三种资产均衡时的曲线为简单的直线，那么根据式 2-7 可以得到其均衡曲线的斜率分别为

$$\begin{aligned} &\text{货币市场曲线}: \frac{\mathrm{d}r}{\mathrm{d}S} = -\frac{m_w F_p}{m_r} > 0 \\ &\text{国内债券市场曲线}: \frac{\mathrm{d}r}{\mathrm{d}S} = -\frac{b_w F_p}{b_r} < 0 \\ &\text{国外债券市场曲线}: \frac{\mathrm{d}r}{\mathrm{d}S} = -\frac{(1-f_w)F_p}{f_r} < 0 \end{aligned} \qquad (2-8)$$

其静态均衡状态为三条曲线的交点 A，如图 2-3 所示。在 A 点货币市场与国内外债券市场都处于均衡状态。如果三个市场中一个市场始终保持均衡状态，那么另外一个市场的变化必将导致第三个市场的变动，并在第一个市场均衡曲线上重新实现均衡。若货币市场的供求没有发生变化，但国内债券市场供求发生变化，那么国外

债券市场将随之变动，最后在 MM 曲线上重新实现平衡。其他情况类似。需要特别指出的是，在重新实现均衡的过程中，国内利率与人民币汇率将会发生变化，而这种变化将影响跨境资金的流动。

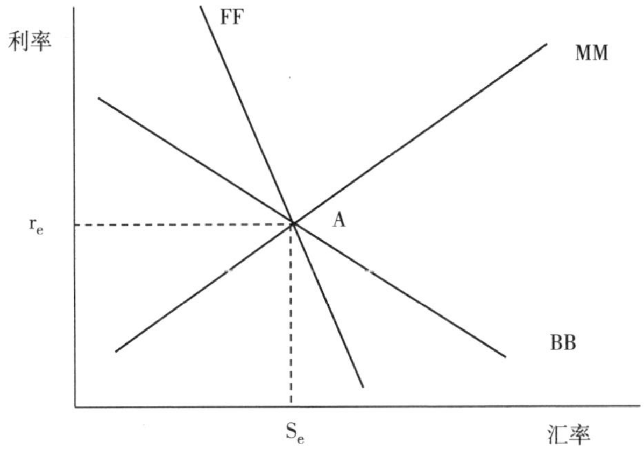


图 2-3　小型开放经济体资产组合平衡模型的均衡

在组合理论的基础上，Devereux 和 Saito（2007）就两个国家经济体建立不完全市场模型，进而探索外部总资产、总负债头寸和经常项目之间的关系。其中，重点研究了跨国资产组合投资对经常项目失衡的影响。模型显示，较大的借款国为其外部负债支付的回报率低于其外部资产的收益率，进而得出以下结论。首先，资产组合总头寸和净资本流动关系紧密，净资本流动未抵补部分的时变性导致经常项目变动。其次，资产组合总头寸和实际回报率的内生变动共同保证了财富分配的平稳性。最后，名义债券交易和股权交易之间存在替代关系，即名义债券越能促进国际风险共担，国外股权在投资组合中的份额越小。

### （三）利率平价理论

套利行为是资本市场运行的重要机制之一，也是金融学最经典的研究问题之一。套利行为的存在使得资产价格回归到均衡价格或内在基础价值（Fundamental Value）。由于外汇市场的投资者将汇率视为货币资产的价格，因此套利行为同样是外汇市场维持均衡的重要机制。

外汇市场的利率平价理论（Interest Rate Parity Theory）最早是由凯恩斯（John M. Keynes，1924）和爱因奇格（Paul Einzig，1937）提出。后经 Spraos（1953）、Tsiang（1959）、Grubel（1966）以及 Alber（1973）等学者不断完善和发展，形成了现代利率平价理论。现代利率平价理论是建立在诸多假设之上的，比如强调资金在国际间的流动是自由的，投资者只能投资国内或国外存款，且拥有足够多的套利资本，外汇市场是有效的，没有摩擦成本等。现代利率平价理论主要包括无抛补利率平价理论（Uncovered Interest Rate Parity，UIRP）和抛补利率平价理论（Covered Interest Rate Parity，CIRP）。

假定人民币与外币是自由流动的。资金持有者即投资者可以决定将一单位人民币投入到国内资产（比如存款），到期收益率记为 $r$。本币存款的到期时投资者可以获得 $1+r$。当然，投资者也可以将人民币兑换为美元，先投资同期限的美元资产（比如美元存款），然后到期后再兑换成人民币。假定当期汇率为 $S$，美元存款收益率为 $r_f$，同时投资者预期到期时人民币兑美元的即期汇率为 $S^e$。那么投资者美元存款的人民币计价收益为 $(1+r_f) \times (S^e/S)$。对于投资者而言，如果本币存款最终收益大于美元存款人民币计价收益，那么投资者不会将人民币兑换为美元，但是外币持有者可能会将美元兑换成人民币，投资人民币存款。这样就会出现短期美元流入、未来美元流出的跨境资金流动。反之，如果美元存款的最终收益要大于本币存款，那么投资者有动机将人民币兑换为美元。这样就会出现当期美元流出、未来美元流入的跨境资金流动情况。只有人民币存款收益与美元存款收益趋同，跨境资金流动才不会出现。

$$(1+r)S=(1+r_f)S^e \tag{2-9}$$

整理后可得

$$\frac{S^e-S}{S}=\frac{r-r_f}{1+r_f} \tag{2-10}$$

其中，（$S^e-S$）/$S$ 表示人民币汇率预期贬值率。当预期贬值率比较小时，式（2－10）还可以简化为如下形式：

$$\frac{S^e-S}{S}=r-r_f \tag{2-11}$$

式（2－10）和式（2－11）分别为非抵补利率平价条件的准确（Precise）和近似（Approximate）形式。非抵补平价理论表明，未来汇率预期贬值率就等于国内外名义利率的差。如果本国利率一直高于国外利率，那么本国货币未来将贬值或贴水，反之则升值或升水。如果国内外利差大于汇率预期贬值率，本国资产收益率更高，这将导致跨境资金流入；反之，如果国内外利差小于汇率预期贬值率，则导致跨境资金流出。如果外汇市场是有效的，那么套利资金的流入和流出将导致实际汇率贬值率等于预期贬值率。

如果远期汇率预期与远期实际汇率一致，那么套利者将获得无风险利润。然而，对未来即期汇率的预期很可能与实际即期汇率不一致，这将导致按照利率平价理论进行套利的投资者遭受汇率错误定价的风险。为了对冲这种风险，投资者可以通过买入远期外汇，锁定未来交易到期时的交割汇率。此时，投资者未来汇率的预期 $S^e$ 就等于远期汇率 $F$。式（2－10）和式（2－11）进一步修正为式

（2－12）和式（2－13）：

$$\frac{F-S}{S}=\frac{r-r_f}{1+r_f} \tag{2-12}$$

$$\frac{F-S}{S}=r-r_f \tag{2-13}$$

式（2－12）和式（2－13）即为抵补利率平价条件（CIRP）的准确和近似形式。CIRP 表明远期汇率与即期汇率之差等于国内外利率之差。当国内外利差大于即期与远期汇率之差时，投资者国内资产可以获得更多的收益，资金将跨境流入；反之，资金将跨境流出。

## 二、跨境资金流动影响因素分析

### （一）贸易、汇率、税收与跨境资金流动的关系

在要素禀赋理论的基础上，Springer（2000）探讨了在贸易模型中纳入跨境资金流动的必要性，同时考察了资金流动与国际贸易之间的关系。首先，Springer 在有跨境资金流动的两国家—两商品—两生产要素的贸易模型（即 2×2×2 模型）下，建立充分必要条件以描述商品贸易和资金流动之间的关系，确认了将跨境资金流动与跨区域、跨部门 CGE 模型相结合的可能路径。随后，Springer（2000）在这一改进模型下探索贸易和跨境资金流动之间的关系，并得出相应的结论。一方面，跨境资金流动在 2×2×2 贸易模型中非常重要，以资金为代表的要素流动与国际贸易之间存在密切的联系。另一方面，Mundell（1957）所提出的商品和要素流动之间的替代性在很多时候并不存在，总体均衡取决于是否存在国际贸易和跨境资金流动。当区域间存在生产技术与贸易壁垒、产品和要素市场扭曲时，跨境资金流动在国际贸易模型中必不可少。

传统赫克歇尔—俄林—蒙代尔模型（HOM 模型）认为，贸易一体化导致资金流入稀缺国的规模减少，因此贸易和跨境资金流动之间具有替代性，但这些理论忽略了资金流入国金融发展的异质性。Antras 和 Caballero（2009）认为无论部门间的要素密集度差异如何，只要发展中国家在非受限部门存在比较优势，贸易一体化就能提高发展中国家的资本收益率。也就是说，只要国家间金融发展差距足够大，发展中国家非受限部门就可能存在比较优势，那么贸易一体化就可能提高发展中国家的资本收益率，并吸引资金的流入。因此，他们得到结论，在金融欠发达经济体（即发展中国家），贸易和跨境资金流动是互补的，贸易自由化提高资本回报率，促进资金的流入。该理论为我国经常项目与资本项目的双顺差现象提供了可能的解释。

此外，汇率与资本流动之间也存在密切的关系，且已出现大量的相关研究成果。Frankel（1989）对跨境资金流动与汇率波动之间的关系进行了深入探讨。根据 Feldstein - Horioka 条件，当时的跨境资金流动水平较高，这说明国际资本市场上没有显著的障碍。由于投资障碍变少，金融一体化使得汇率更加易变，但高水平的跨境资金流动是否导致汇率的过度波动，仍存在争议。此外，银行的行为模式导致不稳定投机，仅靠托宾税并不能解决汇率波动问题。

Feldstein（1994）从 FPI、FDI 在跨境资金流动中所起的作用出发，深入阐述了对资本收入征税的含义，进而说明税收政策与跨境资金流动之间的关系。最后得出结论，如果关注个别国家的税收政策，需要优先理解该国家与其他一个或多个国家间的一体化程度。一般地，若要改变欧洲内部汇率关系，应该考虑提高一体化水平。长期资本投资的全球市场分割与当前资本在主要国家的自由流动并不矛盾，国家间市场分割程度不同，且随着时间而变化。若要关注个别国家税收政策，需要优先理解该国家与其他一个或多个国家间的一体化程度。一般地，若考虑改变欧洲内部汇率关系，应该从相对分割资本市场实现更充分的一体化；在这一情况下，政府丧失影响国内厂房设备投资回报率的能力。

### （二）金融摩擦对跨境资金流动的影响

Kirabaeva 和 Razin（2010）借助一些程式化模型，研究市场摩擦影响跨境资金流动构成的关键机制，主要关注信息不对称和流动性冲击等市场摩擦影响跨境资金流动构成的关键机制，主要包括以下两部分。一方面，国外投资者和国内投资者之间的信息不对称导致投资分配的低效率。另一方面，债务期限的错配可能导致银行危机和短期资金流动突然逆转，从而带来流动性冲击。由于逆向选择问题，当资本市场出现买卖双方信息不对称时，FDI 流动性成本高于股权投资流动。流动性冲击的差异和信息不对称可以解释新型国家和发达国家之间股权流动的构成差异，以及金融危机时期外国直接投资的模式。

在国际组合投资中，对于被投资企业的表现，国内投资者相对于国外企业具有巨大的信息优势。这一信息不对称可能导致生产无效率，并使得被投资国国外投资不足、被投资国国内过度投资。因此，在被投资国内部，其国内资金的资本边际产出高于国外流入资金的边际产出。Portes，Rey 和 Oh（2001）和 Loungani，Mody 和 Razin（2002）的实证研究表明，信息不对称使资产交易和距离之间存在显著的负相关关系。引力模型认为，双边国际交易与两国经济体的规模成正比，与两国间的距离成反比。在这里，距离既带来信息摩擦，也导致了交易和运输成本。Razin，Sadka 和 Yuen（1998）在内外信息不对称前提下，对债务、股权和 FDI 等不同类型跨境资金流动的啄食顺序进行探索，发现这一次序与公司资本结构的啄食顺序类似，从内源融资性质的 FDI（类似于留存收益），到债务融资，最后是证券组合流动（类似于发行新股）。

随着时间的推移，债务资金流动的重要性逐步减弱，但它仍然是发展中国家跨境资金流动的主要形式。虽然不能通过股权或 FDI 获得资金流入的国家，仍然能够从非流动性投资的债务资金流入中获益，但关于金融全球化的大量实证文献表明，债务资金流动与金融危机的可能性与严重程度之间存在密切联系。Tong 和 Wei（2009）发现，金融危机前大量的非 FDI 资金流动可能与危机中严重的信用恐慌相关联。Wei（2006）认为，在更依赖组合债务流动（包括银行信贷）而非 FDI 的国家中，更可能发生资本流动的突然逆转。此外，发展中国家的短期银行借贷在繁荣时期增加，而在经济放缓时减少。债务资金流动的顺周期性和高波动性将导致资金配置的无效率，同时产生道德风险问题。

完全的国际信贷市场前提下，一个经济体能够借款以维持平稳的消费和投资水平。然而实证研究却发现，国家在极低收入时期经常面临资金流出。Eaton 和 Gersovitz（1981）建立模型，对存在风险的不完全国际信贷市场进行分析。贷款水平是经济体的信贷需求和借款者的信贷约束中的较小值，一国在相对低收入时期借款并在随后的时期还款。Atkeson（1991）研究同时考虑道德风险和执行问题的借贷模型，运用不对称信息带来的道德风险解释为何低产出会带来国际借贷市场上的还款压力。Tsyrennikov（2007）的研究表明，低产出国家的资金流出道德风险的解释力就足够显著，且显著于同时包含道德风险和有限执行的模型。

一国通过外债和海外股票为国内投资筹措资金，债务期限的错配可能导致银行危机和短期跨境资金流动突然逆转，带来流动性冲击。在逆向选择作用下，当资本市场出现买卖双方信息不对称时，外国直接投资的流动性成本高于股权投资。流动性冲击的差异以及信息不对称既可以解释新兴国家和发达国家之间股权流动的构成，又可以解释金融危机时期外国直接投资的模式。

### （三）跨境资金流动的分配悖论

在西方经济学的发展历程中，Lucas（1990）第一次明确指出，资本从富国向穷国流动的规模非常小，这一规模远低于新古典增长理论的预测规模，与传统增长理论之间出现背离现象，这就是“卢卡斯悖论”（Lucas Paradox）。

Prasadet 等（2006）描述了富国和穷国之间的资本流动的模式，从理论层面探究分配悖论存在的原因。不同于新古典模型的预测，研究发现经常项目平衡和非工业国家的增长负相关。对于国外融资依赖度较高的发展中国家，在长期中并没有增长得更快，反而通常增长得更慢。相对而言，工业国家的增长与国外融资依赖度呈正相关。究其原因，这种差异可能在于两者吸收国外资本的能力，非工业国家吸收外国资本的能力相对有限，不能有效利用国外资金流入。

在卢卡斯悖论的基础上，Gourinchas 和 Jeanne（2007）发现了一个更深层次的悖论。与以往认知相悖，1970—2004 年经济增长速度最快的发展中国家所吸引的外国资金规模，却低于增长速度中等或较低的国家。这表明，对于经济增长速度较快的发展中国家，虽然资本边际生产力和信用等级通常较高，但是国际资金较少流向这些国家，也可以说资本流入未能促进发展中国家的经济增长。对于这一问题，Gourinchas 和 Jeanne（2007）称之为“国际资本配置之谜”（Allocation Puzzle）。显然，“国际资本配置之谜”是对“卢卡斯悖论”的一个拓展和深化。

Lucas（1990）对于分配悖论的解释主要从人力资本入手，人力资源水平较低是资金不向发展中国家流动的主要因素。在这一思想指导下，Lucas（1990）将人力资本引入两部门的柯布—道格拉斯生产函数，用有效劳动代替劳动。在这一理论基础上，考虑人力资本对生产技术所产生的外部性，发展中国家与发达国家之间的资本边际生产力差异被削弱甚至消失。随后，Sanchez（2006）通过动态 GMM 估计的结果支持了人力资本差异说。

除了人力资本外部性，Lucas（1990）认为政府违约等政治风险也会影响跨境资金流动，但并不起主导作用。Reinhart 和 Rogoff（2004）发现，1946 年以来各国政府债务违约次数与人均收入呈显著负相关。穷国主权债务的高违约风险是导致发展中国家资本流入规模过小的重要因素。Smaghi（2007）认为，发达国家和发展中国家的制度质量差异，可同时解释跨境资金逆流和发达国家长期利率下降双重悖论。国际金融市场一体化对跨境资金流动产生双重效应，一方面资本边际产出递减导致资本从富国向穷国流动（即一阶效应），另一方面经济全球化带来不确定性风险上升，导致储蓄增加而投资减少（即二阶效应）。在发达国家，金融创新和金融市场的发展减少了经济不确定风险和预防性储蓄需求，全球化导致发达国家的储蓄倾向下降和资本净流入，并伴随着资产价格上涨。与之相反，发展中国家的金融不发达导致二阶效应大于一阶效应，经济全球化引起了高预防性储蓄需求。

## 三、新兴市场跨境资金流动与管理

### （一）关于新兴市场跨境资金流动的解释

Albuquerque（2003）以 Thomas 和 Worral（1994）的基本框架为基础，建立最优资本流动的分解模型。随后，运用 111 个国家近 20 年的跨境资金流动数据对这一模型进行数据模拟，验证该模型定量匹配 FDI 经验性波动的能力。通过 OLS 方法对模型预测的验证，最终得出结论：融资受限国家 FDI 资本流动相对较大，FDI 是这些国家风险共担的最佳投资方式。要想扩大国际资本市场可得性，国家应大力发展可信的偿还执行机制；通过开放贸易，可以让信用受限经济体同时吸引更多的 FDI、短期股票和债券资本流入。

Portes 和 Rey（2005）将引力模型纳入跨境资金流动研究体系，这一模型也能较好地解释金融资产交易。所谓引力模型，是指在国家或地区的双边贸易往来中，地理因素、贸易成员经济规模、人口等自然因素的作用远超其他因素。对 1989—1996 年 14 个国家的总体双边跨境股权流动的回归分析，初步验证了引力模型对资金流动的解释力，并指出信息在权益资本流动中所起的重要作用。而且，信息含量越大，对资产交易的决定性越强。其中，距离代表着一些信息成本，地理信息是国际交易模式的主要决定因素。实际的国际资本市场并非无摩擦市场，它存在信息不对称或熟悉度效应。

为了更好地理解跨境资金流动的特征，Wincoop 和 Tille（2007）开发了一种解决具有投资组合选择的动态随机一般均衡（DSGE）开放经济模型的方法。该方法应用于两国家—两商品—两资产模型，能够对总资产流动和净资产流动给出更丰富的解释。该方法强调，随时间变化的股票投资组合是跨境资金流动的主要潜在来源。资金流动能够被分解成储蓄带来的组合增长与资产组合的最优分配两部分，其中最优分配由变动的资产预期收益和风险特征决定。这一模型具有很强的可推广性，既可以引入消费和投资等要素，也可以用价格刚性、财政政策和其他财产拓展货币因素等。

不同于传统的新古典学派，Bonizzi（2013）基于明斯基（Hyman Minsky）的华尔街范式和货币管理资本主义以及陶普罗斯基（Jan Toporowski）的资本市场膨胀理论等后凯恩斯主义货币理论，构建了新的理论框架来解释新兴市场资金流入的现象。Bonizzi（2013）认为，在货币分析中，跨境资金流动并非传统理解中以储蓄和投资等实际变量决定为基础的资本流动，因此需要关注总资本流动而非净资本流动。更重要的是，在分析新兴市场时，必须考虑国际货币系统的不对称本质。最后，要理解资本流动的具体形式已经发生了重大变化。在当今世界，银行、养老基金和其他机构投资者是金融市场的主要参与者，其投资者行为对新兴市场资本流动的影响不容忽视。Bonizzi（2013）将资本流动视做机构投资者组合选择的结果。因此，与 Minsky 和 Toporowski 的分析类似，在风险收益权衡和风险偏好之外，还需要根据资产负债表结构对机构投资者的投资组合进行评估。

Bonizzi（2013）发现以可贷资金方法为基础的传统理论不足以分析国际资本流动。在开放经济背景下，资本流动需要被理解经济单位间的国际“资金流动”，而非实际资源流动。从这一意义上，以经常项目为基础的资本流动传统分析具有较大局限性，只分析了资本流动中贸易结算的一小部分（明斯基定义为收入和资产负债表流动）。然而，与贸易无关的资本流动（组合交易）在过去的十年内激增，其中大部分能够抵消资本项目数据。因此，需要关注总资本流动而非净资本流动。

Bonizzi（2013）最后指出，新兴市场的总资本流动在一定程度上是由机构投资者对新兴市场资产的组合分配决定的。但这一决定取决于资产的风险和特征、负债和现金流结构、风险偏好以及决策机制、规制等。

### （二）新兴市场跨境资金管理的解释

尽管放松资本管制是全球金融一体化的要求，但近些年新兴市场国家却反其道而行之，纷纷采取不同的监管措施，限制跨境金融交易。Broner 和 Ventura（2016）从金融全球化影响的视角构建了一个理论模型，解释了新兴市场的逆全球化行为及其经济后果。金融全球化会带来三个可能的产出：明确的国内资本流动以及不确定的净资本流出、投资和经济增长；资本流入与较高的投资与经济增长；波动的资本流动以及不稳定的国内金融市场。Broner 和 Ventura（2016）认为全球化对某个国家的影响到底是哪个结果要取决于一国的经济发展水平、生产率、国内储蓄以及制度质量等。

Broner 和 Ventura（2016）指出，尽管近期全球总资本流动大幅增加，但新兴市场的净资本流动却相当小，有时甚至是相反方向。传统模型认识到国外融资来源风险很大，因为机会主义违约诱惑和低质量的制度可能带来重复发生的外债危机。如果执法机构不能区别对待国内和国外债券持有人，外债危机可能导致国内债务危机。

而这样的危机预期将促使国内储蓄者将部分或全部储蓄投向国外。这一不利的“资本外逃”效应意味着，金融全球化在增加国外低成本高风险资金供给的同时，还将减少国内高成本低风险资金的供给。也就是说，金融全球化提高总资本流动水平，但对净资本流动和发展融资的影响方向并不明确。另外，接收大量净资本流动的新兴市场是那些已经有点富裕、国内储蓄较多的国家。由于对外融资需求较少，传统模型预测这些国家从金融全球化中的受益少于低储蓄的贫穷国家。但是，Broner 和 Ventura（2016）认为国内储蓄可能促进资本流入，而非抑制。最后，通过消极或积极预期的自我实现机制，金融全球化会导致不稳定的顺周期资本流动。

Broner 和 Ventura（2016）认为减少发展中国家的跨境金融交易限制是有益的，能够促进投资和增长，但需要考虑取消这些限制的时机。对于极贫穷国家而言，金融全球化带来的贸易削减和资本外逃规模很小，最终带来资本流入，并提高投资和增长。因此，这些国家应尽快取消跨境金融交易限制。对于一般国家，消除跨境金融交易限制后资本外逃规模较大，导致资本流出和投资、增长的降低。这种情况下，国家应等待合适时机再消除限制。即便是这样，若是投资者情绪转向消极，金融全球化仍可能带来负面影响。这一解释在一定程度上为我国跨境资金监管措施提供了理论依据。

Broner 和 Ventura（2016）发现，一国通过采取资本流入控制和流出控制的精心组合，就可以确保全球化在不增加波动性的前提下带来资本流入和高投资、高增长。

## 第二节 跨境资金流动的实证分析综述

综合已有文献，跨境资金流动实证分析可以分为三大类，分别是跨境资金流动相关理论的实证分析、跨境资金流动影响因素的实证分析和跨境资金流动对经济影响的实证分析。

### 一、跨境资金流动相关理论的实证分析综述

（一）金融开放与国际资本流动的实证分析

Edwards（2001）使用1975—1997年六组国家的跨国数据，包括FDI、债务资本流动、其他类型资本流动等，研究资本流动在经济增长中所起的作用，并启用了资本流动新指标。新指标可以把资本市场半开放的中间状态纳入考虑，同时也适用于时间上的不同时期。结果显示，在其他变量（包括总投资）不变的前提下，资本项目开放度更高的国家表现更优异。然而，只有在已经取得一定程度发展的国家，资本项目的开放才能促进增长。从这个层面上，新兴市场和发达国家就资本开放问题处于不同状况，需要不同的政策。

Goldfajn和Minella（2005）研究了巴西的资本项目自由化与宏观经济波动水平间的相关性。该研究表明，从标准差的角度来看，相较于20世纪七八十年代，消费支出和GDP增长波动这两个变量在1992—2003年要更为稳定。该研究还考察了1995年1月至2004年8月资本流动与经济增长间的关系。运用VAR方法，他们研究了资本流动趋势对于一些经济变量的影响，包括工业产出、经常收支平衡、私人资本项目、贸易条件（出口价格与进口价格之比）、新兴

市场债券指数、实际汇率和实际国内利率水平。脉冲响应函数和方差分解表明，国家风险的增加（资本外流的负向冲击，即资本外流）会造成同期的利率水平上升、汇率贬值、资本流动减少，并使滞后一期的工业产出减少。同时，资本流动的正向冲击是不具有持续性的，尽管它会造成利率降低，进而导致汇率的贬值。Goldfajn 和 Minella（2005）认为，他们的结果表明金融自由化降低了巴西的外部脆弱性和宏观经济波动。这可能是由于浮动汇率制度和资本项目自由化联合影响了国内的经济政策，对经济基本面和宏观经济波动产生了有益的影响。

此外，Ono 等（2005）还通过计量研究检验了资本项目可兑换和宏观经济表现之间的可能性关系。他们使用 87 个国家的人均 GDP、识字率、预期寿命、投资率、政府消费和储蓄率作为变量。出于具有资本项目可兑换的国家具备更高增长率的假设，该研究将样本国家分为了两组，分别为经合组织成员国和非成员国。结果显示，两个组别的国家的回归系数均在统计学上不显著。这两个研究推翻了 Arida 等（2004）之前提出的关于资本管制的增加会扰乱外汇市场、提高利率水平并破坏宏观经济表现的假设。与之相反的是，这些结果表明资本管制可以抑制汇率波动并降低利率水平。

Laan（2006）使用资本管制指数（ICC）和金融一体化指数（IFI）两个指标分别衡量了巴西 1990—2005 年的资本项目自由化进程，并利用 VAR 模型对资本项目自由化和经济增长的关系进行了分析。该研究的结果表明金融自由化并不能与同期的经济增长水平之间建立显著的正相关关系。该研究发现，资本管制指数在解释利率行为或汇率行为方面都不是显著的，并因此质疑了 Ardia（2003）此前提出的资本自由化会对宏观经济产生有利影响的观点。同时，金融一体化指数（IFI）会对利率水平产生强烈的震荡影响，IFI 的上涨往往会提高该国的利率水平。作者由此得出结论认为，巴西不断深入的资本项目自由化进程，仅仅对经济产生了有限的消极影响。

Paulaet 等（2012）分析了 1994—2007 年巴西资本项目自由化，经济绩效与宏观经济稳定之间的关系。该研究同样考虑了资本控制指数（ICC）和金融一体化指数（IFI），并使用 VAR 方法分别用两个指数建立了模型。第一个模型使用了资本控制指数，意在检验巴西的资本项目可兑换性的增加是否导致了国家风险的减少并由此降低了国内利率水平。第二个模型使用了金融一体化指数，用于检验“金融自由化程度对经济增长和宏观经济稳定具有积极作用”和“金融自由化会对发展中经济体产生不稳定的影响”这两个假设的正确性。第一个模型的结果不能充分地支持“资本项目可兑换性的提高能降低国家风险并进而影响利率水平”的假设。第二个模型的结果没有提供证据表明，金融自由化对宏观经济变量（通货膨胀和经济增长）产生了积极的影响。相反，实证证据显示，除了对国内生产总值造成不利影响外，巴西金融一体化进程的深入，提高了通货膨胀率和汇率水平，进而破坏了宏观经济的稳定程度。

Reinhardt, Ricci 和 Tressel（2013）在资本项目开放的条件下重新考察了卢卡斯悖论。他们选取人口超过 100 万人的 110 个国家，运用面板数据的混合估计和固定效应模型，考察其 1980—2006 年的经常项目、相对收入、金融开放等数据，最终得到相应结论。考虑到资本项目开放度，欠发达国家倾向于发生净资本流入，较发达国家倾向于发生净资本流出。在资本项目封闭条件下，经济发展水平和净资本流动之间不存在系统性关系。该论文是对资本项目限制对富国与穷国间资本流动的影响提供首次经验分析论证。

### （二）汇率与国际资本流动的实证分析

Athukorala 和 Rajapatirana（2003）采取时间序列图、两阶段最小二乘法等方法，对亚洲和拉丁美洲共计 14 个发展中经济体的资本流入和实际汇率情况进行分析总结。尽管接收了相对更多的资本流入，亚洲国家与资本流入相关的实际汇率升值水平很低。根据经验分析结果，这些差异由国别差异因素（实际汇率方程系数不同）和政策差异（相关解释变量的水平）解释。计量结果表明，资本流动的构成在资本流动对实际汇率的决定中发挥重要作用。在其他形式资本流入（非 FDI）给定条件下，拉美国家实际汇率升值水平较高，且拉美国家的其他形式资本流入在总资本流入中更为重要，这共同解释了拉美国家较高的实际汇率水平。在纳入考量的政策变量中，亚洲国家相对更有效地运用财政收缩和名义汇率调整缓冲实际汇率。

Cardarelli, Elekdag 和 Kose（2010）对 1985—2007 年 52 个国家（44 个发展中国家和 8 个发达经济体）的净私人资本流动年度数据进行分析，识别出 109 个大量资本流动的片段，其中 87 个在 2006 年结束。结果显示，CA 赤字较高的国家更易发生资本流入的急剧逆转。财政支出约束（而非提高支出）有利于较低的实际汇率升值和较好的事后 GDP 增长表现，而名义汇率升值抑制政策并不能抑制实际升值，且经常带来更为剧烈的资本流入反转。此外，资本流入限制不能降低实际升值或减缓危机后的着陆冲击。

谷宇、高铁梅和付学文（2008）在国际资本流动背景下研究人民币汇率的均衡水平与波动情况，探索各宏观经济基本面因素对人民币实际有效汇率的长短期影响，特别是长期和短期内FDI对人民币汇率的影响。最后发现，工业增加值、贸易条件、国企产值比重、FDI在长期和短期内都导致人民币升值，而开放度在长短期内将导致人民币贬值。中美利差在长期内将导致人民币贬值，但短期内对人民币汇率产生显著的升值压力。

李宏和钱利（2011）以FDI资本流动为长期资本流动，将外汇储备增加额与经常项目顺差、FDI净资本流入之差视为短期资本流动，同时考虑汇率水平、汇率预期、经济增长率、中美利差等因素来建立VAR模型，探索人民币升值对我国国际资本流动的影响。研究发现，人民币升值与升值预期会减缓我国的FDI流入，却促进短期资本流入。同时，人民币升值有利于我国FDI的结构优化。

### （三）税收与国际资本流动的实证分析

Devereux（1995）利用1984—1989年七个国家间的资本流动数据，估计税收对FDI资金流动的影响。研究发现，税收对国内投资和对外投资之间的选择影响并不显著，但是对外投资标的国家的选择受到税收影响。

由于税收较低的国家在制度和法律等相关商业环境等方面也大大吸引国际投资，因此Gropp和Kostial（2000）在尽量减少非税因素干扰的情况下就税收对FDI资金流动的影响进行实证研究。在OECD国家1988—1997年的相关数据基础上，这一研究在FDI资金流动和法定税率与其他宏观经济变量之间建立，并进行回归分析。分析结果表明，税率对FDI类型的资金流动有显著影响。以FDI对GDP的比重作为度量标准，法定税率每提高10%，就会减少0.3%的FDI资金流入，同时增加0.2%的FDI资金流出。随后的实证研究也表明，在市场潜力和其他影响因素之外，资本课税的税收制度差异对 FDI 的影响也很显著。

尽管税收竞争理论的文献预测资本收入的税收会随着全球化的扩大而减少，然而，基于各种数据的实证研究找到了与之矛盾的证据。Bretschger 和 Hettich（2002）使用不同的数据和经济学理论的附加要素，来挑战实证研究贡献。通过一组 1967—1996 年 14 个 OECD 国家的面板数据分析，我们发现全球化确实会对企业税收有不利而显著的影响，同时，全球化倾向于增加劳动税收和社会支出。然而，全球化的效率假设和补偿假设并不矛盾，二者可以同时应用。效率影响税收结构，增加的社会支出将对此做出补偿。

（四）分配悖论

新古典增长模型预测，国家的生产率增长越快，投资就会越低，吸引的外资也越多。在这一过程中，不同生产率国家吸引国际资金的能力与实际可能产生一定偏差，或者是高生产率国家资金流入不足，或者是高生产率的国家向低增长率的国家流入资金，这都与新古典增长模型的相关理论有所背离。这一背离，就是国际资本流动的“分配悖论”。

Kalemli - Ozcan 等（2010）以美国的 50 个州为考察对象，建立无摩擦的简单开放经济动态一般均衡模型。最终发现，在这些州组成的低壁垒统一资本市场中，资本流动与新古典增长模型的结论相一致，资本从低增长的州流向高增长的州并取得资本收益。因此，国际资金净流动小于理论值的实际规模和“异常”方向等问题，即里昂惕夫悖论，并不是新古典模型的固有缺陷，而是与国家之间的资金流动壁垒相关联。

通过对非 OECD 国家 1980—2000 年净资本流入的研究，Gourinchas 和 Jeanne（2013）发现，发展中国家之间的资本流动分配与预测相反，资本并没有流入投资更多发展更快的国家，这就是典型的“分配悖论”（也称分配难题）。运用楔形分析，Gourinchas 和 Jeanne（2013）发现资本流动受国民储蓄控制，分配难题其实是储蓄难题，同时也与国际储备的积累模式有关。因此，分配难题的解决，依赖于增长、储蓄和国际储备积累三者的联系。研究结果表明，一方面，储蓄率和增长正相关，储蓄率越高，增长越大。另一方面，国内摩擦（尤其是金融摩擦）使增长和储蓄间关系出现扭曲。

## 二、跨境资金流动影响因素的实证分析综述

### （一）关于发达国家资金流动影响因素的实证分析

Obstfeld（1985）利用 7 个 OECD 国家（澳大利亚、奥地利、加拿大、德国、日本、英国、美国）的季度数据，评估世界资本流动的测量，并重点关注 Feldstein - Horioka 方法。最终的检验结果与 OECD 国家的资本流动相一致，资本流动规模较大并呈现增长趋势。储蓄率和投资率变化的系数均远离 1，这一数字说明的是国家间资本完全不流动情形。

Hau 和 Rey（2002）将 17 个 OECD 国家与美国在汇率、股票价格、资本流动等方面作对比，利用混合最小二乘法（pooled OLS）挖掘各国资本流动、股票价格和汇率之间的关系。研究发现，只要外汇交易的流动性供给不是无限价格弹性，汇率的动态变化和股票市场发展密切相关。强势股票市场伴随着强势货币，国内股票市场的高回报与本国货币升值相联系。就国际资本流入而言，国外市场

的股权资本净流入和国外货币贬值正相关。

Accominotti 和 Eichengreen（2013）利用大危机前 28 个欧洲国家的推力和拉力数据描述贷款激增和反转问题，研究 1919—1932 年欧洲主要金融中心的资本流动影响因素。这里的贷款指的是样本国家这一期间在六个主要金融中心（纽约、伦敦、巴黎、阿姆斯特丹、斯德哥尔摩、苏黎世）的私人债券发行，主要来源于 Ragnar Nurkse 的“Europe’s Capital Movements, 1919 - 1932: A Statistical Note”。债券发行量计算以一级发行总量为主，同时结合由 BOP 所得的净资本流入数据。数据和回归分析相结合，在解释资本流动的激增和反转问题上，推力因素（国际资本市场环境）比拉力因素（债务国环境）作用更加显著。尤其是在 20 世纪 20 年代末主要金融中心股票市场波动的急剧增加中，国外贷款的减少起到了重要作用。

### （二）关于新兴市场国家资金流动影响因素的实证分析

Bekaert 和 Harvey（1998）对 1977—1996 年美国向 17 个新兴市场的净股票资本流动数据进行了分析对比，探讨股票资本流动的影响因素，发现股票投资资本流动的增加与较低的资本成本、更高的世界市场回报率相关性、较低的资本集中度、较大的市场规模（相对于 GDP 而言）、更多的贸易、较高的单位资本经济增长等相联系（拉力和推力）。在大部分样本中，股权资本流动的突变伴随着净资本流动的增长。资本显著突变后，期望收益率降低、风险下降，股票回报率和世界市场的关联度提高（推力作用凸显）。

Griffin, Nardari 和 Stulz（2004）在两国家、两股票的基础上，建立了一个存在本土偏好和信息不对称的简单模型。模型显示，出乎意料的全球高收益和小国股票的超预期高收益均会导致小国的权益资本净流入。通过对 9 个新兴国家权益资本净流入的日数据研究，发现权益资本流动与东道国股票收益和国外市场表现正相关，资本流动同时受到拉力和推力因素的影响。

Mercado 和 Park（2011）按照外商直接投资资本流动（FDI）、投资组合资本流动（FPI）以及其他资本流动（FOI）分类数据对亚洲新兴经济体不同类型资本流动的决定因素进行探索，旨在解释新兴市场各类资本流动规模和波动的影响因素，并分析这些因素在亚洲发展中国家和其他市场间的差异，进而深入理解亚洲发展中国家的区域异质性特质。研究结果表明，制度质量和传统拉力因素在各类资本流动的规模和波动性决定中扮演重要角色，因此有效的宏观经济管理和公共机构力量是吸引平稳资本流动的关键。此外，由于区域因素对资本流入规模和波动性影响巨大，新兴经济体制定政策时需要考虑经济合作和政策协调问题。

Fratzscher（2011）对新兴市场投资基金研究公司（Emerging Portfolio Fund Research，EPFR）超过 16 000 只股票基金和超过 8 000 只债券基金进行周数据分析，并采用混合最小二乘法（pooled OLS）研究尤其是全球金融危机期间的资本流动推力和拉力影响因素。结果显示，不管是危机时期还是恢复时期，共同冲击，即危机事件、全球流动性和风险的改变等推力因素，对资本流动影响巨大。而这一影响在国家间存在异质性，不同国家受到推力因素的影响程度不同，而该异质性与国内制度、国家风险、国家宏观经济基础强弱等有关。危机期间，推力因素是资本流动的主要驱动力，而 2009—2010 年全球资本流动动态的主要决定因素是拉力因素。特别是在新兴市场国家，这一趋势体现得更为显著。

Bruno 和 Shin（2013）对 46 个国家进行面板回归分析资本流动的全球因素，其中以西班牙和韩国为重点。相对于需求拉力因素（如 GDP 增长），全球供给推力因素在信用增长和资本流动的决定中起主导作用。微观和宏观审慎性工具结合国内货币政策工具是关键。在全球流动性资本繁荣发展前提下，审慎性规则为国内货币政策留下充足的实施空间，即国内货币政策不对资本流动产生扭曲的影响，宏观审慎政策和货币政策互为补充。

Arias（2013）就 49 个新兴经济体建立资本流动模型，进而探索其决定因素，并分析不同类型的资本流动在危机中对基本面要素的反应，包括是否做出反应、反应程度和反应方式等。传统的拉力和推力因素在资本流动中仍然起重要作用，其相对重要性取决于所分析的资本流动类型。而且，国际金融危机在一定程度上会改变这些驱动因素对国际资本净流动的影响。

Cerutti（2015）运用贝叶斯技术，根据 2001—2013 年的国际收支平衡和资本流动数据，对新兴市场资本流动的推力因素进行分析。研究发现，国家间对推力因素的敏感度差异在很大程度上取决于市场特征，尤其是国家所对应的国外投资者结构本质。具体而言，国际共同基金和全球银行在股票、债券和银行资本流动中占比越大，该新兴经济对全球推力因素越敏感。以汇率制度为主的宏观经济基本面在解释国家间敏感度差异方面起到重要作用，但是这一因素仅能解释债券资本流动，并不适用于股票和银行资本。值得注意的是，这一研究中投资者保护、法律法规等制度基础和增长率、债务水平等宏观经济表现并未发挥显著的推力作用。

Akdoǧan，Kaya Ekşi 和 Ekşi（2016）运用符号约束的 VAR 方法，

分别以银行非核心负债和货币市场利率作为数量变量和价格变量，对四个新兴市场国家（巴西、印度尼西亚、马来西亚和土耳其）进行研究分析，最终得出结论。国际金融危机后，需求条件的恶化和不确定性的提高（拉力因素）是接收国跨境资本流动减少的主要决定因素。然而，一旦发达经济体实施非常规政策措施，全球流动性扩张将作为推力因素影响资本跨境流动。

针对新兴市场的特殊性质，Saak（2016）将欧洲央行的货币政策视为新兴市场资本流动的外部推力之一，重点考察 2008 年第一季度至 2014 年第四季度欧洲央行货币政策对后者的影响方向和力度。这里所研究的新兴市场，包括 6 个亚洲国家、6 个拉美国家、10 个欧洲新兴经济体和 1 个非洲国家。欧洲央行紧缩的货币政策略微提高 FDI 流动，同时显著降低组合债务流动，但对组合股权资本流动的影响不明确，而对 FOI 流动的正向影响也不够显著。由于 FPI 流动主要受到全球推力因素影响，FDI 和 FOI 主要受国内拉力因素影响，欧洲央行货币政策对新兴市场的资本流动影响很小，没有必要进行国际政策协同。

Thomas（2013）从商业报告角度解读新兴市场的推力和拉力因素，就此提供投资者参考。这一报告从 2007—2012 年的数据出发，发现推力因素和拉力因素共同提高了对新兴市场资产的需求。随着联邦资产购买的收缩和发展中国家收益率趋于正常，推力因素很可能被削弱。由于新兴市场 GDP 份额继续提高，拉力因素依旧强劲。长期投资者应该将新兴市场资产价格的下降视为进入这些市场的机会，同时增加对私有、未上市企业的投资。

Gossel 和 Biekpe（2015）对 1986—2013 年南非的资本流入水平

进行考察，建立向量误差修正模型（Vector Error Correction Model，VECM）分析南非不同类型资本流入的影响因素。结合方差分解和脉冲响应分析等手段，我们发现不同类型资本流入如何受到拉力和推力因素影响。外商直接投资资本流动（FDI）短期内受到推力因素影响，长期内受拉力影响。投资组合资本流动（FPI）在长期和短期内都受到推力因素影响，但长期时同时受到推力和拉力影响。其他资本流动（FOI）长期和短期内都受到拉力影响。综合来说，南非的资本流入在短期内受到国外商业周期冲击，长期内受到国内产出和投资冲击，即短期受推力影响、长期受拉力影响。

## 三、跨境资金流动对经济影响的实证分析综述

### （一）跨境资金流动与宏观经济关系的实证分析

Calvo 等（1996）对 20 世纪 90 年代发展中国家的资金流入进行考察，通过理论研究和数据分析相结合的方法，研究资金流动与宏观经济之间的关系。研究发现，投机性资本流入往往带来证券价格和房地产市场价格的大幅波动，进而出现自我实现式的资产价格攀升，出现一定程度的经济金融不稳定。Krugman（2000）从资产负债表的资产分析入手，运用投机冲击模型探索投资下降的自我实现和恶性加速过程。研究认为，资产价格崩溃会直接导致经济增长大幅滑落，给宏观经济发展带来严重后果。

Gruben 和 Mcleod（1998）利用 1971—1994 年 18 个国家的面板数据，运用两阶段最小二乘法，对真实 GDP 和经常项目赤字、贸易条件、各类资本流动等变量进行回归分析，结果表明 FDI 资金流入和证券资金流入对经济增长具有积极影响。Reisen 和 Soto（2001）

基于1986—1997年44个国家的面板数据，研究了不同类型资本流动对经济增长的作用。检验结果表明，FDI资金流入和证券资金流动与经济增长之间呈现正相关关系，说明这两种类型资金流动能够有效促进经济发展。与此相对，外国银行的长期和短期贷款（即债务资金流动）与资金流入国的人均收入负相关，对资金流入国存在不良影响。

当然，资金流动对经济增长的影响与资金流入国自身的状况有关。Balaubramany等（1996）对46个中低收入国家的实证研究表明，出口导向型国家更容易充分利用FDI。相对于实施进口替代战略的国家，出口导向型国家市场扭曲程度较低，更容易实现资金的合理利用。Borensztein等（1998）认为FDI对经济增长的影响受制于东道国的人力资本状况。对具有一定教育水平的国家，具有接受先进生产技术和管理办法的较好手段，FDI资金流动对经济增长具有正向影响。

李坤望和佟家栋（1996）建立一个简单的宏观经济模型，通过对1979—1992年相关数据的分析，得到资本流入对中国经济的影响。研究结果表明，国外资本对经济增长的作用在统计上不显著。之后，欧阳志刚（2004）基于1980—2002年度数据建立联立方程组，结果表明FDI资金流入对我国经济具有显著的促进作用。此外，FDI还对国内劳动投入和产业结构等都有显著的影响。

### （二）跨境资金流动与汇率关系的实证分析

Brookset等（2006）研究各国组合资金流动、FDI资金流动与欧元和日元关于美元的汇率与三个主要货币的汇率的关系。研究从1988年第一季度至2000年第三季度的双边汇率和经常项目等相关数据出发，运用 OLS 方法对汇率与跨境资金流动之间的关系进行探索。研究结果表明，从欧元区投向美国股票的组合资金净流动，既能够反映期望增长率差异，也与欧元美元间汇率的波动密切相关。FDI 资金净流动主要反映了当时的跨国收购和兼并活动，与欧元美元汇率关系较小。汇率之所以在 FDI 跨境资金流动中表现得不太重要，可能是由于很多收购兼并中都存在换股协议，而非完全的资金交易。日元和美元间的汇率，则主要受到经常项目和两国利差等传统变量影响。

Sy 和 Tabarraei（2010）就欠发达国家国际资本流动和实际汇率变动之间的联系进行了理论分析和实证研究。理论上建立一个简单模型，显示实际汇率主要受贸易条件、生产力差异等实际基本面（Real Fundamental）影响。在经验分析中，我们要考虑到样本的异质性、实际汇率的动态变化和数据的非平稳性等。资金流动可能由石油出口、国外援助、汇款或 FDI 等活动引起。实证结果表明，发展中国家中的实际汇率变化主要由实际基本面决定，而非资本流动。巴拉萨—萨缪尔森效应（Balassa - Samuelson Hypothesis，BSH）能够解释 57% 的实际汇率变动，而资本流入仅能解释 19% 的实际汇率变动。此外，荷兰病[①]（Dutch Disease）理论在发展中国家依旧适用，但是对实际汇率变动的影响较弱。

Ibarra（2011）对 1988 年第一季度至 2008 年第二季度墨西哥的相关数据进行分析，探索墨西哥比索实际汇率的长期决定因素。研究结果表明，各种类型的国际资本流入都会造成比索升值。此外，通过改变短期利差，货币政策对实际汇率具有长期的水平效应。随

① 特指一国特别是中小国家经济的某一初级产品部门异常繁荣而导致其他部门衰落的现象。

后，Ghosh 和 Reitz（2013）运用印度卢比的实际有效汇率指标，实证检验了印度的资本流动与汇率之间的关系。协整分析表明，金融市场的实际汇率和印度的证券投资之间存在长期均衡关系。短期内，资本流入常常伴随着印度卢比的实际汇率升值。

根据 2000—2009 年亚洲新兴市场国家的国际资金流动相关数据，Jongwanich 和 Kohpaiboon（2013）建立动态面板数据模型，研究亚洲新兴市场国家的国际资本流动对实际汇率的影响。实证检验结果表明，以证券投资资金流入为代表的国际资金流入能够使新兴市场国家的实际汇率升值。

### （三）跨境资金管理有效性的实证分析

在促进经济增长等优势之外，资本流动也会给宏观经济政策带来不良影响。以 1978—1982 年和 20 世纪 90 年代中期拉丁美洲为例，大量的资金流入导致东道国货币大幅升值，从而带来国际收支失衡危机。

Montiela 和 Reinhartb（1999）针对亚洲和拉丁美洲的资本流动状况，分析了资本控制和宏观经济政策对资本流动总量和构成的影响。在 20 世纪 90 年代早期，流入亚洲的资本主要是 FDI，而拉丁美洲对 FDI 的吸引力相对较小。然而，1997 年的金融危机中，亚洲表现出较为严重的短期资金流动问题。这一研究发现，早期资金流动引发的宏观经济政策，导致了亚洲经济对短期资金流动的依赖。从这一层面上讲，追求稳定的资金管制政策最终加剧了跨境资金流动的波动。

Ono 等人（2005）对 1990 年至 2001 年巴西政府资本项目监管对于宏观经济的影响进行了计量研究。使用 VAR 方法，他们用资本管制指数（Index of Capital Control，ICC）衡量了巴西的金融自由化程度，研究了其对基础利率和名义汇率这两个宏观经济变量的影响。研究结果表明，短期利率对于资本管制指数的冲击出现了负反馈，也就是说，资本管制的增加可能会降低短期利率的波动水平；而名义汇率水平则对资本管制指数的冲击没有显著的变化。这一结果与Arida（2004）的研究结果相矛盾，该研究认为限制资本流动会导致汇率市场失调甚至受到外部的投机性攻击。

David（2007）从智利和哥伦比亚与美国间的双边资本流动数据出发，运用GMM回归分析和向量误差修正模型（VECM）等方法，评价了针对顺周期资本流动不良影响的政策有效性。结果显示，在智利，资本管制成功减少短期净资本流动，但未影响长期资本流动；哥伦比亚的资本管制则能够影响总资本流动和长期资本流动。此外，虽然协整模型结果显示管制政策并未直接影响智利的实际汇率，但在哥伦比亚仍追踪到资本管制对实际汇率的直接影响。这也说明基于价格的资本管制政策并不是很容易被规避。

## 四、我国跨境资金流动的实证分析综述

### （一）我国跨境资金流动影响因素的实证分析

王琦（2006）的研究认为，影响我国资本流动的因素主要有利率因素、汇率因素、通货膨胀率因素、开放度以及政策因素等。金融危机之前，我国面临的主要是资本流入风险，因此早期对资本流动影响因素的分析主要针对国际资本流入，同时也关注短期资本流动。

针对利率、汇率、国内生产总值、出口额等方面，刘立达

（2007）运用多元线性回归模型考察国际资本流动的影响因素。最后得到结论，我国的国际资本流入主要导因是内部拉动因素，同时也存在以汇率为套利目标的投机资本流入。此外，国际资本流动影响因素的历史水平和变化情况对资本流入影响较大，存在滞后效应。因此，应加强短期资本流动和其他资本流动的管理。

陈学彬（2007）则采用协整分析方法研究利差、通胀差、人民币名义汇率、汇率预期、我国经济增长水平以及资本市场投资收益对国际资本流入的影响。我国经济的高速发展和人民币稳步升值有利于吸引外国资本对我国进行直接投资，而人民币升值预期的加强和资本市场的蓬勃发展对短期资本的流入套利具有较强的吸引力，中外利差对短期资本也有一定的影响。

2008 年国际金融危机前后，我国出现了不可忽视的资本流出现象，国际资本呈现双向流动特征。同时，短期资本流动的波动性也成为我国经济的不稳定因素。随后的实证分析不再拘泥于单向资本流入，转而考察短期国际资本流动。

王世华和何帆（2007）以我国短期国际资本流动为研究对象，重点分析我国短期资本流动的规模、影响资本流入和流出的主要因素等。短期内，人民币预期升值率的变动是我国短期国际资本流动的决定因素，良好的宏观经济形势也会吸引短期国际资本流入。长期内，利差和人民币升值预期都是影响我国短期资本流动的主要因素。无论何时，人民币升值预期的影响都更加重要。在这一实证结果的基础上，我国需要进一步加快汇率改革，有效应对人民币升值预期，同时在开放中提高跨境资金管理的有效性。

冯彩（2008）认为，我国良好的宏观经济态势和人民币汇率、中外真实利率差异与国际资本流动之间存在协整关系，这是国际资本流入的格兰杰原因。因此，可以通过稳定人民币升值预期来减缓国际资本大规模流入，同时进行适当的制度安排引导国际资本流出。

陈浪南和陈云（2009）在 Mundell – Fleming（1962）拓展模型的基础上，采用 ARDL – ECM 模型对人民币汇率、资产价格和短期国际资金流动之间的关系进行实证检验。实证结果表明，长期内人民币汇率预期变化率、国内外利差显著影响短期国际资本流动，而人民币汇率水平、国内股市收益率和房地产收益率并未对短期国际资金流动产生显著影响。而在短期内，人民币汇率、国内外利差和房地产收益率对短期国际资本流动的影响都存在显著的滞后效应。就汇率本身而言，长期来看，人民币的名义汇率水平对短期国际资金流动没有显著影响，只有人民币的升值预期吸引大量资金流入。短期来看，人民币升值就能带来短期的国际资金流入。

Li（2010）通过对 1978 年到 2006 年我国 28 个省的样本的时间序列分析，发现储蓄与投资（均为 GDP 的比率）呈正相关。根据 Feldstein – Horioka 方法，这样的相关性可以被解释为低资本流动性的证据。再加上格兰杰因果检验无法提供证据支持我国资本配置的有效性，可以认为资本被限制在各省内，产生低效率。究其原因，地方政权和财政权的结合可能要对此现象负主要责任。

赵文胜、张屹山和赵杨（2011）运用短期资本流动规模与人民币实际有效汇率、中美利差、房地产市场收益率和股市收益率等相关数据，采取 VAR 模型、门限自回归等方法研究我国各市场要素变化对短期国际资本流动的影响。最终发现，短期国际资本对人民币实际有效汇率具有负向的冲击响应，而以实际有效汇率衡量的人民币升值和房地产市场收益率都具有显著的门限特征。只有在人民币升值幅度比较大的情况下，或者房地产市场收益率高于门限值时，短期国际资本才会受到人民币升值和房地产市场收益率的吸引。

吕光明和徐曼（2012）以月度数据为基础，将短期国际资本流动定义为外汇占款增量与货物贸易差额、FDI 实际利用额之间的差值，在此基础上考察套利、套汇和套价三重动因对短期国际资本流动的影响。其中，套价标的主要包括股票价格和房地产价格。对所建的 VAR 模型进行分析，我国短期国际资本流动在较大程度上由其自身变化解释。而在套利、套汇和套价三类因素中，套汇因素影响最大，主要表现为预期汇率驱动。其次就是套价因素的影响，表现为股价驱动和房价驱动。套利因素对短期国际资本流动的影响极弱。

乔兆颖和杨小亮（2015）采用实证方法，重点分析我国生产性的长期跨境资金流动，并将之与金融性的短期跨境资金流动进行比较分析。文中以外商直接投资（即 FDI）替代长期跨境资金流动，而短期跨境资金流动则用外汇储备增量与贸易顺差、直接投资净流入两者之差表示，可以称之为“热钱”。VAR 多方程动态模型的分析结果表明，短期跨境资金流动对中美利差高度敏感，利率的变化将增强跨境资金流动的双向性和波动性。与之相对，中长期跨境资金流动对社会融资情况高度敏感，社会融资规模反映出的经济运行状况才是中长期跨境资金流动的根本原因。

### （二）短期跨境资金流动对我国经济影响的实证分析

#### 1. 短期资金流动对股票价格的影响

刘莉亚（2008）从贸易顺差、经常转移、错误与遗漏三个层面分别估计个人渠道、企业渠道和非法渠道的境外“热钱”（即国际短期资金流）流入，得到其总体规模和变化趋势。在此基础上，刘莉亚（2008）结合相关理论建立 VAR 模型，运用 Granger 因果检验、脉冲响应分析、方差分解等方法对此进行实证分析。分析结果表明，境外短期资本流入虽然显著推动了住宅价格的上升，但是对股票价格的影响并不显著。

何孝星和余军（2008）在 2001 年 12 月至 2007 年 4 月的恒生指数（HSI）和我国企业指数（HSCEI）周收益率数据基础上，运用市场模型进行结构性变化检验，以分析我国资本市场的开放性政策对相关证券价格的影响。检验结果显示，随着资本市场对外开放度的提高，短期国际资本对股票价格的推动作用逐步衰减。此外，若微观经济基础未发生根本性变化，在人民币升值早期股票价格会出现较大幅度的上涨，随着汇率日益接近均衡水平，股票价格又将逐渐回落至本币升值前的水平。

赵进文和张敬思（2013）对人民币汇率、货币供给剪刀差、短期国际资本流动和股票价格之间的动态关系研究发现，由于风险溢价的增加，短期资本流入使得资产价格上升空间扩大，股票价格上涨。然而由于资本项目管理，短期资本流入对股票价格的这一直接作用较小。与此同时，短期资本流入还将缩小货币供给剪刀差，提高国内流动性，间接提高股票价格。这一流动性冲击导致的间接影响持续性较强。直接和间接两种机制共同作用，短期资本流动对股票价格的影响不容忽视。此外，短期国际资本流动对股票价格的影响在不同时期具有非对称性。根据马尔科夫区制转移模型研究结果，相对于经济平稳时期，重大金融事件发生时短期资本流动对股票价格的影响更强。

吴丽华和傅广敏（2014）在理论分析基础上，运用带有随机波动的时变参数的向量自回归模型（TVP－SV－VAR 模型）对人民币汇率、短期资本与股价之间的动态关系进行实证研究。研究表明，人民币汇率、短期资本与股价之间的联动关系不是唯一的，随时间变化而变化。其中，短期资本流动与股票之间的关系并不稳定，短期资本流入可以引起股价上涨，也能导致股价下跌。从模型的时变参数特征看，我国短期资本流入对股价的影响越来越大。然而，脉冲分析则发现短期资本流动对股价的影响是时变的。2005 年之前和 2008 年开始的这两个阶段，短期资本正向作用于我国的股票价格；2005—2007 年，短期资本对股票价格的影响呈现为负向。另外，股票价格对短期资本的影响以 2010 年为界，之前产生负向影响，之后为逐年增大的正向影响。

2. 短期资金流动对汇率的影响

朱孟楠和刘林（2010）通过理论分析与实证研究相结合的方法考察短期资本流动、汇率、股票价格和房地产价格四者之间的动态关系。在开放条件下所建立的理论框架基础上，朱孟楠和刘林（2010）建立 VAR 模型对我国 2005 年汇改后的数据进行实证分析。实证分析表明，短期国际资金流入导致人民币升值，同时带来市场上对人民币的升值预期和股价、房价的上涨。人民币升值和升值预期以及股价上涨，又都会导致短期国际资本的进一步流入，形成一个自我强化的机制。与此同时，股价上涨可能通过财富效应和募集资金等方面推高房价，最终可能导致资本流出和股价下跌。

王叙果、范从来和戴枫（2012）以实际有效汇率（REER）为标准，研究外商直接投资（FDI）与投资收益、私人部门汇款等不同类型的国际资金流动对 REER 的作用机制，并对此进行实证检验与分析。研究结果表明，FDI 对 REER 有较为显著的正向影响，而私人部门汇款也产生较强的升值影响。与之相对，证券投资、债务的国际资金流动对 REER 产生贬值效应，这与传统文献的结论有一定背离。长期来看，FDI 部分被用于进口原材料和机器设备，且 FDI 造成的生产增加可能带来价格下行、REER 贬值压力。因此，虽然 FDI 对 REER 的总体影响显著为正向，需要有选择地引进外资。一方面，要加大引进高科技外商直接投资，提高国内生产能力和技术水平。另一方面，要鼓励进口高技术含量的设备和中间品，在提高本国竞争力的同时平衡经常项目。

陈创练和杨子晖（2012）从泰勒规则的反应式出发，结合结构 VAR 方法深入研究人民币实际汇率波动的影响因素。研究结果表明，人民币的长期汇率波动主要受到商品市场的影响，特别是商品市场的需求冲击影响较大。与此相对，货币市场的冲击决定短期汇率波动。由于风险溢价冲击对人民币汇率波动有一定解释力，我国的资本流动管理水平也是影响实际汇率波动的重要因素之一。具体来看，资本流动管理程度越低，汇率自身运动对实际汇率变动的作用越小。资本流动管理程度越高，则汇率自身运动对实际汇率变动的影响效果越明显。

赵进文和张敬思（2013）建立了人民币汇率、短期国际资本流动和股票价格相互影响的理论模型，又在 2005 年 7 月至 2011 年 11 月，运用 VAR 方法实证检验人民币汇率、货币供给剪刀差、短期国际资本流动和股票价格之间的动态关系。研究过程中发现，对短期资本流动的正向冲击将导致人民币升值。而人民币有效汇率水平过高时，短期资本流动将倾向于减少。

吴丽华和傅广敏（2014）主要研究人民币汇率、短期资本与股价之间的互动关系，运用 TVP－SV－VAR 模型对三者之间的动态关系进行实证研究。理论分析和时变参数模型研究发现，人民币汇率、短期资本与股价之间的联动关系是时变的，即存在多种不同的关系，并随时间变化而变化。汇率升值导致资本流入增加，同时资本流入会带来汇率升值。结合时变脉冲响应函数，人民币汇率对短期资本的影响较为稳定，但是短期资本对人民币汇率的影响程度自 2005 年后开始加大。

## 第三节　我国跨境资金流动监管相关研究

本外币跨境资金流动的协同监管是伴随着人民币国际化战略的实施逐渐产生的新问题。随着人民币国际化进程的不断加快，人民币国际使用稳步推进，跨境资金本外币协同监管问题值得关注。从目前相关文献来看，研究较为有限，对有关问题的讨论大多停留在本外币监管差异及其影响的描述性分析上，缺乏系统且深入的分析。

### 一、我国跨境资金流动监管现状与问题

梁中和许芯（2008）较早注意到，随着我国人民币国际化战略的实施，越来越多的企业通过跨境关联交易实现本外币的自由转换与流动。在此基础上，梁中和许芯（2008）研究了企业跨境关联交易对我国本外币一体化监管的影响，并指出我国本外币跨境流动的监管存在三个方面的问题。首先，本外币账户分别管理且管理政策

存在较大差异，难以对跨境关联交易实施资金流动的全程监管。其次，跨境关联资金结汇后人民币资金的最终流向是对企业跨境关联交易实施本外币一体化监管的难点。最后，没有建立企业跨境关联交易的联合监管机制。

郑杨（2009）认为近年我国经济与世界经济的关联度和依存度不断提高，本外币联动效应渐趋明显，本外币一体化监管势在必行。第一，在开放经济中，本外币政策协调是实现内外经济均衡的重要条件。第二，本外币替代效应日趋明显，协调好本外币政策方向变得尤为重要。第三，商业银行普遍采取本外币一体化的经营模式，客观上要求金融管理部门对监管方式做出相应调整。第四，本外币交叉业务增多，监管配套措施亟待完善。

许力（2012）认为跨境流动的人民币具有本位币和国际货币的双重属性，跨境人民币监管应与跨境流动的外汇资金监管相协调。为了加强监管，就要在统一本外币跨境流动监管政策、加大人民币形态“热钱”流动的检查处罚之外，建立本外币统一的跨境流动资金统计监测体系和信息系统。

朱玉华（2013）比较和总结了我国本外币跨境资金流动监管政策在微观操作层面的差异。这些差异包括进出口企业登记准入不一致、管理方法不一样、结算时收付汇管理核查宽严不同、贸易融资统计管理存在差异以及个人跨境结算差异大等。

谢媛（2014）从上海自贸区跨境人民币结算业务出发，介绍了我国跨境人民币结算业务的制度制定和框架建设情况，并全面回顾其发展现状，进而分析跨境人民币结算业务存在的问题，并提出了针对性的监管建议。我国跨境人民币结算业务在迅猛发展的同时也暴露了一些问题。首先，跨境人民币结算业务存在明显的发展不平衡现象，特别是收支不平衡局面难以改善。其次，跨境人民币结算风险点多、监管难度大。最后，跨境人民币统计收支的监测手段不够完善，存在漏报数据、数据不准确或不完整、进出口报关与结算币别不一致等现象，对监测效果产生较大影响。针对这些问题，需要在完善跨境人民币结算统计监测系统的基础上，加大跨境人民币管理职能的协调配合、构建一体化监管体系，同时建立健全跨境人民币结算的风险监管机制。

孙欣蕾等（2015）从异常跨境资金流动出发，探索跨境资金流动监测存在的主要问题，并提出相应的政策建议。异常跨境资金流动的主要渠道有四种，分别是以预收及延付货款形态流入、借道服务贸易及个人名义流入、关联交易流入和大量借入外债尤其是短期外债。面对跨境资金流入形式的不断演化，部分外汇管理政策滞后于形势变化，缺乏有效的联动监测机制。人民银行与国家外汇管理局各司其职，分别负责人民币账户和外币账户的管理，增加了跨境资金的监管难度。因此，必须健全沟通机制，实现跨境资金的多部门协同监管。除此之外，银行在跨境资金流动监管中管理者与经营者的双重身份，使其执行外汇管理规定时出现缺位现象，需要通过考核机制的革新提高银行管理跨境资金流动的执行力。

吴大庆（2015）也认为分立监管是我国本外币跨境资金流动监管问题的根本原因，提出通过建设本外币监测监管联动机制来解决当前的问题。为了实现本外币监测监管联动，提出短期、中期和远期三个阶段的目标。短期内应当整合系统资源，建立部门联席会议制度。其中，资源整合主要通过人民币跨境结算数据的整合而实现。

中期目标是在法律法规和机构设置方面进行调整和完善。远期则实现本外币政策统一和监管统一。

## 二、我国跨境资金流动本外币协同监管研究

崔军（2008）发现我国跨境资金流动监管中存在的一些问题，并通过对这些问题的分析提出了改善的对策。一方面，由于尚未建立协同监管机制，缺少统一的管理目标和政策间的衔接。需要加强各部门政策实施的协调配合，建设以一个部门为核心的跨境资金流动监管体系，实现跨境资金流动的全面、有效监管。另一方面，由于利益冲突问题，通过商业银行审慎经营业务难以落实，这就需要通过建立全口径分析监测体系来提高事后统计监测水平，并建立分析预警机制。除此之外，还存在管理手段薄弱、部分监管政策存在漏洞等问题，这就需要全面整合相关法规，同时重点监测跨国公司的跨境资金流动状况等。最后，还需要结合汇率、利率的价格杠杆作用，运用经济手段合理引导跨境资金流动。

黄继承（2009）分析了外汇管理在跨境人民币结算业务开展、维护国际收支平衡及增强国际收支风险防范能力中所起作用，提出了外汇管理参与协调实施跨境贸易人民币结算在人民币跨境收支监测等方面的政策建议。跨境贸易人民币结算对外汇管理的内容、国际收支统计监测的全面性、本外币账户管理方式、贸易外汇收支监查制度适用性、资本项目管理有效性和外汇管理检查的合法性都会产生一定影响，需要填补此方面的管理空白与不足。为了协调实施跨境贸易人民币结算，外汇管理应根据当前发展要求制定相适应的外汇管理协调政策、协调相关操作办法，并从维护国际收支平衡角

度出发，构建人民币跨境收支的监测管理制度。

肖跃（2011）强调跨境人民币结算对我国跨境资金流动和国内流动性所造成的影响，并提出对人民币外债进行规模控制等建议。研究结果表明，在进出口人民币结算业务的总量平衡发展，且本币结算的期限结构与外币结算一致的情况下，跨境贸易人民币结算对贸易顺收顺差不产生影响。当进出口人民币结算业务总量发展不平衡，但本外币结算期限结构仍然一致的情况下，跨境贸易人民币结算加大贸易顺收顺差的波动，但对国内整体流动性无影响。而在进出口人民币结算业务总量发展不平衡，且本外币结算期限结构不一致的情况下，跨境贸易人民币结算既加大贸易顺收顺差的波动，又加大国内流动性的波动，需要对这一情况多加控制。

吴磊（2013）和田平（2016）详细地分析了我国本外币跨境资金流动监管在经常项目、资本项目以及企业与个人账户等方面的差异，提出了构建本外币跨境资金流动监管机制的改进对策。比如转变理念、完善系统、整合资源、推进人民币汇率改革等。

安睿（2013）提出从主体监管、本外币监测系统以及理论政策法规体系等方面逐步实现本外币一体化监管。其中，主体监管的实现是跨境资金一体化监管的机制保证，本外币全方位监测系统的搭建能够为一体化监管提供有效手段，而政策法规体系的完善将为跨境资金的一体化监管提供有效的法律支撑。

王杏平（2014）对一体化管理顶层设计缺失、跨境人民币管理较外汇管理更加宽松、银行外汇与人民币组合产品冲击现有外汇管理制度、分币种监管模式尚未适应当前跨境资金管理要求等问题，提出了以下政策建议。第一，加强跨境人民币与外汇管理政策的顶层设计，构建跨境人民币与外汇一体化管理的政策方案。第二，提高人民币可兑换程度，拓宽跨境人民币流出渠道。第三，统一数据统计口径，保障跨境人民币业务稳步推进。第四，加快个人跨境人民币业务立法，放开个人跨境人民币结算试点。第五，优化人民币外部流通环境，推动人民币跨境流动。第六，强化跨境人民币业务风险控制，做好统计监测和风险预警，切实保证跨境资金合理有序流动。

王书朦（2015）在对智利、韩国、巴西等世界上其他新兴经济体的跨境资本流动宏观审慎监管历史实践进行深度分析的基础上，得到关于我国完善跨境资本流动宏观审慎监管体系的一些启示。首先，要建立跨境资本流动风险的预警体系，在宏观、中观、微观三个层次上明确监测指标，以量化跨境资本流动可能引发的系统性金融风险。其次，丰富并优化跨境资本流动宏观审慎监管工具箱，除了无息准备金、宏观审慎稳定税、银行外汇头寸管理等常见工具之外，还要有针对性地设计新的宏观审慎监管工具，并从有效性、成本、副作用、透明度等几个角度综合衡量。再次，加强跨境资本流动宏微观审慎监管协调，在微观审慎的基础上进行宏观审慎监管，共同实现防控风险、维持金融体系平稳的目标。最后，还要将跨境资本流动宏观审慎监管与其他宏观经济政策相配合，在“新常态”下通过多部门协调合作实现监管目标。

李学武（2016）从本外币一体化视角提出，本外币一体化的全口径跨境融资宏观审慎管理的主要做法可以分为三部分，一是本外币一体化管理，二是总量和结构的统筹管理，三是宏观审慎和微观审慎的联动。这一管理体系进一步完善了宏观审慎政策框架，是深化金融体制改革的重要组成部分。

在实践中，何蔼先（2012）立足于地方外汇管理业务进行分析，重庆外汇管理局在主体监管实践中设计了一套反映总量、趋势变化、差额、占比等情况的监测预警指标体系。在这一监测体系的基础上，外汇管理以主体监管系统为支撑，按照行业和区域实施有侧重的监测，实现对企业主体的全覆盖监控。

外汇局广东省分局课题组（2013）运用主体监管思路构建本外币一体化监管体系。通过纵向与横向比较监管主体的各类信息，本外币一体化监管体系解决了原有的割裂监管及行为监管模式下的信息不对称问题，完善了跨境资金流动的监测。

刘源（2013）基于江苏省跨境人民币交易及流动现状，分析了短期本外币跨境资本流动对宏观政策调控的影响和挑战，进而提出加强本外币一体化监管的政策建议，应当完善监管跨境资金流动的机构设置，建立健全跨境资金流动监管的政策法规，搭建本外币一体化信息监测平台，加强对本外币跨境资金流动的监测和预判。在此基础上，可以将跨境资本流动管理纳入宏观审慎管理框架，建立危机应急预案。

# 第三章　跨境资金流动监管的国际借鉴

## 第一节　美元国际化与美国跨境资金流动监管

### 一、美元国际化进程

近年来，随着我国经济的不断走强以及人民币的持续升值，国内学术界对货币国际化的研究也逐渐深入并取得了丰富的成果。韩龙（2012）提出，货币的国际化发展可以分为跨国货币与全球货币两个阶段，前者表明了货币的跨区域使用，而后者则强调了一国货币在世界货币体系与经济中的重要地位。纵观全球，目前有多个经济体的货币已实现了跨国化，但只有美元具有国际化的地位。

对于美元的国际化历程阶段的划分，国内的学术界主要有两种观点。比较主流的一种观点认为美元的国际化历程始于 19 世纪 70 年代，因为此时美国的经济发展已经开始超越英国，这为美元的国际化打下了基础（韩龙，2012；张元，2012）。也有学者认为美元的国际化始于第一次世界大战，因为从此时起美元开始尝试在国际货币市场上建立关键地位，美元开始实现国际循环（高材林，2008；

蒋伟，2015)。美元的国际化与其经济的发展是密不可分的，美元国际化的尝试与成功是建立在其雄厚的经济基础之上的，19 世纪末美国经济的高速增长是美元国际化必不可少的一个累积阶段。因此，本书按照大多数学者的观点，将美元国际化历程的开始阶段定于 19 世纪 70 年代。

### （一）美元国际化的累积阶段

美国在 19 世纪上半叶，由于美国自身经济并不发达，美元的地位相对较弱，美国在进行国际贸易时也以英镑作为主要的结算货币。根据 Kuznets（1971）的推算，美国在 19 世纪下半叶每 10 年的平均产业增长速度为 50% 以上，而同期英国的每 10 年平均产业增长速度则为 30% 左右。巨大的经济增长差异使得美国的经济体量迅速扩大，并在 19 世纪末期完全超越了英国成为世界第一大经济体。Eichengreen（2011）认为，美国的国民生产总值（GNP）在 19 世纪 70 年代已经超过了英国，并在 1912 年成为全球最大的出口国，取代了英国的世界工厂的地位。虽然此时美国的经济发展和在全球贸易中的重要地位已经为其打下了货币国际化的基础，美元在当时却并不具备国际吸引力与竞争力。这是由于美国并没有类似英国的英格兰银行这样行使央行功能的机构，能在监管的同时为金融市场提供流动性，因此金融市场的结构存在缺陷。1914 年，美国建立了联邦储备银行，意味着美国有了真正意义上的中央银行，这是美国金融市场建设的巨大进步，也为美元走出国门建立国际竞争力扫清了障碍。

### （二）美元国际化的尝试阶段

由于欧洲主要国家都卷入了第一次世界大战之中，其生产经营活动受到了极大的破坏，美国一举成为全球最大的粮食和工业品生产国，并利用欧洲国家的信贷缺口从债务国转变为了债权国。因为在战争期间英镑相对黄金大幅贬值，而美元则相对稳定，不少国际贸易商转而将美元作为国际贸易结算的重要货币。第一次世界大战后，美国积极向急需战后重建的欧洲各国推行美元融资，以此来开拓美元的国际地位。在席卷全球的经济大萧条发生前，美元在世界主要国家的外汇储备中的总量已经超过了英镑。然而随着全球经济危机的爆发，国际贸易形势发生了灾难性的变化，美元的国际储备总量也大幅减少。在经济危机期间，英国政府采取了保护金融市场而放弃外汇管理的做法，使得英镑大幅贬值，而美国政府则采取了相反的做法，使得美元兑黄金一直维持在一个稳定的水平，然而这也造成美国大量的金融机构破产。由此可见，具备国际主导地位的货币，在出现经济危机时可能会面临维持货币地位还是自身金融安全的两难境地（韩龙，2009）。由于国际经济危机的持续，国际间的贸易与借贷市场持续萎缩，各国持有外汇储备的意愿逐渐降低。英联邦和英镑区的存在使得国际市场上对美元的抛售要多于英镑，英镑再次成为主导货币。在这一阶段，虽然美元并没能取代英镑的地位成为真正的国际化货币，但其进行了多次尝试并取得了一定的国际认可，为将来取得国际主导地位成为主导货币打下了坚实的基础。

（三）美元国际化的主导阶段

第二次世界大战结束时，美国所持有的黄金储备已经超过了世界总储备量的三分之二，其工业生产总值的规模已经达到了其他所有资本主义国家的总和，美国成为全球第一强国。1944 年签订的《国际货币基金协定》确定了国际货币市场上的美元—黄金本位体系，其他国家的货币直接与美元挂钩，而美元则直接与黄金挂钩，并可与黄金自由兑换，布雷顿森林体系正式建立。而第二次世界大战后美国在西欧实施的“马歇尔计划”使得欧洲主要国家接受了大量的美元援助，美元成为全球唯一的可进行自由交易的货币。美元的国际化取得了成功，其国际主导地位正式确立。

### （四）美元国际化的霸权调整阶段

虽然美元自第二次世界大战后成为国际货币市场中的领导者，但是由于其存在权利与义务不对等的前提，布雷顿森林体系的建立也使得美元不得不面对特里芬难题的两难境地。最终，尼克松政府在美国黄金储备持续外流的压力下，在1971年宣布美元不再与黄金挂钩，布雷顿森林体系由此瓦解。然而，美元的国际化主导地位并未因此消失。自美元与黄金脱钩起，美元从由黄金储备所支撑的货币转变成了可以由美国政府任意发行的全球储备信用货币，美元也进一步转型确立了其霸权货币的地位（张元，2012）。自20世纪70年代的石油危机之后，美元成为国际大宗商品交易的价格标的。冷战结束后全球金融市场逐步形成，美国凭借其强大的金融运作能力掌握了全球市场的大部分话语权，全球金融交易的媒介和计价货币仍是美元，其霸主地位进一步得到了巩固。从2008年美国国内爆发的金融危机对全球金融市场造成的影响来看，美元在国际货币体系中的地位依然是不可动摇的。

## 二、美国跨境资金流动监管

### （一）利息平衡税

1. 利息平衡税出台的背景

利息平衡税（Interest Equalization Tax，IET）是20世纪60年代至

70 年代美国限制资本流出而采取的重要监管措施。利息平衡税的出台与布雷顿森林体系密切相关。布雷顿森林体系规定了美元与黄金挂钩、各国货币与美元挂钩的双挂钩机制。美元在获得了世界货币地位的同时，也面临着特里芬难题的严重困扰，即美元世界货币地位的维持既需要美国保持国际收支平衡，又需要以逆差的方式向世界提供美元。在第二次世界大战后的初期，欧洲以及世界其他主要受战争影响的国家为恢复本国经济，需要大量进口国外设备，马歇尔计划提供的巨额美元援助在一定程度上缓解了欧洲国家的美元短缺，欧洲国家通过发行债券等方式从美国筹集美元。这就导致 20 世纪 50 到 60 年代初期美国经常项目顺差，但长期资本的持续流出使得美国国际收支平衡出现逆差，并导致美元贬值压力。随着欧洲国家出口的不断增长和美国国内财政赤字的恶化，美元流出的需求越来越强烈。

在此背景下，美国政府在 1963 年建议实施利息平衡税，对美国居民投资国外资产进行征税，确保投资国内外资产的收益是相等的。《1963 年利息平衡税法案》获得美国国会通过并正式实施，后经多次延长，一直持续到 1974 年 4 月。

2. 利息平衡税的内容及效果

利息平衡税是托宾税在资本品上的拓展应用。依据《1963 年利息平衡税法案》的规定，美国居民购买外国政府或机构发行的证券应当缴纳利息平衡税，但税率依据投资对象的不同而不同。比如购买股票资产其税率为股票实际价值的 15%，购买债券资产则根据债券期限的长短不同，其税率为本金的 2. 75% ~15% 不等，债券期限越长，税率越高[①]。尽管后期美国政府对利息平衡税的税率进行了调

① 详见《美国联邦法律大全》（*United States Statutes At Large*）第78卷，第809页到810页，1965。

整，但整体变化不大。

利息平衡税在美国持续实施了10年的时间，但其效果却颇有争议。在实施的初期，利息平衡税在一定程度上抑制了美国资本的外流，但其国际收支状况仍然没有得到持续明显改善。美国政府之后又实施了“海外直接投资强制性限制”限制本国资本投资西欧等发达国家，但效果仍然不是非常理想。更为糟糕的是，美国对美元资本的流出大幅抬高了外国政府和机构在美国筹集美元的成本，这迫使它们必须寻找其他成本低廉的渠道。而此时苏联政府以及石油输出国政府的大量美元存放在欧洲金融中心，其成本优势开始体现。同时，由于欧洲美元市场没有严格的监管，债券的发行非常便利，这吸引了越来越多的资金需求者。

（二）国际银行设施

正如前述分析，利息平衡税虽然在抑制美元流出方面发挥了一定作用，但却意外推动了欧洲美元市场的发展。大量国际客户转向欧洲美元市场筹借美元资金，影响了美国本土金融机构的业务。因此，美国国内金融机构开始在伦敦等境外金融市场开设分支机构，继续开展美元业务。由于境外开设分支机构需要提供资本金，因此美国资金跨境流出情况反倒因此恶化。不仅如此，美元业务与机构的流失导致就业机会也随之流走。这些都不是美国政府希望看到的。为解决这一问题，美国政府提出了国际银行设施（International Banking Facilities，IBFs）的应对方案，允许美国国内银行只需设立单独账户即可向境外非居民提供存放款等银行业务。因此，与传统的将机构设置在境外的离岸金融市场不同，国际银行设施是一种本国境内的离岸金融系统。

1. 国际银行设施性质与建立背景

国际银行设施 IBFs 是一套账户系统，用于满足美国非居民包括存贷款等项目的金融需求，其建立需要由美联储批准。由于其所开展的货币业务仅面向非居民客户，因而美联储针对国内商业银行的大部分规定，包括法定准备金要求和贷款利率限制，对于国际银行机构并不适用，其存款也不强制加入美国联邦存款保险。从性质上来看，国际银行设施并非独立于银行系统的金融机构，而只是美国境内的商业银行和在美注册的外资银行的分支机构为了方便记录美国境内的国际银行业务及与之相关的收支状况而专门设立的一套资产负债账户（冯润祥、辛然，2011）。由于美联储严格要求国内账户与国际账户进行分离，美国国际银行设施属于内外分离型的国际离岸金融市场。

自罗斯福新政时期开始，美国政府一直受凯恩斯学派影响而通过财政与货币政策对市场进行大力干预。由于第二次世界大战后，美国国内的利率水平与经济发展速度均低于欧洲，其国内资本不断外流，经常项目也处于长期逆差的状态。为了保持经济的平衡，肯尼迪政府于 1963 年开始征收利息平衡税以控制私人部门对外证券投资，减少资本外流。1965 年美国政府又进一步推行了所谓的“自愿对外信贷限制计划”，以行政手段来限制居民对非居民的贷款规模。而且自经济大萧条时期制定的《Q 条例》对美国国内利率进行了严格的限制。这些因素使得不受货币发行国金融监管、无须缴纳存款准备金且税收水平较低的离岸金融机构，更受美国国内资金的重视，资本外逃进一步严重。与此同时，欧洲与加勒比地区离岸金融业务也得到长足的发展，许多美国的金融机构前往海外建立分支机构以享受离岸业务的收益。

面对国内资金与金融机构双双流失的局面，美国政府急需政策改革以重新使国内金融业获得竞争力。1970 年，美国开始允许金融机构有限额地吸收非居民存款并向非居民发放贷款。1978 年，纽约州政府批准了对类似国际银行设施的金融机构实施地方税减免。1980—1981 年，美联储先后修改了存款准备金的适用范围，并对实行多年的《D 条例》和《Q 条例》进行了修订。自此，美国本土的国际存贷款业务可以通过美国各种吸储机构以及外资银行的美国分行和机构所建立的国际银行设施来实现，国际银行设施体系正式建立。

2. 美国国际银行设施的监管政策与税收减免

为保证在国内银行体系的资金不会脱离当局监管的前提下国际存贷款业务的正常运营，美联储对国际银行设施实施了严格的监管措施以确保国内账户与国际账户的严格分离，防止境外美元渗入境内美元体系。具体措施包括：第一，国际银行设施的业务对象限于非居民客服与其他国际金融机构，禁止为本国居民提供服务。本国银行从其所设立的国际银行设施借入资金将被划归为从外国银行借入资金的范畴。第二，国际银行设施存款业务的期限和额度都受到限制。为了限制流动性，除银行外的其他外资存款不能少于 10 万美元且要存两天或以上才能转账取现。第三，国际银行设施不准发行如大额可转让定期存单等类型的可转换工具，以防止离岸美元资产以其他形式进入美国的二级市场。第四，国际银行设施可以与境外的非银行企业开展存贷款业务，但必须保证资金只用于在美国本土之外的用途。

除了严格的监管，美国国际银行设施也享受了大量的税收优惠以增强其竞争力。虽然美国联邦政府税受到联邦税法限制不能减免，但是各州都出台了针对地方税的减免措施，佛罗里达州更进一步取消了国际银行设施的所有地方税项。通过此项措施，美国的本土银行纷纷将海外机构的欧洲货币市场业务转回了美国本土。

从总体上看，美国国际银行设施对20世纪80年代美国金融转型起到了一定的过渡作用，为金融监管与货币政策的改革提供了助力。国际银行设施通过开创性的在岸方式开设离岸中心，在扩大了本国金融业务规模的同时也满足了本国非居民的国际需求，为其他国家的金融改革起到了良好的借鉴作用。通过建设在岸离岸市场，美国成功地阻止了金融服务业的外流，同时吸引了大量的金融人才，为美国的金融业发展提供了活力。

## 第二节　德国马克国际化及德国跨境资金流动监管

### 一、德国马克国际化进程

德国马克的国际化历程持续较长，总体来看过程相对较为稳定，对资本流动的监管也较为灵活多变，会针对国内的金融形势做出不同的调整。大部分观点认为德国马克的国际化历程可以始于第二次世界大战结束后，结束于欧元出现，并认为欧元可以被看做是德国马克国际化的延续。综合安冉和冷德穆（2010）、王紫嫣（2013）等现有研究成果，德国马克的国际化进程可以分为初期、适应调整期与快速推进期三个阶段。

#### （一）德国马克国际化的初期阶段

初期阶段大致从第二次世界大战之后开始，持续到20世纪60

年代。由于第二次世界大战后物资极度匮乏，联邦德国（即原来的西德）的通货膨胀率居高不下，原有的货币体系濒临崩溃，因此进行货币改革的呼声非常强烈。在美、英、法三国军事占领当局的支持下，德国马克成为德意志联邦共和国的法定流通货币。在初期，联邦德国对外汇管控采取了严格的管制制度。企业用于贸易进口的外汇要先进行审批，出口贸易获得的外汇则要上交给指定的银行换成本币。

20 世纪 50 年代开始，伴随着联邦德国经济的快速发展，其对外贸易规模也开始大幅增加，长期大量的贸易顺差积累了经常项目顺差，以此为契机，联邦德国对资本流出的管制开始出现了一定的放松。1952 年出现了首个本国居民对外投资获得审批的案例。1954 年联邦德国启用了新的对外支付管理制度，新增了自由资本的马克账户以取代旧有的“封锁马克账户”。1956 年起联邦德国允许本国居民进行对外证券投资。1957 年联邦德国进一步放宽了外资在联邦德国境内投资的清算和资金汇出的限制。1958 年联邦德国基本对居民和非居民均实现了德国马克的自由可兑换。1959 年联邦德国取消了本国银行对外国存款的付息限制，外资购买货币市场票据不再需要特别审批，外国贷款的最高期限上升到 5 年。

在德国马克国际化的初期阶段，联邦德国实施了币制改革，随着经济的复苏与对外贸易的大幅增加积累了大量的外汇储备，为放松外汇管制与外资流动打下了基础，由此实现了德国马克国际化的起步。但是当时这种放松主要是为对外贸易进行服务，联邦德国并未将金融市场一并开放，资本流入和非贸易支付的管制依然严格。

### （二）德国马克国际化的适应调整阶段

随着德国经济的强劲复苏和增长，德国马克的国际影响力逐渐显现。在20世纪60年代至70年代，联邦德国的资本监管政策受外部经济环境的影响而发生了多次调整，汇率政策也由固定汇率逐步调整为浮动汇率制度。总体上来看，可以将1960—1980年看做德国马克国际化的调整期。

自1951年起，联邦德国连续六年出现巨额的贸易顺差，虽然1957　1958年受国际经济环境不景气的影响经常项目出现逆差，1959年之后贸易顺差再次出现并继续扩大。由于实行固定汇率制度，大量资本流入使得联邦德国央行需要大量吸收外汇，使得德国控制通货膨胀的政策受到很大压力。因此，联邦德国政府重新考虑对资本流入采取管制措施。1960年7月，联邦德国恢复了一年前取消的对在本国银行的外国存款、外资出售的货币市场票据、本土和外资间的证券回购协议实施的付息限制。

为解决德国马克汇率固定的前提下出现的持续的国际收支顺差与内部稳定之间的“两难困境”，联邦德国政府于1961年3月将对外汇率提高了5%。投机货币流入在升值后仍持续了一段时间，但在当年中期有所减弱，联邦德国的长期资本流动在下半年出现了逆差。随着德国马克的升值，联邦德国的出口额有所减少，经常项目巨额顺差的状况发生了转变。然而，由于利率、税收、货币等各方面的原因，外国资本长期涌入联邦德国，这在1963—1964年加剧了国际收支紧张状况。1963年国外长期私人净资本流入不低于33亿德国马克，为经常项目顺差的数倍，其中很大一部分购买了联邦德国的股息证券。为了应对这一威胁并稳定资本流入，1964年3月联邦德国宣布对外国人持有的股息证券征收25%的息票税，该政策于1965年3月正式实施。1964年中期，联邦德国的经常项目收支和总体国际收支都出现了根本转变，国际收支出现了两年的逆差。受到以上几点的影响，联邦德国的经常项目在1962—1966年一直维持了微弱的均衡状态。

周弘（2014）指出，1968年，在受贬值威胁的法郎和刚刚贬值但尚未稳定的英镑的影响下，德国马克通过出口税费和进口补贴实现“变相升值”，同时增加了本国银行接受用于非正常商品、服务与资本往来的外国资金的审批要求。通过与德国的商业银行进行协商，德国联邦银行（西德央行）规定德国马克债券的发行规模需由该行进行审批，且只能在联邦德国境内发行。1969年国外资金流入短暂放缓，联邦德国先后取消了本国银行接受外国资金的审批要求与对在本国银行的外国存款、外资出售的货币市场票据、本土和外资间的证券回购协议的付息限制。从总体上来看，1968年之后外资流入的规模再次加大，1968年至1971年四年间留存大约350亿德国马克外汇净流入。这些流入自1971年3月起日益呈现投机特征，最终在1971年5月迫使联邦银行不得不暂时关闭外汇市场，继而暂时解除了联邦银行的外汇购买义务。自1971年5月至1971年12月，德国马克处于第一次较长的浮动汇率时期。其间，由于美国于同年8月取消了美元与黄金的自由兑换，其他主要货币也一同实行了浮动汇率制度。1972年12月，各国在华盛顿会议上制定了新的国际汇率制度，并开始了汇率“重估”。“由于美国与其他主要经济体的利率差距，巨大的通胀与国际收支差异，还有对于主要货币评价普遍抱有的不信任”使得挂钩体系彻底破裂，联邦德国从此开始了浮动汇率制度。

1971 年 12 月华盛顿会议上汇率调整被确定之后，大量资金立刻从美国流入了欧洲。出于对国内经济情况的考虑，美国货币当局采取了极为宽松的货币政策，使得美元极度扩张。1972 年 6 月为通胀和国际收支苦难所困的英镑爆发了信任危机，大量资金撤出英国，由此引发的骚动也蔓延到了其他货币，尤其是美元，并迫使德国联邦银行从 1972 年 6 月中旬至 7 月中旬吸收了相当于 47 亿美元、约合 150 亿德国马克的英镑和美元外汇。巨大的资金流入压力使得联邦德国再次实施了限制措施。1972 年 3 月实施了国外借款的保证金要求，初始的保证金率为 40%，豁免额为 200 万德国马克。6 月颁布规定外资从本国居民手中购买债券需要获得审批。同年 7 月将保证金率提升为 50%，豁免额减少至 50 万德国马克。1973 年 1 月再次将豁免额进一步下降至 5 万德国马克。同年 2 月规定外资从本国购买股票证券需要获得审批，并规定本国居民的外国借款需要获得审批。在 1974 年国际汇率形势趋于稳定，外国资本流入趋于平缓之后，联邦德国再次放松了对资本流动的监管。1974 年 2 月将国外借款的保证金率减低为 20%，豁免额提高至 10 万德国马克，同时本国居民的国外借款不再需要获得审批。1975 年 9 月，取消了本国银行付息给外资存款须获得审批的要求，进一步放宽了对外资购买本国债券的审批审核制度。

从 1972 年起，德国马克的国际地位开始逐渐增加。当年德国马克在 IMF 年度报告中首次被提到作为国际储备货币的地位和作用，使得其在国际外汇储备中的比重逐步增加。1973 年在德国马克开始实行浮动汇率制度之后，为了能够稳定德国马克的币值，包括联邦德国在内的9个西欧国家商议成立了汇率联合浮动集团，集团内部货币相互间的汇率波动幅度被锁定在2.25%之内。这样的措施使得联邦德国消除了曾经在固定汇率制度下美元贬值给德国马克带来的损失，同时在一定程度上减少了德国经济受德国马克快速升值的冲击。1979年欧洲货币体系正式建立后，这一区域货币汇率联动机制依然延续了下来，通过这一机制的建立使原来针对德国马克升值的投机资本转移到机制内相对较弱的货币例如英镑和里拉上，在分散了投机资本对德国马克的投机性冲击的同时也维持了德国与欧洲主要贸易与投资伙伴国的汇率稳定（钟表，2012）。

总体上看，在德国马克国际化的调整阶段，联邦德国政府针对不同的外部经济形势做出了及时的应对，对资本流入管制政策进行了反复的调整，顺势进行了浮动汇率制度改革，再通过与欧洲汇率联动机制建立等政策间的配合，使得德国马克的币值持续稳定，国际声誉与地位获得了有力保障，为下一阶段进一步推进德国马克国际化打下了坚实的基础。

（三）德国马克国际化的快速推进阶段

随着浮动汇率制度的实施，联邦德国逐渐对资本流入放松了管制。1981年8月联邦德国完全取消了外资购买本国债券的审批要求；1983年联邦德国批准了外资参与到德国马克债券市场中，允许德国马克债券向外资发行；1984年取消了外资持有本国债券需缴纳的息票税；1985年取消了在以德国马克为单位发行欧洲债券时的规模与发行时间的限制。至此，联邦德国在1985年彻底实现了资本项目的自由化。在汇率政策的调整上，受1985年德、美、日三国签署“广场协议”的影响，德国马克被迫升值；1987年签署的“卢浮宫协议”，则要求联邦德国进一步降低国内利率。由于联邦德国一直奉行内部稳定为首要目标的经济政策，当国内由于降低利率以及德国马克升值而产生通货膨胀增加的可能性后，德国央行上调了回购利率以保证内部经济稳定。

相比较于英美，联邦德国的金融市场一直相对落后。1980 年起，联邦德国政府减少了对证券交易的限制，并推动银行系统渗入证券交易中，希望以此推动金融市场与金融机构的发展。1986 年联邦德国允许商业银行扩大其经营业务的范围，以此使德国的银行业得以迅速地在国外进行扩张。1989 年联邦德国与民主德国统一，统一后延续使用了联邦德国的币制，德国马克被推广至德国全境。20 世纪的最后 10 年，德国的金融市场随着其金融系统的不断完善而快速发展，为德国马克的最终国际化创造了有利条件。

## 二、德国跨境资金流动监管

德国政府对国际资本的监管一直伴随着德国马克的国际化进程，并随着国际环境的改变而一再进行调整。从总体上看，联邦德国的资本监管政策经历了先放松后调整再放松的三步走过程。这种看似反复的政策渐进过程，保证了德国央行始终如一坚持的内部经济稳定的目标，通过循序渐进的方式帮助德国马克实现了国际化。在国际化的进程中，同样穿插着德国马克的汇率改革。无论是固定汇率时期还是浮动汇率时期，德国马克一直伴随着经济的发展而小幅升值，这一经验说明随着经济持续由弱变强以及国内劳动生产率的相对提高，一国应逐渐采取浮动汇率制度，并采取小幅逐步升值的策略以缓解持续贸易顺差与内部经济稳定的“两难问题”。

## 第三节　日元国际化及日本跨境资金流动监管

### 一、日元国际化进程

日元的国际化历程相对德国稍晚，过程也更为复杂。综合已有文献，日元的国际化过程总体可以分为起步阶段、推进阶段以及转换阶段（张方波，2015）。对于日元的跨境资金流动，日本政府在不同的阶段先后采取了整体放松管制、被动放松管制和主动放松管制的措施，这些管制措施在前期有力地推动了日元国际化的进程，而后期则对本国宏观经济产生了强烈的冲击（张方波，2015）。

起步阶段开始于20世纪60年代，结束于20世纪80年代初期。在这一历史阶段，日本的经济形势得到迅速发展，而布雷顿森林体系的最终瓦解以及包括石油危机在内的一系列国际经济问题的出现，使得境外资本对日元的需求也随之不断增加。在加入IMF与经合组织之后，尽管日本政府并未主动采取措施推动日元的国际化进程，其对跨境资金流动严格管制在市场作用下逐步开始了放松，先开放了跨境日元存款的限制，对于日本境内的股票、债券和信贷的管制也依次放开。

推进阶段开始于20世纪80年代中后期，结束于90年代中期。在这一时期，日本货币当局对跨境日元资本流动显现出了两种不同的态度。一方面，由于美国对日本的政治经济政策具有很大的影响力，在美国的压力下，日本被迫签署了“广场协议”使得日元大幅升值，并被动地移除对跨境资金流动的管制。另一方面，日本政府于 1986 年 12 月建立了离岸金融市场之后，出台了一系列的政策控制日元资本在离岸账户和在岸账户间的流动。对于用于离岸交易的资金，发放银行和机构具有审核的义务，需要严格审查交易对方的资金使用情况，确保资金被用于境外而不是国内市场。然而，实际运作中，发放的离岸资金通过各种手段（如利用本国银行的海外分行）实现了向国内市场的渗透，大量的资金通过渠道被输回到了在岸市场，一系列限制资本在两个账户间流动的政策并没有起到预期的效果。此外，日本政府于 1987 年推出了“黑字环流”计划，以发放贷款的形式在亚太地区大量推动日元的使用，以此增加日元的国际影响力。

转换阶段始于 20 世纪末，至今仍在进行。基于当时日本经济受日元大幅波动陷入低迷的背景，日本政府试图用宽松的监管政策来促进日元的国际化进程，从而缓解国内经济不景气的压力。1996 年推出的“金融体系改革计划”，本意上在于通过放开国内外资本的自由流动来带动金融体系的发展，然而“由于日本经济尚未摆脱萧条，国内金融市场发展不成熟，加之亚洲金融危机造成外部环境恶化，跨境日元资本大规模的流进冲击国内金融市场，流出则使得国内萧条经济更是雪上加霜，恶化了日本宏观经济基本面”（张方波，2015）。日本政府试图通过宽松的监管政策来刺激国内经济复苏的目标并没能实现。从目前来看，日本政府在这一时期实施的措施并不成功，日本经济也没有表现出从“失去的二十年”中走出的趋势。因此，尽管日本在这一时期对日元跨境资金流动主观采取了放松管制的态度，仍然没有改善经济状况。

## 二、日本汇率改革与跨境资金流动监管

自第二次世界大战后至1990年的数十年中，日本的汇率政策发生了多次变动。根据Wang（2009）的研究，从总体上这段时期可分为五个不同的阶段，分别是限制经常项目交易阶段（第二次世界大战后至1964年），国际货币基金制度下的固定汇率制阶段（1964年至1971年），有管理的浮动汇率向完全浮动汇率转变阶段（1971年至1973年），控制资本交易下的自由浮动汇率阶段（1973年至1980年），以及资本自由流动下的浮动汇率阶段（1980年至1990年）。

### （一）限制经常项目交易阶段

在1964年之前，由于外国资产的短缺，日本对包括资本交易和进出口交易在内的所有对外交易实施了严格的控制。1949年日本政府从盟军司令部手中获得了外贸与支付的权力，并制定了《外汇与外贸管制法》。该法律在原则上禁止了外汇与资本往来。在该制度下，出口的管制相对较为宽松，而进口与资本往来则被严格控制。该法律还规定，外汇预算制度以分配外汇来进行国外支付为目的。外汇预算制度规定外汇支付应与当期的外汇收入相匹配，并需要获得首相的内阁会议通过方能执行。以此，日本形成了以《外汇与外贸管制法》为法律依据、以外汇预算制度为实施工具的对外贸易与支付控制体系。在这一法律体系实施了外汇集中政策，所有的本国居民除非获得批准，否则必须在10日之内将获得的外汇出售给指定的外汇银行，而外汇银行则有义务将外汇储备出售给日本央行。

在20世纪50年代的外汇控制制度下，日本政府通过外汇预算机制直接参与到了外汇的分配中。所有的本国居民与非居民间的非

贸易交易原则上都是被禁止的，所有本国居民间的涉及外币的交易以及非本国居民间的涉及日元的交易都受到严格控制。由于日本出口贸易的出色表现以及欧洲主要货币逐渐恢复了可兑换能力，外汇管制的限制在20世纪50年代逐渐变得更加灵活。

（二）固定汇率制阶段

1964年，日本接受了IMF第八条款取消了经常项目交易的外汇控制，废除了外汇预算制度并允许旅游者获得外汇。通过这些措施，日元可以自由地转换为外汇以用于进口与服务。与此同时，日本加入了经合组织。虽然IMF允许会员国对资本账户交易进行管控，经合组织则将自由的资本账户交易看做基本原则之一。因此，日本在加入经合组织后面临废除资本账户交易管制的压力。1964年5月，日本政府允许主要的证券公司建立特殊非居民证券交易账户以满足非居民的证券投资需求。1967年7月，日本开始向内开放外国直接投资FDI，规定外资持有33个行业中的企业最高50%的股份和17个行业中的企业100%的股份时无须获得额外授权。8月，日本放松了对日本股票的间接投资。在1968—1970年，随着经常项目的盈余与资本流入的增加，日本政府加强了对资本流入的监管并放松了对资本流出的监管。1968年2月，日本限制了外汇银行海外借款规模以减少将外汇转换为日元的规模。1969年10月，日本开始自由开放对外直接投资。1970年4月，开放了之前禁止的对外间接投资。1972年6月，日本对外投资在原则上实现了完全的自由化。

随着经常项目外汇管控的废除，巨额资本流动的出现变为可能。在20世纪60年代，平均进出口规模占日本GDP的比重为16%，而外汇储备所占的比重为2%，因此，仅仅两个月的资本流动额就会超过外汇储备规模。由此，对于日本来说继续严控资本交易以保持独立的货币政策是十分必要的。根据 Fukao（1990）的研究，日本的资本流动带来了两种模式的套利行为。第一种是直接寻找国内外市场上的利差进行套利。第二种则是将交易隐藏在进出口之下，由其交易对手执行套利，典型例子为银行的即期对远期互换交易。对于需要在未来出售美元的出口方，它们可以选择以一个合适的价格出售美元远期；作为交易的对手方，外汇银行则会用日元购买美元远期。为了对冲风险，外汇银行还会借入美元卖出现货。外汇银行的这一系列操作涉及卖出现货美元变为日元，再在远期用日元买回美元（即期对远期），这一类操作被称为日元兑换交易，因为它们源自借入美元换成日元以进行投资。

1964—1971 年这段时间内日本持续的巨额贸易顺差，再加上大量的短期资本流入，日本货币当局很难在原有的固定汇率下继续维持独立的货币政策，市场对日元有很大的升值预期。1971 年夏天，在“尼克松事件”之前，尽管外汇管制依然十分严格，仍有巨量的短期外国资本在强烈的升值预期下进入日本，官方储备在 1971 年的增加远大于经常账户盈余。这些资金大部分来自日本的海外子公司。这些公司大量借入美元预付在日本的母公司的出口账款或购买日元资产。巨额的资本流动使得独立的货币政策在固定汇率制度下难以维持。为了控制这种资本流动，货币当局对纯资本交易施加了严格的控制，并严格限制了进出口贸易中提前与延期支付的期限。在这种情况下，货币当局对日元汇率的改革意愿也在不断加强。

### （三）有管理的浮动汇率向完全浮动汇率转变阶段

自 1968 年起，日本获得了持续的经常项目盈余，外汇储备持续增加。与之相对的，美国经济由于越战的影响而变得过热。到了1971年，美国迎来了第二次世界大战后首次贸易赤字，资本外流也急剧增加。在此期间，日本的外汇监管政策也从防止流出转为鼓励流出。1970年4月至1971年8月，信托公司与保险公司被相继允许去购买外国证券，普通投资者也被允许购买与出售外国证券。然而，由于市场上强烈的美元贬值预期，日本的资本出口并没有显著增加。1971年5月德国马克暂时变为浮动汇率制度之后，大量的资本出于日元也将升值并采用浮动汇率的预期而进入日本。结果，日本的外汇储备在1971年7月，由1970年底的44亿美元上升到了79亿美元。1971年8月15日，尼克松宣布将针对美国逐步恶化的收支平衡采取措施，征收10%的进口附加税并停止美元与黄金的自由兑换后，11天内有40亿美元抢在日元转向有管理的浮动汇率制度前作为出口合约的预付款流入了日本。这表明，一旦对经常项目交易的管控措施实现了自由化，即使纯资本交易在严格的外汇管控下，仍会产生巨额的资本流动。1971年8月28日，日本当局废止了战后实施的固定汇率制度，转向了有管理的浮动汇率制度。这一时期，依然存在大量严格的外汇监管机制使得经常项目交易变得困难，同时当局逐步推动日元升值与国际化。1971年12月的华盛顿会议后日元短暂地恢复了固定汇率制度，并于1973年转向了浮动汇率制度。

在这一时期，日本社会强烈反对日元进一步升值，日本政府也因担心本币升值会损害本国经济而避免日元升值。为稳定日元，当局采取了多项措施来减少日本的国际收支顺差。这些措施包括经常项目平衡政策，例如废止出口的税收优惠与信贷支持；资本平衡政策，例如鼓励对外投资与对外援助；扩张性的财政政策并放松银根以扩大内需；调节通胀政策以提高国内的物价与工资水平。同时，日本当局也针对日元升值问题召开了学术研讨会。

在日元升值压力与资本流入不断增加的背景下，外汇集中制度被废除了，从 1972 年 5 月起日本居民被允许自由持有外汇。为了抑制过快的外汇储备增长，日本政府一方面放宽了对资本外流的管制，另一方面则收紧了对资本流入的限制。日本当局在 1972 年实施了更为严格的资本控制，包括限制出口合约的预付款、提高外资日元存款的准备金率等措施。

（四）控制资本交易下的自由浮动汇率阶段

日元升值时期的外汇管制是为了抑制资本流入、鼓励资本流出。但当货币变得脆弱时，管制转向了对立侧，在抑制资本流出的同时鼓励资本的流入。由于日本经济过热与日元升值的作用，日本在 1973—1974 年经常项目出现赤字，规模达到了 GDP 的 2%。与此同时，1973 年 10 月爆发的石油危机加剧了日本的通货膨胀水平。因此，1974 年日元出现了抛售压力。随着日元贬值压力的增加，日本当局首次取消了对资本流入的管制并加强了对资本流出的管制。保持外资对国内证券投资数额净增加为零的限制在 1973 年底被废除，外资的日元自由存款的存款准备金率也同时被下调，出口合同预付款的管制也在 1974 年初被放开。另外，对于资本流出的管制则显著收紧。例如对银行、证券公司、投资信托与保险公司均引入了对外投资的自愿限制机制，控制居民的外币存款净值增长为零等。

1974 年底，当日本的经济进入衰退时，日本的经常项目几乎回到了平衡状态。1975 年和 1976 年日本的经常项目再次出现了盈余。从 1977 年起，随着日本外汇储备的数量以及私人部门持有的外汇头寸的增加，日元购买压力开始变强。为了缓和 1977 年出现的日元升值压力，货币当局通过在市场买入美元卖出日元来对外汇进行干预，同时再次放宽了资本流出的监管并加强了资本流入的监管。对于居民持有的待结外汇存款以及居民的短期外国证券投资的监管在 1977 年 6 月被废除。同时，外资增加新的自由日元存款需缴纳 50% 的存款准备金。此外，对日元计价证券的投资也被严格管控。

此后日元持续升值，直至 1978 年 11 月卡特政府宣布美元支持措施为止。受高价的日元与资本经济扩张的双重影响，经常项目盈余迅速萎缩并在 1979 年变为赤字。第二次石油危机导致石油价格大幅增加，进一步恶化了日本的经常项目不平衡情况。因此，日本的经常项目在 1979 年和 1980 年都出现了赤字。为应对这一情况，日本的外汇管制再次转向，废除了资本流入管制，并在 1979 年取消了禁止外资参与回购交易的规定。

在这一时期，日本的长期资本交易出现了大幅波动。当日元兑美元的升值压力加大时，当局鼓励资本输出尤其是对外直接投资来缓解升值压力。当日元疲软时，当局则加强对资本外流和对外直接投资的限制。1971—1973 年，当日元表现出强烈的升值趋势时，日本的资本出口尤其是净外国直接投资迅速获得增长，1973 年底，净资本流出达到了 GDP 的 2.5%。当 1974 年日元疲软时，日本的净外国直接投资则迅速萎缩。然而，日本的短期资本流动则在日本转向了浮动汇率制度后变得更为稳定，类似 1971 年通过进口远期与出口合同预付款流入巨额短期资本的资本流入形式再未出现。短期资本运动减少的原因可能是由于相对于固定汇率制度来说，浮动汇率制度下更有可能出现大的不确定的汇率变动，因而使短期汇率投机风险变得更大。因此，当日元在1973年变为浮动汇率制度后，持有以外币计价的资产和负债所承担的外汇风险发生了巨大改变。在固定汇率制下，当存在汇率变化的预期时，持有外币计价的资产或负债可以带来巨大的无风险收益。而在浮动汇率制度下，持有外币资产和负债则有可能造成损失。这一风险结构的变化使得短期资本流动相对固定汇率时期急剧减少。

### （五）资本自由流动下的浮动汇率阶段

1980年12月，一部新的外汇法——《外汇与外贸法修正法》正式颁布。与旧的法案相比，新法案从根本上变动了日本外汇监管的原则，从“除例外情况禁止外国交易”变为“除例外情况可以自由交易”。在这个法律下，日本居民可以自由地购买并出售外币资产。外资可以自由地将日元或外币存入日本的银行，但是日元存款的利率受到临时利率调整法案的限制。对于机构投资者对国外证券投资的限制在20世纪80年代逐渐放开。对于资本交易，新法案规定可以在以下几种紧急情况下采取管制措施：当维持国际收支平衡变得困难时，当外汇市场出现巨幅波动时，当金融市场受到国际资本流动的不利影响时。

在国际资本交易的自由化以及20世纪80年代前期美国的高利率水平的作用下，日本的对外证券投资变得很活跃，日元跟着出现了下降趋势直至1985年初。响应了日元的疲软，日本的经常项目余额大幅上升。1985年春天，日元下跌趋势逆转，开始表现出强劲的上升趋势。在“广场协议”后，日元经历了大幅升值。

随着新法案的实施，国内的投资需求变低，在20世纪80年代初期出现了一段快速实现机构投资者外国证券投资自由化的过程，例如养老金信托系统与邮政人寿保险系统就分别于1981年和1983年被允许将自身总资产规模的10%用于国外证券的投资。由于美国的高利率以及日本经济的逐渐复苏，日本的海外长期证券投资有了大幅的增长，并导致了1981—1985年日元承受了强烈的卖出压力。为应对日元的疲软，货币当局引入了外国证券投资的临时外汇管理制度。当日元在1985年开始大幅升值之后，这些临时管理措施便有了明显放松。从1985年至1987年中期，尽管美元大幅贬值且美国利率有所下降，日本仍经历了对外证券投资的扩张。这种扩张可以归因于对机构投资者投资国外证券管控的自由化，以及对美元疲软只是短期现象的预期。然而，美元的大幅贬值使得持有美元资产的日本机构投资者们蒙受了巨大的损失。他们也因此在1987年之后减少了外国证券的投资规模。随着“广场协议”后美元的大幅贬值与美国利率的大幅下降，日本的外国证券投资面临着上升的外汇风险以及下降的利息收入，外国证券资产占总资产的比例出现下滑。长期外国证券投资占GDP的比重由巅峰的5%下降至2%左右。事实上，许多机构投资者的投资水平远低于法律规定的上限，这意味着上限并不是一个绑定约束。

日本外国直接投资的扩张加速了日元的升值。对比外国证券投资的大幅波动，日本的对外直接投资面对上升的汇率风险依然显示出了强大稳定的成长趋势。作为一个世界贸易与经济的重要参与者，对日本来说控制资源供应来源、建立海外市场渠道并通过对外直接投资来减少贸易争端是至关重要的。事实上，外国直接投资通过投资真实资产而非名义资产，有效地对冲了汇率风险与通胀风险。由于外国直接投资的时间很长，即使投资接收国发生了通货膨胀和货币贬值，依然存在很大的机会来对冲风险。

## 三、日本离岸金融市场监管

日本在推动日元国际化的过程中，借鉴美国经验，在1986年12月建立了日本离岸金融市场（Japan Offshore Market，JOM）。与美国国际银行设施类似，JOM同样采取了严格分离模式，将国内账户与国外账户进行隔离，通过银行账户的管理限制了两个账户间的资金往来。建立JOM的目的是为了能够在保证离岸金融市场规模扩大的同时，维持本国的货币政策的独立性与金融市场的稳定性，防止国际游资过快过多流动对国内金融稳定的冲击（官铭超，2014）。

### （一）日本离岸金融市场（JOM）监管政策

JOM对外资设有专门的离岸账户，政府对该账户的监管十分严格。根据俞若安（2014）的总结，具体措施主要包括：交易清算必须交由参与交易的银行机构的母行开始的国内普通账户来实行，专门离岸账户上不能保有结算性存款，参与交易的分支机构不能独立行使对外清算职能；处于离岸账户中的资金不需要缴纳法定存款准备金，且对资本项目下的业务的管制较为宽松，以此促进离岸账户下存贷款等业务的发展；离岸账户中的存款不需要加入存款保险；离岸金融市场中的利率水平可根据供需关系自主调节，央行对离岸市场利率并不管制；离岸金融机构主要涉及法人税、印花税和地方税，无须缴纳存款利息税；离岸金融机构可以向外国政府、国际机构、外国企业和其他离岸银行的海外分行借款或吸储，但其存款需两天以上，且如若提款需提前一天通知，存款的金额除外国银行机构外不得低于1亿日元；境外筹集的资金只能用于境外，且参与离岸业务的机构必须获得当局的批准；对于离岸账户的业务及规模变动都有特殊的报表要求，对每月甚至每日的交易数据都会详细审查。

## （二）日本离岸金融市场的作用及评价

日本离岸金融市场的建立有力推动了日元的国际化进程并促进了国际贸易往来，实现了在保持跨境资金流动基本稳定的前提下逐渐推进资本项目开放的目标，通过日本离岸金融市场这个逐渐开放的平台，日本本土的金融机构和国际企业得以先行参与到国际化的日元市场中，为日后应对来自其他地区的交易对手积累了宝贵的经验。

然而，尽管日本离岸金融市场体系采取了离岸、在岸账户分离的制度，日本同期大力推行的金融自由化政策却使得分离的效果大打折扣。日本在 1984 年 6 月废除了外汇管制，此后外汇资金在原则上可以任意兑换日元从而进入国内资金市场。这项政策的存在使得日本的银行可以不受限制地将外汇换为日元并吸收欧洲日元，并将其转换为国内资产。日本的外汇银行为规避由离岸账户向国内普通账户转账时需要缴纳的准备金，会将在日本离岸金融市场吸收的外汇资金以贷款的形式发放给其在国外（东南亚国家或中国香港）的分行。这些分行会再将这些资金以贷款的形式发放给日本国内的企业或机构，离岸账户上的资金便以这种对外负债形式重新流到了日本国内。大量的国际资本通过这种方式躲开了监管进入日本进行套利，这也是日本的外币贷款余额在 20 世纪八九十年代一度大幅增长的原因。

综合 Wang（2009）和 Fukao（1990）的研究，日元国际化以及日本跨境资金流动监管政策与实践的经验可以总结为如下几点：

第一，资本管制的加强可能会影响到经常项目的跨境资金流动。

在日本于1964年将经常项目自由化之后，与贸易相关的资本运动大幅增加，使得日本货币当局很难再约束资本流动。即使日本政府对资本交易进行了十分严格的管制，依然无法抑制大量的短期资本流入。因此，对于类似我国这种经常项目交易频繁的国家，在经常项目自由的前提下，很难在不损害经常项目交易的前提下对资本进行有效管理。

第二，日本的经验表明，浮动汇率下依然可以保持对资本交易的严格限制。在东南亚经济危机后，这一观点已被广泛接受。在这种有限制的浮动汇率制度下，汇率将由国内汇率市场来决定。在外国投资者不被允许参与的前提下，国内外汇市场的规模相对较小，因此任何一个经常项目余额的小波动都有可能引起本国货币的波动。由此，政府应进入市场参与外币交易的买卖中。这一制度的优点在于可以帮助实施该政策的国家（尤其是新兴市场国家）避免类似东南亚金融危机时的巨额资本的突然转向。

第三，汇率制度的改革很可能会导致本外币跨境流动的构成发生重大变化。日本在1973年之后短期资本流动的减少说明相对于固定汇率制度，浮动汇率制度下外汇风险增大了，这使得资本流动的风险结构发生了变化。在预期不明朗的前提下，持有大量的外币资产可能会产生巨大的损失。因此，浮动汇率制度也许是解决持续的短期资本流动的一个可选方法。

第四，在面临持续的贸易顺差时，积极鼓励资本外流，尤其是扩展对外直接投资可以有效地减缓外汇储备的过快增长。资本外流的扩张不仅有效地帮助日本保持经常项目的收支平衡，也保证了日元汇率的相对稳定。

# 第四节 新兴市场国家跨境资金流动的监管

## 一、巴西跨境资金流动监管

20世纪80年代末，巴西资本项目自由化趋势变得明显。20世纪90年代初，对于特定部门的外国直接投资的限制废除，巴西的外国直接投资进一步放开。1991年，巴西政府允许外国的机构投资者购买本国公司的股票。1992年巴西央行实施了更为宽松的资本流出政策，它开通了一个被称为CC5的外国居民特别账户通道，允许外国的金融机构利用此账户更加方便地购买或卖出本国货币。这种特权例外造成了一种事实上的货币自由可兑换，为短期资本外逃提供了一种特权通道，并在投机袭击本国货币时经常被使用。在实际操作上，本国居民可以在一家开设在本国的外国银行建立账户并将本币转换为外币：居民可以将资金存入外国银行，再要求其购买外币，将其存入国外。1994年4月实施的布雷迪计划将外部贷款转化为了债券，以此帮助克服巴西自1981年之后由于“滞胀”所引发的债务危机。同年，巴西央行实施了金融交易税，并提高了资本流入的最低期限要求，以此减少汇率上升压力，最小化对冲成本并给予货币政策更高的自由度。同时，巴西政府也采取了包括预付外国借款以及进口融资等政策刺激资本外流来缓解升值压力。

在经历了1999年的巴西货币危机并采取浮动汇率制度之后，巴西政府实施了一系列新的措施进一步地扩大金融自由化程度（主要与资本外流有关），并增加外汇市场的灵活性。这些政策包括统一汇率市场，减少并最终消除了外国贷款的最低平均期限和流入资本的金融交易税，消除证券市场对外国投资者的限制，以及简化向其他国家汇款的有关程序。1999 年 11 月，巴西接受了国际货币基金组织第八条款，实现了经常项目可兑换。

在 21 世纪初，巴西的外汇自由化政策主要针对巩固并扩大 20 世纪 90 年代以后的变化，特别是减少国际资本流动的限制以及交易成本。与 20 世纪 90 年代的资本自由化不同的是，以前的措施主要是为“向内交易”提供更大的灵活性，而 21 世纪初的自由化措施则主要是针对“向外交易”。从某种意义上讲，巴西近年来的资本项目自由化措施可以视为前期监管的补充。

“向内交易”的政策措施主要就是 2006 年 6 月 27 日实施的 11312 号法案。该法案将外国投资者对于联邦政府证券新增投资的收入税以及临时财务税降为零。而在“向外交易”的政策中，最重要的是为巴西的出口带来更大的弹性外汇，同时消除了巴西本国居民对外国直接投资的限制。事实上，早在 2005 年巴西政府已经在外汇市场上提供了广泛的外汇买卖自由，不再需要巴西央行开具特别许可。2006 年，巴西政府采取措施允许出口业务的汇率变动具有更大的灵活性，规定巴西的出口商最多可以在国外保留其出口收入的 30%，只将剩下的部分转换为巴西雷亚尔。最终，2008 年 3 月 12 日，巴西政府规定出口商可以将出口收入完全留在国外。

在 1990—2001 年的巴西资本项目自由化的过程中，巴西政府对外汇交易的立法仍允许随时实施资本管制，允许对外国投资者和跨国企业的资本流出进行管制的 4321 号法律并没有被废除。Paula（2014）指出，由于巴西经济的两个特点，资本项目管制（Capital

Account Regulation）的效力受到了一些限制，第一个特点是巴西经济体的金融开放水平很高。第二个特点是国内与国际利率之间的巨大差异，吸引了大量资本流入，其中主要是资本组合，刺激了私人代理人去寻找漏洞规避监管进行套利。

巴西在1999年废除了半钉住浮动汇率制度（Semi－pegged exchange rate regime），开始采用新共识宏观经济学（New Consensus Macroeconomics）来指导经济政策的制定。新共识宏观经济学主张经济政策应该主要聚焦于价格稳定，因此通货膨胀目标制度是最好的经济制度安排，因为它能提供更好的自由度来适应非预期冲击造成的产出波动情况（Bernanke等，1989）。在这样的安排下，财政政策不再被视为强有力的宏观经济控制手段，而应该与货币政策相一致并服从于货币政策，货币政策是实现中期稳定目标的灵活手段，因为可以迅速调整适应宏观经济的发展。在巴西，宏观经济政策的实现主要依靠浮动汇率制度、通货膨胀目标制度和基本财政盈余。

巴西央行在外汇市场上的干预行为可以被显著地分为两个阶段。1999年至2005年9月，巴西的外汇政策是“自由浮动”或者说“不畏惧浮动”的，巴西央行对于外汇市场几乎不进行干预，只是在外汇市场不稳定时期（如2002年的货币危机期间）卖出美元以防止本币的进一步贬值。自2005年10月起，巴西央行开始连续但不均匀购买外汇，主要是作为国际储备积累政策的一部分，而没有做出对汇率水平的承诺，并一直延续了本币升值的趋势。巴西央行最终也采取了一些更有进取性的措施来减少本币升值，因此，这一时期可以被看做是典型受限制的浮动汇率制度。

自20世纪90年代以来，资本项目管制在巴西主要是内生性的，因为它们在资本流动频繁期间被收紧，并在资本外逃期间被放宽。在21世纪初，金融自由化是受“新共识宏观经济学”引导的“经济政策模式”的组成部分，该理论认为经济政策的主要焦点应是价格稳定，而通货膨胀是一种货币现象，只能通过改变利率来进行控制，通货膨胀目标制度是经济政策的最佳制度安排。重要的变化是关于外汇储备累积的政策，其目的在于缓解货币投机以增加安全性，降低汇率的波动。值得一提的是，巴西与其他主要拉丁美洲经济体相比，实行更积极的外汇储备积累政策，但并没有避免汇率升值的大趋势。由于这种趋势对巴西通货膨胀目标的实现至关重要，巴西央行对这种趋势采取了某种程度上的容忍（Arestis 等，2010）。

自2009年下半年起，受全球金融危机蔓延而导致的资本流动迅速回升，大量的资本流入拉丁美洲及其他新兴经济体中。Paula（2014）认为，背后的驱动因素主要有四点：美联储及欧洲央行先后实施的量化宽松政策放松了发达经济体的货币政策，使得国际利率水平差距变大，创造了全球市场流动性；相对于发达经济体的缓慢复苏，新兴经济体的表现更好；相较于发达国家，新兴市场经济体的财政与债务状况良好；商品价格快速且连续回升，一直持续到2011年5月才开始回落。所有的这些因素，以及全球风险偏好的提高吸引了资本流入，特别是投资组合债务资本流动。巴西在此期间的资本流入要远远高于墨西哥、哥伦比亚、秘鲁和智利。

巴西在2009年和2010年实行了轻微的资本控制，2011年出台了更为全面的监管。2009年10月，财政部对于流入的非居民股权和固定收益组合收取2%的金融交易税；2010年10月，进一步将固定收入证券投资和股权基金的金融交易税提升至4%。在衍生品市场监管方面，巴西政府规定外汇衍生品需要缴纳的保证金由0.38%提升至6%。2011年1月，巴西政府实施了审慎的金融监管手段；同年7月，巴西政府通过了一项更为广泛的外汇衍生品业务管理办法。自此，巴西政府开展了包括资本管制、审慎的金融监管、外汇及其衍生品市场的全面监管。一方面，巴西央行采取了更为灵活的货币政策，使用了更为广泛的货币政策工具，包括宏观审慎措施，自2011年8月开始逐步地降低利率（从2011年8月的12.5%降至2012年6月的8.5%），因此需要采取一些具有“前瞻性”的措施。另一方面，通过使用资本项目管制和外汇衍生品管理，巴西政府致力于在不做出官方声明的前提下对汇率水平施加一些影响，以防止资本流动过多造成更大的本币升值。新共识宏观经济学政策的运用具有一定的灵活性，因此，这些改变并不意味着巴西政府依托于通货膨胀目标制度所制定的经济政策有了根本性的改变。正如Paula（2014）所提到的那样，巴西通过结合对资本流入的控制（向固定收益组合投资资本和外部贷款的金融交易税）与审慎的金融监管实施了一个更为广泛的资本流动管理策略，主要目的是减少资本的流失并改变其组成（减少短期资本流动），减少与外汇市场有关的投机业务，以此来避免汇率进一步升值的趋势。

从实际表现上来看这些措施起到了一定的效果。自2010年11月起，巴西定息债券中的净外国投资变为了零或负值，汇率在2011年7月至2012年7月下降了34.1%。IEDI（2012）指出，国际金融不稳定与资本流入管理和新的关键价格形式（利率降低和汇率贬值）的联合作用缓解了巴西因为国内的利率差异与汇率波动所吸引的投机资本流入。Paula（2014）认为这说明只有加入金融机构审慎监管和外汇衍生品市场管控，巴西政府才会对汇率市场产生更强大的影响力。

## 二、印度跨境资金流动监管

### （一）印度资本流入的构成

作为最重要的发展中国家之一，印度经济发展在很大程度上受益于国际资本流动。Sumanjeet（2009）系统梳理了印度政府在2008年国际金融危机前后的国际资本流动监管政策，其中的很多经验对我国监管部门优化资本监管具有一定的借鉴意义。

Sumanjeet（2009）指出，投资组合进入的自由化导致印度股票和公司债券（以及随后的主权债券）在一级和二级市场（Dash和Sumanjeet，2005）的投资资本流入激增（Mody和Murshid，2002）。从历史上看，印度资本流入的构成发生了显著的变化（Gopinath，2004），从严重依赖外国援助转变为外国直接投资（FDI）、外国证券投资（FPI）、海外商业借款（ECB）和非印度居民（NRI）存款在资本流动中占据主导地位，其中还存在从债务向股权流动的转变。

印度的资本流入在20世纪90年代发生了性质上的根本转变，即从1992年之前的几乎没有任何资本流动，到21世纪初资本流入占据了主导地位（Chakraborty，2001）。印度官方的资金流动数据显示，1991年前，外部援助，即双边和多边来源的赠款和贷款达到了资本流动总量的75%～80%。而到1994年，这一比例已经下降到20%左右，并在20世纪90年代末进一步下降到5%以下。在此期间，大约有460个的外国机构投资者被允许进入印度市场，并为印度的公司部门带来了超过共140

亿美元的全球存托凭证（Global Depository Receipts）和美国存托凭证（American Depository Receipts）。

表 3－1 报告了 1990—2008 年印度国际资本流入的统计数据。自 1993 年以来，印度吸引了累计约 220 亿美元的投资组合流入，以及超过 180 亿美元的外国直接投资。这些投资组合的流入始于 1993 年，当时印度曾在短短数月内就吸引了超过 50 亿美元的资金。在亚洲金融危机之前，这个数字持续在每年 20 亿～30 亿美元的规模上。1998 年亚洲金融危机爆发后，印度股市出现了面临资金外流的情况，但很快流入资金就回到了之前的每年 20 亿～30 亿美元的规模上。到 2004 年，印度吸引了超过 400 亿美元的外商直接投资。2004—2005 的会计年度外资流入类型出现了波动，但净流入与前一个年度基本持平。在接下来的三年，净资本流入明显增加。2007—2008 年，外商直接投资达 324 亿美元。表 3－1 显示，2006—2007 年的 FPI 有所下降，而 2007—2008 年大幅增长。

**表 3－1　印度 1990—2008 年资本流入一览表**　单位：百万美元

| 会计年度 | 外国直接投资（FDI） | 外国证券投资（FPI） | 非居民存款（NRI） |
|---|---|---|---|
| 1990—1991 | 97 | 6 | — |
| 1991—1992 | 129 | 4 | — |
| 1992—1993 | 315 | 244 | 42 |
| 1993—1994 | 568 | 3 824 | 189 |
| 1994—1995 | 1 314 | 3 824 | 171 |
| 1995—1996 | 2 144 | 2 748 | 169 |
| 1996—1997 | 2 821 | 3 312 | 135 |
| 1997—1998 | 3 557 | 1 826 | 202 |
| 1998—1999 | 2 462 | -61 | 179 |
| 1999—2000 | 2 155 | 3 026 | 171 |

续表

| 会计年度 | 外国直接投资（FDI） | 外国证券投资（FPI） | 非居民存款（NRI） |
|---|---|---|---|
| 2000—2001 | 4 029 | 2 760 | 67 |
| 2001—2002 | 6 130 | 2 021 | 35 |
| 2002—2003 | 5 035 | 979 | NA |
| 2003—2004 | 4 322 | 11 377 | NA |
| 2004—2005 | 6 051 | 9 315 | NA |
| 2005—2006 | 8 961 | 12 494 | NA |
| 2006—2007 | 22 079 | 7 062 | NA |
| 2007—2008 | 32 435 | 29 395 | NA |

数据来源：印度央行统计手册。

对于印度资本外流，印度央行数据表明，印度的对外国直接投资流出量在 2002—2003 年直至 2005—2006 年几乎停滞，但对外国间接投资的统计数据在同期显示出急剧增长的趋势。在 2001—2002 会计年度，这一数据只有 73 亿美元，而在 2006—2007 会计年度结束时达到 1 026 亿美元。这一趋势还可以从印度净资本流入的结果得到进一步的佐证。表3－2 报告了从 1993—2007 年每隔 7 年统计的印度净资本流入占其 GDP 的比重，可以看到 1993—2000 年，印度的净资本流入维持在 GDP 的 2.5% 左右，而这一数据到 2007 年却大幅上涨至 5.4%。这在一定程度上反映了政策制定者所推动的股权投资增加的影响，即股权投资流入从 1993 年占 GDP 的 0.25% 上升到 2000 年的 1.24%，再到 2007 年的 1.87%。印度政策制定者认为，债务流动是危险的，因此外国债务流入一度从 1993 年占 GDP 的 3% 下降到 2000 年的 0.9%，但 2007 年印度债务流入又出现大幅增加，占 GDP 的 2.98%。

表 3－2　　印度净资本流入占 GDP 的百分比

| 年度 | 债权流入 | 股权流入 | 其他 | 总计 |
| --- | --- | --- | --- | --- |
| 1993 | 2.99 | 0.25 | －0.97 | 2.27 |
| 2000 | 0.89 | 1.24 | 0.35 | 2.47 |
| 2007 | 2.98 | 1.87 | 0.55 | 5.40 |

数据来源：印度央行统计公告。

## （二）印度对资本流入的外资监管政策

资本流动有助于填补如印度这种国内储蓄不足以为投资提供充足资金的国家的资金缺口（Ghose，2004；Dasgupta 和 Ratha，2000）。在 21 世纪的第二个十年里，印度仅在基础设施领域就需要数千亿美元投资，以维持目前的高速经济增长率。因为存在巨大的资金缺口，有些本应在建设中的项目不得不被无限期地延期搁置。可以说，仅仅依据印度国内的资金资源，其发展所需要的如此巨大的资金需求是不可能满足的（Mohan，2008）。因此，印度需要获取包括海外商业贷款和其他外商贷款以及外资援助的资本。鉴于印度对外资日益增长的需求，印度政府已经制定了许多政策放宽了对外资的管理。我们按照类别介绍一下印度政府在管理外商投资时所采取的一些重要措施，具体内容如表 3－3 所示。

表 3－3　　印度主要外资管理政策一览

| 投资类型 | 外资管理政策 |
| --- | --- |
| 外国直接投资 | 除了禁止投资的某些行业的项目外，其他的外商直接投资都可以通过自动便捷通道直接获取资格进入。不在自动进入通道之列的外国直接投资需经外商投资促进委员会（FIPB）批准。接受投资的本国公司在收到汇款后必须在 30 日内向印度中央银行（RBI）报告，向海外发行股份必须自被投资单位发行之日起 30 日内向印度中央银行报告。印度公司向印度以外的居民发行股票，可以提前收取这笔款项。收到的金额必须在收到资金之日起 30 日内报告。对于配股时间则不存在特殊的规定。如果申请人发出了明确的要求，并且银行已经确认了这笔款项没有产生利息，那么银行可以退回这笔提前支付的款项 |

续表

| 投资类型 | | 外资管理政策 |
|---|---|---|
| 外国风险投资者 | | 外国风险投资者可以在向印度证券与外汇委员会（SEBI）注册之后以风险投资基金为单位进行投资。外国风险投资者也被允许投资于印度的风险投资公司的股份。外国风险投资者也被允许投资美国英维康公司发行的债券工具。外国风险投资者对这些债券工具的投资没有单独限制 |
| 外国投资组合投资 | 外国机构投资者（FIIs） | 非居民的外国机构投资可以根据投资组合方案注册为实体，并且他们的子账户必须依照印度证券与外汇委员会（Securities and Exchange Board of India，SEBI）的规定进行注册。单独的外国机构投资者可以投资的上限为公司股份的10%，外国机构投资者的合计投资总额限制为公司市值的24%。这一额度对受到外国直接投资政策限制的公司可以增加。这些交易需要由指定的授权经销商向印度中央银行进行每日报告，以监控对总投资上限的遵守情况 |
| | 非居民存款（NRIs） | 投资组合方案下的非居民存款的投资被限定在单笔存款（不包括来自巴基斯坦与孟加拉国的非居民存款）不超过5%，总体不超过10%（对于某些公司可以增加至24%） |
| | 全球存托凭证和美国存托凭证 | 印度允许有资格的公司通过发行全球存托凭证和美国存托凭证的形式来募集资金，发行公司必须符合外国直接投资政策的要求才能获得资格。公司发行全球存托凭证和美国存托凭证必须事先获得印度财政部的批准 |
| 海外商业借款 | | 在自动便捷通道下，每家公司每个财务年度最高允许的海外商业借款额度为5亿美元，这些借款只能用于在被允许范围内的外国货币支付当中。同样在自动通道下，基础建设部门最高可以将海外商业贷款中相当于1亿美元的印度卢比用于支付所被允许的项目支付中。对于其他的公司，海外商业贷款中可用于支付规定用途的卢比的限额从最早的2 000万美元提升到了5 000万美元。服务业中的实体单位如酒店、医院和软件公司，可以在每个财务年度将海外商业借款中的最高1亿美元用于进口资本货物。存续期为3~5年的借款的全额利息上限由此前的高于6月期LIBOR 150个基点调整为高于6月期LIBOR 200个基点。同样，存续期在5年以上的借款的全额利息上限由高于6月期LIBOR 250个基点调整为高于6月期LIBOR 350个基点 |
| 非居民存款在不动产中的投资 | | 允许非居民存款自由地获取不动产（农业用地、种植园和农舍除外）。对于不动产的数量没有限制。唯一的限制在于，若产权是通过向国内汇款的形式取得的，那么一旦发生退款将只能返还最多两个住宅产权的本金。对于商业产权则没有这方面的规定。非居民存款在印度购买不动产时同样被允许申请住房贷款，并且对于这类贷款允许近亲代为还款 |

资料来源：Sumanjeet（2009）。

### （三）印度对资本流入的其他监管政策

自20世纪90年代初以来，印度开始了包括外资流入自由化在内的一系列经济改革措施。Jalan（2002）指出，在1997年亚洲金融危机后印度经济的主要指导原则是：在没有固定或预先宣布的目标或波动的情况下，仔细监测和管理汇率；保持汇率的灵活性，以及必要时的干预能力；通过建立政策提高外汇储备水平，确保既能考虑到预期的经常项目赤字，又能覆盖到预期之外的资本流动而引起的“流动性风险”；资本项目的合理管理。印度的汇率政策侧重于在不固定利率的情况下管理波动性，同时允许潜在的需求和供给条件以有序的方式确定一定时期内的汇率变动。Kohli（2003）的研究认为印度的这一政策已经经受了时间的考验。由于这些及时和协调的措施，印度成功地遏制了亚洲危机的传染效应。此外，在一段时间内执行特定的保障措施也有助于限制危机的传染。这些措施包括：低经常项目赤字，合理的外汇储备，低水平的短期债务（Gupta和Sahay，2003），无资产价格通胀或信贷膨胀（Rangarajan，2000）。这些积极的特征是多年来所采取审慎政策的结果，特别是限制外国商业借款的最终用途，银行对房地产和股票市场的风险敞口较低，银行部门对大规模海外资本中介行为的绝缘，密切监督表外项目和紧密的立法，以及对非银行实体审慎的监督和监管（RBI，2004）。

2008年国际金融危机后，资本流动波幅大幅扩大成为印度货币政策的最大挑战之一，主要原因是外资流入资金，2008年4月7日至2009年1月8日，与上一年同期相比，印度卢比兑美元升值11%～15%。尽管印度中央银行进行了大量干预，但不断上涨的资本流入已经推高了卢比的价值。这引起了人们对印度竞争力的担忧，特别是在劳动密集型的纺织、服装和皮革行业。资本流入也增加了货币供应量，从而提高了通货膨胀压力，印度面临着“不可能三角”的政策挑战。

## 三、马来西亚与新加坡应对亚洲金融危机跨境资金流动监管

1997 年亚洲金融危机在很大程度上重创了东南亚地区多个国家的资本自由化进程。在危机中各个国家采取了不同的措施来应对危机中国际资本的异常流动，其中马来西亚和新加坡的经验具有一定的代表性。很多文献对东南亚国家危机前后的国际资本监管进行了较为细致的梳理（Ngiam，2001；Kaplan 和 Rodric，2002；Ocampo，2003；Daiwa Institute of Research，2006；Kuang，2008；Ocampo 和 Pala，2008；Lupo - Pasini，2011）。

### （一）马来西亚资本管制政策

在 20 世纪 90 年代，发展中国家尤其是将资本项目自由化的发展中国家的净资本流入大幅增加。发展中国家为了应对外国资金的汹涌流入，对资本监管的讨论集中于如何放松资本流出的管制或加强资本流入的限制。东南亚经济危机改变了讨论的风向，如果说对资本流入的限制是出于谨慎目的的话，那对于资本流出的限制则往往是应对金融和货币危机的最后手段。这些控制可以采用多种形式，限制资本项目交易（如对汇往国外的资金收税）、彻底禁止资金的转移、双重汇率以及完全禁止资本跨境流动等。Krugman（1998）认为，对于面临重大金融危机的国家，通过对资本流出设置临时的资本管制，可以为该国争取时间来降低本国利率并实施促进经济增长

的措施。马来西亚在1997—1999年的亚洲金融危机期间也是如此。

由于1993年大量的投机资本进入马来西亚林吉特市场，马来西亚政府早在1994年时就开始推行了资本流入监管，对于非本国居民出售短期证券加以限制。得益于这样的措施，马来西亚在亚洲金融危机爆发后国家经济的基本面相对其他国家要更好，短期外债的规模相对也更小。马来西亚的短期外债规模远小于它的外汇储备水平，因此外国债权人撤资逃离的可能性相对较低。但马来西亚的整体债务水平相对较高，这就使得马来西亚很容易受到市场情绪的影响，导致利率水平的上升和信贷规模的萎缩。马来西亚股票市场的市值与本国GDP的比例一度成为全球最高，其比例高达310%（同期美国为116%，韩国仅为29%）。极度繁荣的股市造成国内的贷款高企，1997年年中马来西亚国内贷款与GDP比重一度高达170%，位居世界前列（Perkins和Woo，2000）。由于马来西亚的高债务水平的持续存在，使得马来西亚并没有像那些外部流动性指标所显示的那样在金融市场动荡时受到了可靠的保护（Kaplan和Rodrik，2001）。

为了应对泰铢危机以及由此带来的本地区的资本流动趋势的逆转，马来西亚当局实行了一些传统的调整政策，首先提高了利率水平以应对马来西亚林吉特的下跌趋势，并于1997年12月宣布大幅下调（18%）政府开支，这一政策组合的初衷是模仿国际货币基金组织的程序设计，但传统的调整政策最终未能对马来西亚的经济产生影响。资本的严重外流、高企的利率水平以及对经济前景的悲观情绪使得马来西亚国内消费与投资水平大幅下滑。马来西亚在1998年9月1日及1999年2月15日施行新的管制措施。具体的管制措施如表3-4所示。

表 3-4　　东南亚金融危机期间马来西亚资本管制措施一览

| | |
|---|---|
| 自 1998 年 9 月 1 日起 | 将马来西亚的汇率固定在 1 美元兑 3.8 林吉特 |
| | 非本国居民需要先申请并获得批准才能购买或出售马来西亚林吉特 |
| | 所有出售林吉特资产的行为均需要经过由马来西亚政府所授权的中介机构来进行，这有效地阻断了离岸林吉特市场的运行 |
| | 除非是出于购买马来西亚国内的林吉特资产或是用于将外国直接投资的销售利润输送回国，否则非本国居民必须获得马来西亚国民银行（央行）的批准才能将外币账户中的林吉特转换为外币 |
| | 进出口结算需要用外币支付，但是经常账户的交易仍然保持自由兑换以向马来西亚商品的出口商提供贸易信贷 |
| | 对外账户贷方被禁止出售外币、林吉特、证券或其他在马来西亚的资产 |
| | 对外账户借方仅限于购买林吉特资产，支付马来西亚的行政及法定的费用，支付马来西亚境内的商品与服务，以及向马来西亚境内的工作人员提供贷款与预付款 |
| | 境内的国民禁止携带超过 10 万以上的林吉特出境，外国居民禁止携带超过 1 000 万以上的林吉特出境 |
| | 1998 年 9 月 1 日后，非本国居民出售马来西亚的证券所获得的收益必须在马来西亚持有一年以上才能输送回国 |
| | 禁止向非本国居民常驻银行与股票经纪公司提供国内信贷 |
| 自 1999 年 2 月 15 日起 | 暂停此前对投资回报征收的暂行税，改为在资本流出时对其征税 |
| | 对于 1999 年 2 月 15 日前进入马来西亚的外国资本，若其在进入后 7 个月内撤出则需缴纳 30% 的税费，若其在进入 7～9 个月内撤出则需缴纳 20% 的税费，若其在进入 9～12 个月内撤出则需缴纳 10% 的税费，若其进入 1 年之后撤出则无须缴税 |
| | 对于 1999 年 2 月 15 日之后进入马来西亚的外国资本，若其在进入 1 年之内撤资则需要缴纳 30% 的税费，若其在进入 1 年以后撤出则需缴纳 10% 的税费 |

资料来源：Kaplan 和 Rodrik，2001。

采取资本管制的目的在消除对马来西亚林吉特的投机行为。为了阻断离岸市场交易，马来西亚政府规定所有出售林吉特资产的行为都需要通过马来西亚国内经过授权的中介机构来进行，使得离岸市场的交易变为了非法行为。所有海外的林吉特资产都需要返回国内。由于担心这些措施可能导致资本外流与本币的进一步贬值，马来西亚当局规定 1 年以内禁止所有的外国投资撤资。同时为了刺激国内的总需求水平，马来西亚政府将 3 个月的央行基准利率从 9.5% 降低至 8%，并在 9 月 16 日将流动资产比率从总负债的 17% 降低为 15%。1999 年 2 月 15 日，马来西亚中央银行更改了资本限制条例，将原来的完全限制改为累进征税，并将对资本收益征税改为对外来的资本流入征税。政府担心对于未来资本流入进行控制可能造成的影响，特别是马来西亚的经济高度依赖于外国直接投资。因此，马来西亚政府需要采取一些让步以确保这些控制行为不会影响到外国直接投资和经常项目交易。外国直接投资的利润与分红被允许自由地输送回国，经常项目的外汇交易也并没有被限制。

1999 年 5 月，马来西亚政府重新回到了国际金融市场，以高于美国国债 330 个基点的利率水平发行了 10 亿美元的国债。尽管如此，国际社会对马来西亚政府的管制措施到底是否以及在多大程度上对该国的经济复苏产生了影响仍存在很大的争议。

### （二）新加坡跨境资金流动监管

自 1973 年布雷顿森林体系崩溃之后，新加坡元曾经历过两次投机压力。第一次发生于 1985 年 9 月，当时新加坡正面临经济衰退；第二次则发生在 1997 年 7 月，来自泰铢自由浮动后整个东南亚的危机传染。作为一个小型开放经济，新加坡非常容易受到外部、尤其是邻近国家的冲击而产生波动。在整个亚洲金融危机期间，新加坡元兑美元、日元与欧元等主要货币均出现了贬值，但是对大多数亚洲货币都出现了大幅升值，尤其是对印尼盾、泰铢、马来西亚林吉特和韩元。

亚洲金融危机通过多个渠道对新加坡造成了不利的影响。出口方面，新加坡向危机地区的出口由于需求减少而受到严重打击，向第三方国家出口竞争力相对受危机影响而货币贬值的国家有所下降。汇率方面，受货币传染的影响，新加坡元兑美元在 1997 年 7 月至 1998 年 1 月贬值了 18.3%。资本市场方面，新加坡的股市同期从 2 055点下跌至 856 点，下跌了近 60%。由于吉隆坡证券交易所在 1998 年 8 月底宣布所有马来西亚的证券都必须在吉隆坡证券交易所交易，加上马来西亚严格的外汇管理政策，使得在新加坡自动撮合系统上交易的马来西亚股票大幅减少，证券经纪商受损。银行部门方面，新加坡的银行由于拥有大量向危机地区的贷款而变得脆弱，向主要危机国家贷款的不良率在 1999 年 3 月达到了 24.3%。

虽然新加坡在危机期间遭受了巨大的冲击，其经济在危机过后迅速得到了恢复。Jin（2000）认为，新加坡经济的韧性主要归功于新加坡在经济危机爆发前的四个特点：新加坡经济良好的基本面、汇率管理机制、可调节工资体系以及对新加坡元的控制力度。

新加坡的经济基本面一直十分强劲，其表现为较低的外国负债、大量的外汇储备和账户盈余、充足的预算盈余、较高的储蓄率、较低的通货膨胀率、强劲的外国直接投资力度以及健全的财政制度。1998 年，新加坡的经常项目盈余达到了国内生产总值的 20.9%，储蓄总规模达到了国内生产总值的 54.4%，外汇储备在 1998 年增加了 750 亿美元，银行资本充足率达 18.3%，通货膨胀率在 20 世纪 90 年代平均不到 2%。这一系列的指标使得投资者在整个危机期间一直能够对新加坡保持足够的信心。在外汇管理上，新加坡金融管理局（The Monetary Authority of Singapore，MAS）并不针对单一货币，而是针对新加坡的贸易伙伴进行贸易加权的一篮子货币对新加坡元进行管理。其主要通过制定一个非公开的名义汇率目标来对汇率水平进行管理，汇率被允许围绕目标水平进行自由浮动，但新加坡金融管理局也会对汇率进行干预以减少其波动水平。在对新加坡元的控制上，由于担心新加坡的大型离岸市场可能会破坏资本流动的稳定性，导致汇率和利率不稳定（Ngiam，1998），新加坡金融管理局一直对新加坡元国际化持消极态度，同时采取了一系列措施防止金融衍生品脱离监管。

以上条件有助于缓解对于新加坡元的投机压力。然而随着亚洲金融危机的持续，新加坡的国家竞争力也因此受到了削弱。为了适应新的经济环境，新加坡做出了一些政策调整。在危机爆发初期，新加坡政府通过调整汇率来防止国家竞争力的下降；在危机持续和结束后，新加坡政府则通过长期的财政政策与消减支出来恢复和增强其国家竞争力（Jin，2000）。

首先，在1997年7月金融危机爆发的初期，新加坡金融管理局迅速采取了宽松的货币政策以缓解新加坡经济的快速下滑，同时允许新加坡元在一个更为平滑和广泛的范围内波动以应对金融市场的不确定性。相较于此前的升值趋势，新加坡元自1997年中开始一直维持在一个相对稳定的水平上。在不存在国内通胀压力的情况下，新加坡金融管理局允许新加坡元随着本地区其他货币一起兑美元贬值以维持本国的国际竞争力。对新加坡而言，这是一种应对危机影响的短期手段，其管理目标汇率以实现国内价格稳定的长期目标依然存在。在1999年中期东南亚地区经济出现复苏之后，新加坡元对一篮子货币的价值恢复到了危机前的水平，同时新加坡当局将允许的汇率波动幅度收窄以使其更接近目标水平。

1998 年中，东南亚金融危机对新加坡经济的不良影响已经十分明显并严重高于预期。新加坡经济当局宣布了一个 20 亿新加坡元的预算外支出，用于实现三个目标。第一个是对财产税、租金和公共事业进行一个额外的退税，以此来降低企业成本。第二个是加快建设项目并为技能培训机构已经本地企业提供更多资金以加强经济基础建设。第三个则是通过将政府土地销售暂停至 1999 年底并推迟物业印花税的推行，用以对特定的经济部门尤其是不动产行业提供稳定。同时政府还要求住房与发展委员会（Housing and Development Board，HDB）向户主提供收费和租金方面的折扣。1998 年下半年开始新加坡的房地产价格开始企稳，这有助于防止更多的破产和不良贷款的产生（Jin，2000）。

新加坡当局在同年 11 月采取了高达 105 亿新加坡元的一揽子计划以试图将企业成本削减至少 15%。其措施主要包括企业支付的公积金减少 10%，员工降薪 5% ~8%，企业 1999 年退税 10%，以及对于政府费用的进一步削减。这些政策的推出，使得新加坡的国家竞争力得到了提高。1999 年新加坡经济的整体单位劳动成本以及制造业的单位经营成本均出现大幅下降。由于经济增长的持续放缓，新加坡政府在 1999 财年的预算中实施了更具扩张性的财政政策，以试图减轻企业的负面压力。新加坡当局在 1999 财年中将预算赤字定为 50 亿新加坡元，将其用于教育和基础设施等战略领域的长期支出。1999 年之后，受全球电子产品产业增长与东南亚地区经济复苏的影响（Jin，2000），新加坡的经济在经历了“V”字形走势后逐渐得以恢复。

亚洲金融危机的爆发也促使了新加坡金融管理局进行金融自由

化以将新加坡建设为金融中心的决心。新加坡金融管理局提高了金融部门的信息披露标准，以此来提高其透明度，这可以有效降低风险的恐慌性传染。同时新加坡金融管理局也转换了自身的管理方式，将自身的工作重点从“监管”转向了“监督”。金融管理局采取了一系列的措施来减少对新加坡元的使用限制，其措施包括：鼓励成熟的外国实体机构在新加坡发行新加坡元债权，允许新加坡的企业在本国借入新加坡元并在新加坡以外的地区使用，促进如新加坡股指期货等基于新加坡元的衍生品交易的增长，允许外国企业在新加坡的股票市场上以新加坡元发行股票，这些政策的推行对扩大和深化新加坡金融市场具有明显的促进效果。

通过对新兴市场国家的资本流动与监管的经验进行分析，不难发现新兴市场国家相对其他发达国家来说更容易受到国际资本流动的影响，也更容易吸引国际“热钱”与投机资本对其进行投机攻击。这主要是因为新兴市场国家往往因为需要依赖大量的国际投资促进其经济发展而其自身的金融体系建设尚不健全造成的。在这一背景下，适当地采取资本控制措施，可以防止外汇流动过于剧烈，改变本国资本流入的期限结构，减少短期国际热钱的流入，为本国的经济发展带来一个更为宽松的环境。同时需要指出的是，资本管制往往只是短期有效，过度的资本管制可能会造成国际资本的恐慌并降低本国在国际市场上的声誉。因此，在采取资本管制的同时，及时采取配套的财政与货币政策以稳定市场信心，才能对本国经济产生一个较好的影响。

# 第四章　我国跨境资金流动发展情况分析

## 第一节　我国跨境资金流动的国内背景分析

### 一、我国外汇管理制度的发展历程与背景

改革开放前，我国实行严格外汇集中计划管理，国家对外贸和外汇实行统一经营，外汇收支实行指令性计划管理。所有外汇收入必须售给国家，用汇实行计划分配；对外基本不举借外债，不接受外国来华投资；人民币汇率仅作为核算工具。严格的资本项目管制下，改革前的30年内资本项目流动几乎为零。

改革开放后，我国外汇管理体制根据经济社会发展和经济体制改革的根本要求，沿着逐步缩小指令性计划、不断培育和增强市场机制在配置外汇资源中的基础性作用的方向转变。1978年至20世纪末，在资本短缺的情况下，我国在吸引和利用外资方面放宽了政策。1997年亚洲金融危机爆发后，出现了资本外逃现象，我国从多个方面加强了资本项目管理，尤其是限制骗汇之类的资本流出，随着危机的结束，这些限制才再一次被逐步取消。

进入21世纪后，既为了履行加入世贸组织的承诺，也为了满足经济发展的实际需要，我国资本项目的开放步伐逐步加快。相比于改革开放前20年的管理特征，2001年以来中国的资本项目管理有以下两方面特点：一是开放重点从FDI向资产组合资本流动倾斜；二是资本管理方针从宽进严出向内外均衡转变。

资金的跨境流动与我国的汇率制度相辅相成。自改革开放以来，我国初步建立起了适应社会主义市场经济要求的外汇管理体制。国家外汇管理局将1978年以来我国外汇管理体制的改革大致分为三个重要阶段。

### （一）外汇管理体制改革起步

第一阶段（1978—1993年），外汇管理体制改革起步。这一阶段以增强企业外汇自主权、实行汇率双轨制为特征。从1979年开始实行外汇留成办法，在外汇集中管理、统一平衡、保证重点的同时，适当留给创汇的地方和企业一定比例的外汇，并允许持有留成外汇的单位把多余的外汇额度转让给缺汇的单位，官方汇率与调剂市场汇率双重汇率制度并存。这一阶段外汇管理体制处于由计划体制开始向市场调节的转变过程，计划配置外汇资源仍居于主导地位，但市场机制萌生和不断发育，对促进吸引外资、鼓励出口创汇、支持国内经济建设发挥了积极作用。

第二阶段是取消内部结算价，进入官方汇率与外汇调剂市场汇率并存时期（1985—1993年底）。从1988年起增加了外汇留成比例，普遍设立外汇调剂中心，放开外汇调剂市场汇率，形成官方汇率和调剂市场汇率并存的局面。在1985—1990年，人民币对美元汇率作了几次大幅度调整（见图4－1），但是为了避免官方汇率大幅度下调对企业生产的不利影响，从1991年4月9日起，官方汇率的调整从以前的大幅度、一次性方式转为逐步微调的方式，让市场汇率（调剂汇率）随着市场外汇供求状况浮动，为官方汇率的调整方向提供重要的参考依据。这一阶段政策目标是适应经济发展以及逐步推进外汇体制改革，所以实行的是外汇留成制度，同时建立和发展外汇调剂市场，具有官方汇率与调剂市场汇率并存的双重汇率制度，实行计划和市场相结合的外汇管理体制。该时期的资金流动是基于企业自身对外进出口贸易的诉求，所以这一阶段资金流动是通过外贸的方式流动的，并且具有严格的管控、结算制度。

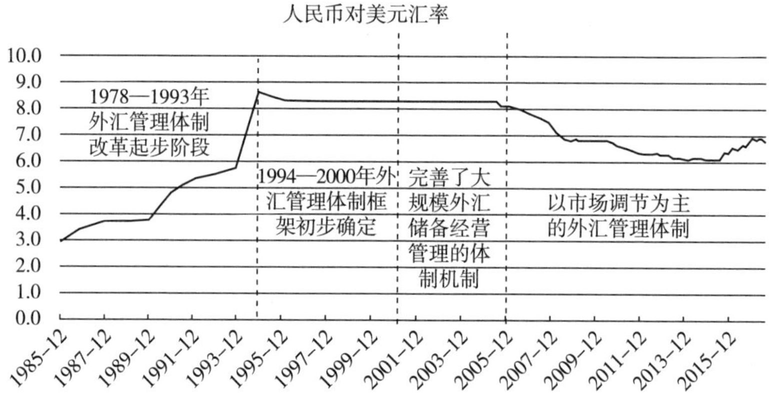


数据来源：国家外汇管理局和中国人民银行。

**图4-1　我国外汇管理制度发展阶段**

### （二）社会主义市场经济条件下的外汇管理体制框架初步确定

第三阶段（1994—2000年），社会主义市场经济条件下的外汇管理体制框架初步确定。1994年初，外汇体制进行了重大改革，取消外汇留成制度，实行银行结售汇制度，实行以市场供求为基础的、单一的、有管理的浮动汇率制度，建立统一规范的外汇市场。此后，进一步改进外汇管理体制，1996 年全部取消了所有经常性国际支付和转移的限制，实现人民币经常项目可兑换。1997 年，亚洲金融危机爆发，给我国经济发展与金融稳定造成较为严重的冲击。我国做出人民币不贬值的承诺，并重点加强资本流出的管制，成功抵御了亚洲金融危机的冲击。这一阶段，我国初步确立了适合国情、与社会主义市场经济体制相适应的外汇管理制度框架，外汇供求的市场基础不断扩大，奠定了市场机制配置外汇资源的基础性地位。

基于人民币官方汇率与外汇调剂市场汇率并轨以后我国经济转轨和高速发展的背景，以及 20 世纪 90 年代末期国际经济形势，相对稳定的人民币汇率制度安排有利于我国的发展。当时我国经济的高速发展主要依赖制造业优势的发挥，对外商投资的吸引和利用是经济高速发展的引擎之一，对外贸易对经济的增长至关重要，从进出口总额占 GDP 的比重可以发现这点（见图 4－2）。稳定的汇率环境为国有企业改革、国有商业银行治理机制完善以及其他领域市场化改革提供稳定的制度环境和操作空间。在 1997 年亚洲金融危机后，我国保持汇率稳定的政策对稳定亚洲经济乃至世界经济的恢复起到了积极的作用。

### （三）以市场调节为主的外汇管理体制进一步完善

第四阶段（2001 年以来），以市场调节为主的外汇管理体制进一步完善。入世后我国加速融入全球经济，对外开放进一步扩大，国际收支持续大额顺差，对国民经济影响日益增强。适应新形势新挑战，外汇管理体制改革向纵深推进，积极促进贸易投资便利化，稳步推进资本项目可兑换，加强跨境资金流动管理，健全国际收支统计监测，完善外汇储备经营管理。伴随着入世后外汇储备规模的较快增长，

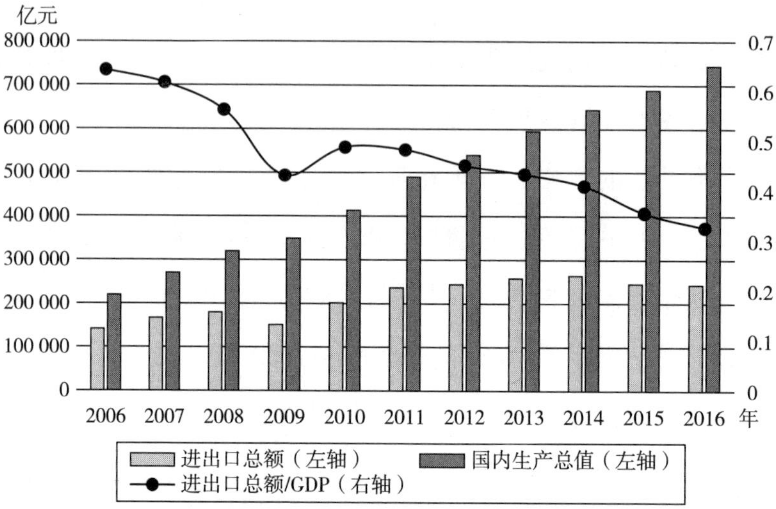


数据来源：国家统计局。

**图 4－2　我国进出口总额和国内生产总值及其占比**

2001 年外汇储备经营以规范化、专业化和国际化为目标，建立了投资基准经营管理模式和风险管理框架，完善了大规模外汇储备经营管理的体制机制。自此开始，我国外汇储备开始步入稳步的上升通道（见图 4－3）。2005 年 7 月启动的人民币汇率形成机制改革，为深化外汇管理体制改革注入新的活力。企业、个人持有和使用外汇的政策更加便利，外汇市场加快发展。外汇管理方式加快从重点管外汇流出转为流出入均衡管理，逐步建立起资本流动双向均衡管理的制度框架，在 2008 年新修订的《外汇管理条例》确立了均衡监管思路，并在行政法规层面明确取消了强制结售汇制度。2008 年 9 月国际金融危机全面爆发以来，及时启动应急机制，做好国际收支逆转的应急预案，积极防范金融风险，确保了外汇储备资产的总体安全，顶住了国际金融危机的冲击。2015 年 8 月 11 日，中国央行宣布调整人民币对美元汇率中间价报价机制，做市商参考上日银行间外汇市场收盘汇率，向中国外汇交易中心提供中间价报价（被称为“8·11 汇改”）。这一调整使得人民币兑美元汇率中间价机制进一步市场化，更加真实地反映了当期外汇市场的供求关系。

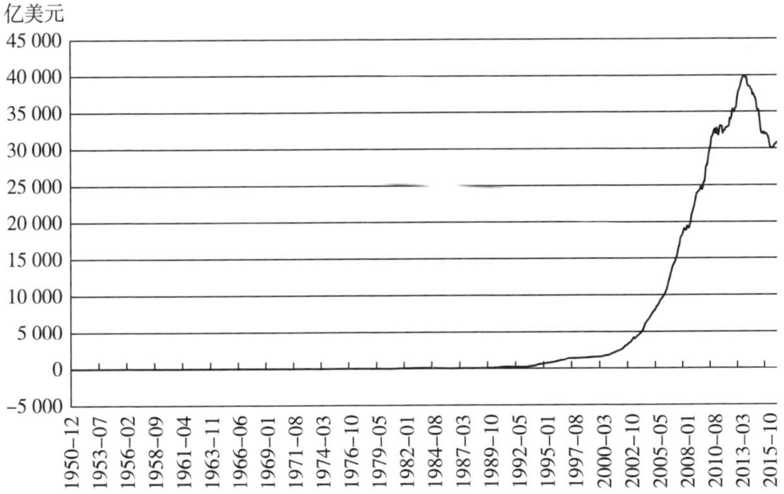


数据来源：中国人民银行。

**图 4-3　我国官方外汇储备资产**

2009 年以来，针对跨境资金流向复杂和规模增大、市场主体便利化需求不断增长的现实，外汇管理加快了理念和方式“五个转变”，即从重审批转变为重监测分析、从重事前监管转变为强调事后管理、从重行为管理转变为更加强调主体管理、从“有罪假设”转变为“无罪假设”、从“正面清单”转变为“负面清单”。总体来看，这一阶段，外汇管理体制改革进一步深化，外汇管理的理念和方式加快转变，市场配置外汇资源的作用不断增强，对促进外贸持续快速发展、引导资本有序双向流动、充分利用两个市场两种资源、服务实体经济发展等发挥了积极的作用。

截至2014年末，外汇管理五个转变取得阶段性成果。简政放权和依法行政取得重要进展，外汇管理行政审批事项累计下降80%，行政审批项目减至17项，极大地促进了贸易投资便利化。重大领域改革取得实质性突破，货物和服务贸易外汇管理改革平稳推进，允许出口收汇存放境外，跨国公司外汇资金集中运营试点已全国推广，人民币可兑换程度进一步提升。外汇管理方式产生重大转变，随着逐笔匹配核销等传统管理手段退出历史舞台，外汇管理事前审批大幅减少，监管重心转向事中事后管理，跨境资本流动监测预警能力不断强化，逐步构建宏观审慎管理框架下的外债和资本流动管理体系。随着外汇管理的理念和方式转变到位，外汇管理服务实体经济和防范风险冲击的能力进一步增强。

## 二、我国跨境资金流动的宏观经济与金融背景

### （一）国内外经济发展状况及前瞻

全球经济仍延续不平衡的温和复苏态势，2017年4月IMF发布最新的《世界经济展望报告》，报告称2017年全球经济增速将继续保持强劲，同时风险下行压力仍然不容小觑。预计2017年全球经济增长率为3.5%，2018年达到3.6%，略高于2016年10月预期数据。我国2017年增速预期为6.6%，2018年为6.2%，新兴市场和发展中经济体2017年的增长率为4.5%，略低于2016年10月预测的4.6%，2018年的增长率预计将增至4.8%。

我国经济正处在阶段更替、结构转变、动力切换和风险缓释的关键时期，新动力正在培育和形成但尚未成气候，传统动力正在调整和衰减。2016年，世界经济在分化中复苏，国内经济深度探底，

去产能、去库存、去杠杆将全面展开，配合供给侧的存量调整和增量改革，货币政策保持宽松并强调价格引导，财政政策将通过增加开支和减税发挥更大的作用，全面深化改革也有望获得实质性突破。国内外经济发展的不均衡导致跨境资金流动方向存在不确定性。

### （二）我国近期重大金融改革措施

#### 1. 人民币国际化

随着我国经济改革与对外开放事业的不断发展与进步，国家的总体经济实力得到了明显增强，我国与世界其他国家在商品、资本和技术等要素方面的贸易往来也日益频繁，人们对人民币稳定升值预期持续强烈，人民币在周边国家经济和贸易活动中发挥着极其重要的媒介作用，特别是我国周边国家和地区在双边以及多边的货物贸易结算中使用人民币的规模与流通总量正逐年迅速上升。人民币国际化的成效显著，人民币在国际货币体系的重要性越来越明显。

从人民币外汇交易量来看，根据表4－1世界主要货币平均日成交量，在2001年人民币使用量仍为零，经过几年的快速发展，从2010年的340亿美元，全球排名第17位，到2016年的2 020亿美元，位居全球货币的第8位。图4－5显示，自2016年以来，人民币全球使用占比基本没有超过2.0%，较2015年的2.5%有所降低，呈现出人民币国际化进程有所放缓的趋势。

**表4－1　　全球外汇市场主要货币平均日成交量（按币种分类）**

单位：十亿美元

| 货币 | 1995 | 1998 | 2001 | 2004 | 2007 | 2010 | 2013 | 2016 |
|---|---|---|---|---|---|---|---|---|
| 美元 | 981 | 1 325 | 1 114 | 1 702 | 2 845 | 3 371 | 4 662 | 4 438 |
| 欧元 | — | — | 470 | 724 | 1 231 | 1 551 | 1 790 | 1 591 |
| 日元 | 291 | 332 | 292 | 403 | 573 | 754 | 1 235 | 1 096 |

续表

| 货币 | 1995 | 1998 | 2001 | 2004 | 2007 | 2010 | 2013 | 2016 |
|---|---|---|---|---|---|---|---|---|
| 英镑 | 110 | 168 | 162 | 319 | 494 | 512 | 633 | 649 |
| 澳元 | 31 | 46 | 54 | 116 | 220 | 301 | 463 | 348 |
| 加元 | 40 | 54 | 56 | 81 | 143 | 210 | 244 | 260 |
| 瑞士法郎 | 85 | 108 | 74 | 117 | 227 | 250 | 276 | 243 |
| 人民币 | — | 0 | 0 | 2 | 15 | 34 | 120 | 202 |
| 瑞典克朗 | 7 | 5 | 31 | 42 | 90 | 87 | 94 | 112 |
| 其他货币 | 818 | 1 015 | 227 | 362 | 810 | 874 | 1 196 | 1 195 |

数据来源：BIS Derivatives Statistics。

从人民币在全球支付货币中所占的比重来看，根据表4－2人民币在全球支付货币中占比及图4－5可以发现，从2012年的0.52%到2017年7月的2.0%上升了约4倍，排名从2012年1月的第20名上升到2017年7月的第5名。从人民币使用的机构数量来看，根据图4－4显示，从2014年的1 025家到2017年6月的1 900多家，增长幅度高达85%，其中1 300家以人民币为币种开展与中国内地和中国香港的国际支付业务。

**表4－2　　人民币在全球支付货币中占比**　　单位：%

| 国家 | 货币 | 2017－07 | 2017－06 | 2017－03 | 2016－12 | 2015－12 | 2014－12 | 2013－12 | 2012－12 |
|---|---|---|---|---|---|---|---|---|---|
| RUB | 俄罗斯卢布 | | | | | | 0.36 | 0.51 | 0.67 |
| HUF | 匈牙利福林 | | | | | | | | |
| VEF | 委内瑞拉币 | 0.54 | 0.37 | | | | | | |
| MRY | 马来西亚林吉特 | 0.41 | 0.38 | | | | | | |
| CLP | 智利比索 | | | | | | | | |
| TRY | 土耳其里拉 | | | 0.25 | | 0.24 | 0.32 | 0.32 | 0.27 |
| MXN | 墨西哥比索 | 0.30 | 0.36 | 0.36 | 0.35 | 0.37 | 0.39 | 0.42 | 0.30 |
| NZD | 新西兰元 | 0.33 | 0.34 | 0.41 | 0.33 | 0.32 | 0.39 | 0.37 | 0.30 |
| DKK | 丹麦克朗 | 0.35 | 0.35 | 0.37 | 0.40 | 0.37 | 0.40 | 0.48 | 0.45 |
| ZAR | 南非兰特 | 0.43 | 0.45 | 0.44 | 0.38 | 0.39 | 0.45 | 0.39 | 0.40 |

续表

| 国家 | 货币 | 2017-07 | 2017-06 | 2017-03 | 2016-12 | 2015-12 | 2014-12 | 2013-12 | 2012-12 |
|---|---|---|---|---|---|---|---|---|---|
| PLN | 波兰兹罗提 | 0.52 | 0.56 | 0.53 | 0.51 | 0.51 | 0.56 | 0.54 | 0.27 |
| NOK | 挪威克朗 | 0.64 | 0.69 | 0.68 | 0.64 | 0.66 | 0.72 | 0.76 | 0.84 |
| SEK | 瑞典克朗 | 0.88 | 0.81 | 1.03 | 1.06 | 0.93 | 0.78 | 0.96 | 0.90 |
| SGD | 新加坡元 | 0.88 | 0.81 | 0.95 | 0.85 | 0.85 | 0.90 | 0.96 | 1.00 |
| THB | 泰国泰铢 | 0.94 | 0.93 | 1.00 | 0.93 | 0.81 | 0.88 | 0.80 | 0.62 |
| CHF | 瑞士法郎 | 1.57 | 1.57 | 1.64 | 1.53 | 1.56 | 1.39 | 1.29 | 1.81 |
| HKD | 港元 | 1.26 | 1.28 | 1.24 | 1.31 | 1.17 | 1.27 | 1.11 | 1.00 |
| AUD | 澳元 | 1.62 | 1.47 | 1.65 | 1.55 | 1.50 | 1.79 | 1.89 | 2.11 |
| CAD | 加元 | 1.82 | 2.04 | 2.00 | 1.93 | 1.70 | 1.92 | 1.90 | 1.97 |
| CNY | 人民币 | 2.00 | 1.98 | 1.78 | 1.68 | 2.31 | 2.17 | 1.12 | 0.52 |
| JPY | 日元 | 3.15 | 3.16 | 3.31 | 3.40 | 2.78 | 2.69 | 2.56 | 2.45 |
| GBP | 英镑 | 7.31 | 7.29 | 7.13 | 7.20 | 8.43 | 7.92 | 9.13 | 8.68 |
| EUR | 欧元 | 33.34 | 32.89 | 31.20 | 31.30 | 29.39 | 28.30 | 33.21 | 38.29 |
| USD | 美元 | 39.83 | 40.47 | 41.80 | 42.09 | 43.89 | 44.64 | 39.52 | 33.34 |

数据来源：SWIFT Watch；BIS Statistics。

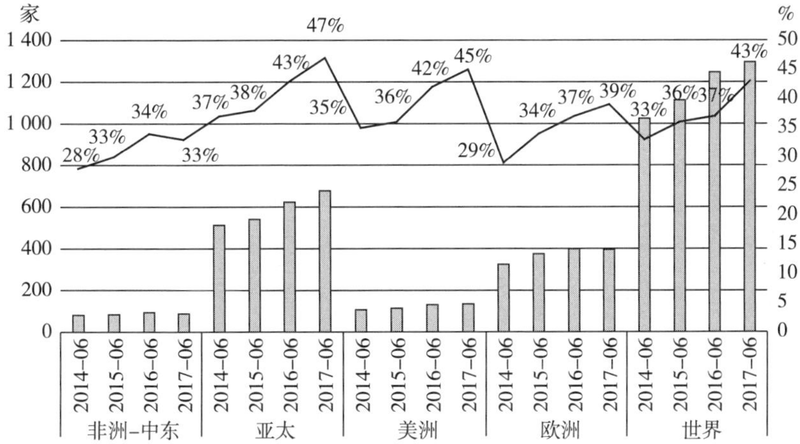


数据来源：SWIFT Watch；BIS Statistics。

注：中国大陆和香港直接收付的国际支付金额，2017 年 6 月全球使用人民币作为支付货币的金融机构有 1 900 多家。

**图 4－4　使用人民币处理支付的金融机构数量及占比**

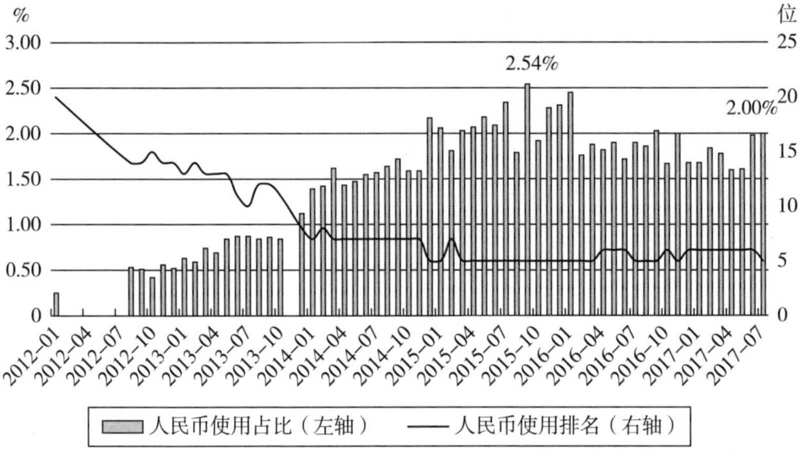


数据来源：SWIFT Watch；BIS Statistics。

**图 4-5　人民币使用占比及排名**

为推进人民币国际化以及我国金融体系与国际接轨，除了强大的经济实力以外，我国也进行了一系列的金融改革，主要围绕着以下三个方面进行。

（1）国家金融机制的持续变革。近些年来，在国务院统一领导下，由人民银行主导并组织进行了我国商业银行等金融体制的结构性变革，各类商业银行和类似金融机构进入资本市场融资的步伐在不断加快，国家金融经济政策与管理的监管体系也在逐步完善，人民币利率市场化的改革趋势在逐渐加快，加上我国资本市场与实体经济的发展速度加快这些有利条件，均在不同程度上促使着我国银行业的制度管理与金融创新功能得以显著改善，为人民币国际化进程创造了强有力的支撑与制度保障。

（2）人民币汇率的形成机制。自 2005 年 7 月 21 日起，人民币汇率形成机制实行“以市场供求为基础、参考一篮子货币进行调节、有管理的浮动汇率制度”，外汇管制力度在持续降低，人民币呈现不断升值的趋势（见图4－6和图4－7）。2010年6月19日，人民银行进一步推进人民币汇率形成机制改革，重启汇率制度改革，在人民币对美元呈升值态势的同时，汇率双向浮动特征明显。2015年8月11日汇改，调整人民币对美元汇率中间价报价机制，做市商参考上日银行间外汇市场收盘汇率，向中国外汇交易中心提供中间价报价，这一调整使得人民币兑美元汇率中间价机制进一步市场化，能够更加真实地反映当期外汇市场的供求关系。

数据来源：国家外汇管理局。

**图4－6　2005年7月21日至2017年8月21日汇率波动情况**

另外，在金融体制改革方面，建立了以央行为主并辅之以银监会、保监会、证监会等机构的“一行三会”的组织模式，构建起全方位的资本、货币、金融政策等监管机构系统。我国已建立起体系完备的金融监管制度，国内各类商业银行已满足《新巴塞尔协议》对银行业资本充足率的规定，为我国宏观金融政策的持续稳定提供

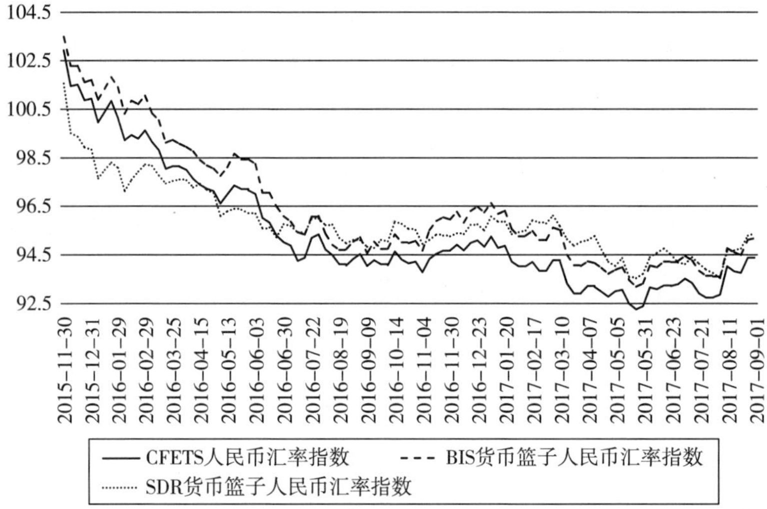


数据来源：中国外汇交易中心。

**图 4-7　人民币汇率指数（CFETS）（2014 年 12 月 31 日设定为 100）**

了有利环境。近年来，我国国家外汇储备总量增长速度不断加快，截至 2017 年 7 月底达 30 807 亿美元，大量外汇储备也是我国人民币国际化进程的保障力量。

（3）人民币自由兑换目标逐步实现以及资本项目的逐步开放。根据我国金融发展规划与方向，首先，中国人民币国际化趋势与进程一定要严格满足持续性、渐进式实施的战略要求；其次，在人民币资本项目下的自由兑换上务必坚持稳健、谨慎的工作原则。这是因为如果一国资本项目货币能够实现自由兑换，则往往很容易导致大量外部资本纷纷涌入，短期内迅速导致国内经济结构与市场秩序出现失衡，并最终严重影响资本流入国金融市场的稳定与政府的金融调控能力。

近年来，我国人民币国际化经历区域化、周边化的发展过程，并且取得了显著的成效，人民币国际合作成效显著，截至2017年7月底，人民银行与36个国家和地区的中央银行或货币当局签署了双边本币互换协议（具体签署国家和规模见附表1），协议总规模超过3.34万亿元人民币；在20多个国家和地区建立了人民币清算安排，覆盖东南亚（尤其是越南、老挝、泰国、新加坡、马来西亚、柬埔寨等）、西欧、中欧、中东、北美、南美、大洋洲和非洲等地，支持人民币成为区域计价结算货币。截至2017年8月30日，合格境外机构投资者（QFII）已经达到286家，额度审批达到939.94亿美元；人民币合格境外机构投资者（RQFII）已经达到188家，投资额度审批达到5 848.56亿元人民币；合格境内机构投资者（QDII）已达到132家，投资额度审批达到899.93亿美元。截至2017年7月，人民币合格境外机构投资者（RQFII）额度已经达到1.74万亿元人民币。

2015年12月1日，国际货币基金组织（IMF）正式宣布，人民币于2016年10月1日加入特别提款权（SDR），这意味着人民币将成为与美元、欧元、英镑和日元并列的第五种SDR篮子货币。人民币在SDR比重排在日元和英镑之前，位列美元和欧元之后，为10.92%。这是我国近年来不断深化改革开放，加大金融领域改革并逐渐向国际接轨的重要标志，也是推进人民币国际化战略取得的重大进展。它开启了我国进一步深入拓展和参与全球领域金融体系的建设之路，加快了我国参与全球一体化的进程，对我国的对外贸易和参与全球经济治理具有划时代的重大意义。

2. 人民币离岸市场与在岸市场

（1）我国人民币在岸、离岸市场概况。2008年，我国提出了人民币国际化战略。这个战略进一步明确了人民币今后的发展方向：人民币国际化是我国货币发展的必然趋势。2009 年 7 月，跨境贸易人民币结算试点业务的开展标志着人民币国际化迈出了关键的一步，时至今日人民币国际化取得了显著的成绩。人民币离岸市场是人民币国际化发展的必要一环，人民币离岸市场的建立在促使人民币从贸易结算职能向投资职能转变中发挥了重要的作用，它不仅能够给人民币提供回流的渠道，也给境外投资者投资人民币业务提供了平台。

目前，衡量我国人民币离岸市场发展程度的指标尚未统一，在此运用中国银行人民币离岸指数来进行分析。图 4－8 是中国银行发布的离岸人民币指数，其反映人民币在国际金融市场上的综合发展水平。通过分析数据可以发现：人民币离岸指数水平值仍然相对较低，表明人民币离岸市场规模较小，仍然处于一个发展阶段，在全

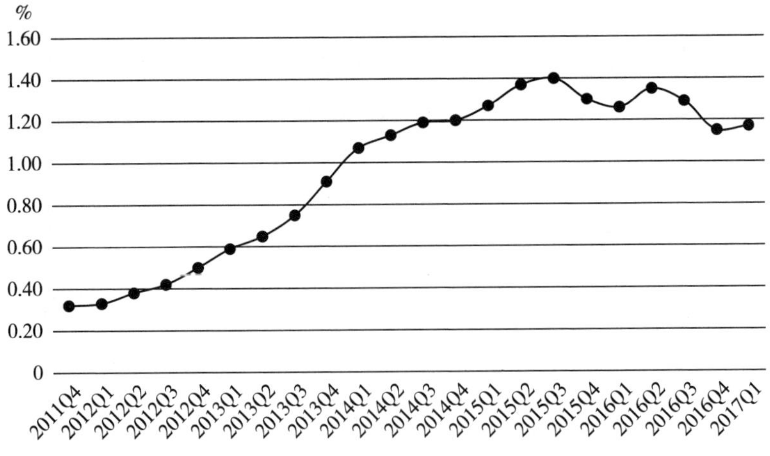


数据来源：中国银行。

**图 4－8　中国银行离岸人民币指数（ORI）**

球的货币体系中使用率仍然不高。从趋势上看，人民币离岸市场自2011年呈现逐步上升趋势，并在2015年第三季度到2016年第二季度呈现“U”形，从2016年第三季度至今呈现出下滑势态。2015年第三季度至今的波动现象可能与我国的经济疲软有关。但是从长远看，我国经济增长仍然具有较大的潜力，未来人民币离岸市场仍然存在巨大的发展空间。

目前，我国的人民币离岸业务开展的区域仍然有限，最先开展的地区是中国香港，随后是伦敦、新加坡和中国台湾。2014年卢森堡的人民币离岸业务得到发展，卢森堡人民币离岸市场初现雏形，由此人民币离岸业务在欧元区得到了突破。图4－9是SWIFT统计的离岸人民币市场的发展情况。截至2017年7月，人民币离岸市场的前五位分别为中国香港、伦敦、新加坡、韩国以及美国。SWIFT的统计数据同时还显示，过去5年人民币外汇交易稳步增加，其中2016年的人民币外汇交易数量已经超过1 300万笔。

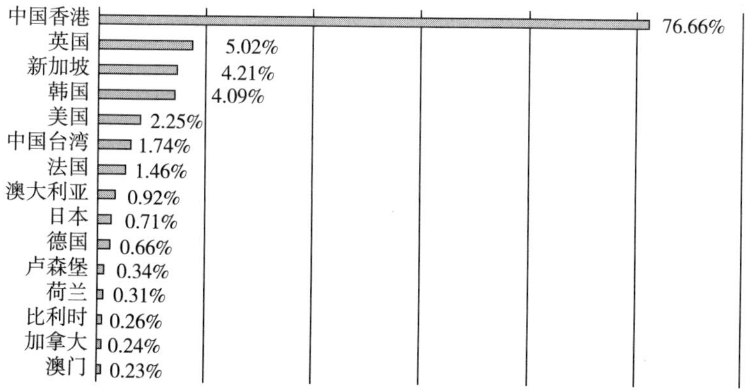


数据来源：SWIFT watch。

**图4－9　2017年7月人民币离岸市场排名**

（2）人民币在离岸市场之间的资本流动。人民币离岸市场与在岸市场之间资金流动的是人民币国际化的必然趋势，只有实现人民币在离岸市场之间的双向流动才能形成人民币的回流机制。

跨境贸易渠道。通过跨境贸易人民币结算，人民币可输出到香港等离岸市场，同时香港离岸市场也可以回流至在岸市场。2009 年 7 月，上海和广东的 4 个城市率先开展跨境人民币结算试点；2010 年 6 月，试点扩大至北京、天津等 20 个省市；2011 年 8 月进一步扩大至全国，并发布《关于明确跨境人民币业务相关问题的通知》明确了贸易项下人民币跨境支付的细则。2015 年广东、天津、福建第二批自贸区以及 2017 年的辽宁、陕西、重庆、四川、浙江、河南、湖北第三批自贸区的金融支持政策中均有扩大人民币结算使用范围等。

直接投资渠道。人民币离岸、在岸市场资金经由直接投资渠道实现流动是由在岸流向离岸和离岸流回在岸两个回路构成的双向循环体系。一方面，从资金由在岸市场流向离岸市场情况来看，符合央行 2011 年初发布的《境外直接投资人民币结算试点管理办法》规定的在岸企业，可以直接以人民币在离岸市场进行投资，银行依据相关文件和批文协助其进行人民币结算。另一方面，从资金由离岸市场流回在岸市场情况来看，主要包括三种类型：一是 2011 年经批准放开的外商人民币直接投资（RFDI），此后，2013 年人民银行发布《关于境外投资者投资境内金融机构人民币结算有关事项的通知》（银发〔2013〕225 号），商务部 2013 年发布《关于跨境人民币直接投资有关问题的公告》（87 号文）对资金的使用范围及结算事宜等作了相应规定；二是合格境外有限合伙人（QFLP），即符合自有资金超过5亿美元、基金管理规模超过50亿美元等资格审批条件的外资机构投资者可以结汇，并以人民币资金对国内私募基金市场进行投资，但换汇额度不得高于投资私募基金规模的50%，且其投资方向限于股票市场；三是人民币合格境外有限合伙人（RQFLP），这是在QFLP基础上允许符合资质要求、接受一般合伙人直接管理的有限合伙人在试点地区直接运用其在离岸市场持有的人民币资金进行投资，其投资领域包括开设外商股权投资企业、投资上市公司的可转债、非公开交易股权等。2013年国内第一笔RQFLP（人民币合格境外有限合伙人）境内投资业务在上海“落地”，此后陆续在各地开展，该项政策目前已经在青岛［2015年2月发布《关于印发青岛市开展合格境外有限合伙人试点工作暂行办法的通知》（青金办字〔2015〕10号）］、前海等地陆续开展。

金融市场渠道。人民币资金经由金融市场实现离岸、在岸市场之间流动主要是借助诸如合格境内机构投资者（QDII）、人民币合格境外机构投资者（RQFII）、港股交易型开放式基金（ETF）、“沪港通”以及两地基金互认［中国人民银行、国家外汇管理局于2015年11月发布《内地与香港证券投资基金跨境发行销售资金管理操作指引》（〔2015〕第36号），2015年5月22日，中国证监会与香港证监会就内地与香港两地基金互认工作正式签署《监管合作备忘录》，同时发布《香港互认基金管理暂行规定》，两地基金互认自2015年7月1日起施行］。深港通（2016年8月16日，国务院批准《深港通实施方案》，2016年12月5日深港通正式启动），双向人民币资金池［2015年9月人民银行发布《关于进一步便利跨国企业集团开展跨境双向人民币资金池业务的通知》（银发

〔2015〕279号)〕等机制。QDII被允许以人民币购买外汇进入离岸市场进行投资，且其在离岸市场获取的投资利润必须结汇换成人民币回到境内市场。

银行渠道。一方面是在岸流出离岸：同业拆借、人民币担保(内保外贷)［2014年5月12日，国家外汇管理局发布《跨境担保外汇管理规定》(汇发〔2014〕29号)］、人民币贷款。香港银行与内地银行或海外银行的人民币同业往来拆借越来越多。境外银行通过SWIFT系统将资金收付信息传至境内代理行，境内代理行通过同业拆借为境外银行拆出人民币资金。由于境内外利差倒挂，清算行和代理行以拆出为主。另一方面是离岸流入在岸：境外结汇人民币流入、境外同业及联行拆入，人民币外债、人民币担保（外保内贷)、人民币贷款［前海、昆山、苏州工业园区《苏州工业园区跨境人民币创新业务试点管理办法》(2014年6月13日发布)］、天津生态城试点①［《天津生态城跨境人民币创新业务试点管理办法》《天津生态城跨境人民币创新业务试点管理办法实施细则》(2014年7月9日发布)］，天津、苏州、重庆与新加坡跨境人民币创新业务试点《天津与新加坡跨境人民币创新业务试点管理办法》(2016年4月28日发布）。境内金融机构同时在两个市场充当做市商或者报价

① 2014年7月9日，中国人民银行天津分行在官方网站发布一则通告称，近日，中国人民银行总行批复人民银行天津分行，同意在天津生态城开展中新两国跨境人民币创新业务试点，试点创新业务包括：①新加坡银行机构对生态城企业发放跨境人民币贷款；②股权投资基金人民币对外投资；③生态城内企业到新加坡发行人民币债券；④个人经常项下及对外直接投资项下跨境人民币业务。2014年7月9日，天津市政府与中国人民银行天津分行发布《天津生态城跨境人民币创新业务试点管理暂行办法》和《天津生态城跨境人民币创新业务试点管理暂行办法实施细则》。2014年7月9日，中国建设银行新加坡分行与天津分行迅速联动，向天津生态城投资开发有限公司签约发放一笔期限3年、金额5 000万元人民币的跨境人民币贷款。2016年上述政策已扩展至天津市全市范围。

行，在两地开展针对客户需求的结售汇服务，成为流通的重要通道。

官方渠道。通过人民币清算行实现人民币从离岸市场回流到在岸市场，境外参加行可通过清算行卖出人民币，但境外清算行有总额度的限制，在跨境贸易结算项下中银香港的净卖出限额为80亿元人民币。

个人渠道。一般的流出方式有香港居民兑换、内地居民携带现钞、个人境外投资等。香港居民通过香港持牌银行兑换人民币没有上限，持牌银行则可以通过清算行平盘。同时通过非居民的存款实现人民币的回流。

自贸区渠道。通过在自贸区特有的政策优势，如跨境双向人民币资金池、第三方支付公司与商业银行合作跨境电子商务结算等实现在岸市场与人民币离岸市场之间的流动。

（3）在岸、离岸市场对跨境资金流动的影响。离岸金融市场一向都推崇金融自由化，在离岸金融市场上从事交易投资活动很少会受到金融管制。离岸金融市场所在国相较货币发行国对离岸市场的管制很少，具体表现在存款保险要求、汇率水平、存款准备金要求、利率水平等方面管理较为宽松。

随着离岸金融市场的业务范围不断延伸和扩展，货币、证券、保险等离岸业务也都迅速开展起来，这样就使得离岸金融市场的业务主体不再局限于单一的离岸银行业务。离岸业务越来越呈现出多样化的特点，各种证券、保险业务不断发展，而且离岸金融市场的各种业务之间没有界限，经营模式也很灵活，进一步刺激了离岸业务的发展。伴随人民币离岸市场的发展，离岸市场的宽松制度环境、资本的逐利性，使得资金的跨境流动更加复杂、隐蔽。

## （三）我国自贸试验区建设与跨境资金流动

### 1. 我国现有自贸区状况

2013年8月，国务院批复成立中国（上海）自由贸易试验区。2014年12月，国务院批复成立中国（广东）自由贸易试验区、中国（天津）自由贸易试验区、中国（福建）自由贸易试验区3个自贸区。2016年8月，国务院批复成立中国（辽宁）自由贸易试验区、中国（浙江）自由贸易试验区、中国（河南）自由贸易试验区、中国（湖北）自由贸易试验区、中国（重庆）自由贸易试验区、中国（四川）自由贸易试验区、中国（陕西）自由贸易试验区7个自贸区。目前自贸区的格局是“1+3+7”的格局，基本覆盖了东部沿海地区、中西部以及东北、西北地区。从各大自贸区的建设定位和特点来看，上海体现综合性，天津服务京津冀协同发展，广东力推粤港澳一体化，福建主打两岸经济合作和海上丝绸之路，辽宁助力东北振兴和工业转型，浙江聚焦海洋战略和大宗商品，河南聚焦打造交通物流枢纽，湖北打造创新和产业高地，重庆打造西部开放门户城市，四川主打西部国际开放通道枢纽，陕西定位引领丝绸之路经济带。各大自贸试验区将成为“一带一路”倡议以及长江经济带、京津冀协同发展、东北振兴、中部崛起、西部大开发等区域发展战略的重要支点。

### 2. 自贸区内相关金融政策

自贸区在政策制定方面有比较大的突破，在总体原则方面，围绕着服务实体经济发展，坚持金融服务实体经济发展、服务产业转型升级；深化体制机制改革，向简政放权方向改革，推动市场要素双向流动；更加注意有效防范金融风险，建立健全系统性风险预警、防范和化解体系，守住风险底线，切实做好各项应急预案，及时化解和处置风险隐患。

（1）探索投融资汇兑便利化。促进企业跨境投资，我国对自贸区跨境投资实行的核准制转变为备案制，但有关部门规定的对国内投资项目保留的项目不在这个政策范围内。此外，有关政策还规定银行可直接为投资者办理跨境收入和兑换等金融业务，在一定程度上给投资者带来了便利。这些政策的出台方便了企业的跨境投资。

促进个人跨境投资，在自贸区以前，如果境内的个人投资者想投资海外市场，唯一的渠道是通过公募基金组织其“组团”出海而获得合格境内投资者（QDII）身份来完成投资，而境外个人进行投资必须获得 QFII 资格的认证。而自贸区成立后，只要个人符合条件并且在区内就业，可按规定开展各类境外投资。

促进资本市场开放，上海地区的证券交易所和期货交易场所可以允许不违反规定的自贸区内的金融机构和企业进行投资和交易。这个政策会使资本市场中的资金来源渠道更宽广，增加市场资金流量，但是也可能会造成资本市场面临越来越大的风险。

促进对外融资，在自贸区内注册的非银行类金融机构和其他类的经济组织，如果其没有违反相关规定，那么这些组织和机构可以直接从境外进行融资。这个政策冲破了有关境外融资的各种限制条件，开创了一种新的融资模式。

（2）扩大人民币跨境使用。便利跨境人民币结算，凭收付指令为区内个人办理经常项下和直接投资项下的跨境人民币结算业务。这个政策不仅能加大使用人民币的次数，还能提高投资效率，增加银行等金融机构的业务范围，机构也能从中得到益处。

促进传统金融业与互联网的结合，上海地区为了给跨境电子商务提供人民币结算服务，银行等金融机构和互联网支付机构强强联手开展业务。这个举动对传统金融机构、互联网金融、电子商务业的发展都起到积极的推动作用，这三者联合起来可以促进经济获得进一步发展。

建立人民币资金池，一部分企业会针对自身在自贸区的发展和管理目标开展资金池业务，实现资金的余缺调剂，提高资金使用效率，使人民币在全球范围内循环。此外，还能提高人民币在世界经济中的地位，促进人民币实现国际化。

（3）贸易投资便利化。在真实合法交易基础上，进一步简化流程，自贸试验区内货物贸易外汇管理分类等级为 A 类的企业，货物贸易收入无须开立待核查账户，允许选择不同银行办理经常项目提前购汇和付汇。简化直接投资外汇登记手续，直接投资外汇登记下放银行办理，外商投资企业外汇资本金实行意愿结汇。放宽自贸试验区内机构对外放款管理，进一步提高对外放款比例。

（4）深化外汇管理改革。推进试验区总部经济，扩大跨国公司总部外汇资金集中运营管理试点企业范围，进一步简化外币资金池管理，深化国际贸易结算中心外汇管理，促进贸易投资便利化。此举鼓励企业充分利用境内外两个市场、两种资源，自贸区内资金的双向自由流动将会实现，不仅可更好地帮助境内企业“走出去”、境外企业“引进来”，也为国际贸易便利化、提高总部资金管理水平提供了新路径，有助于企业实现产业链的全球管理。

简化外汇投资登记手续，将直接投资项下外汇登记及变更登记下放银行办理，加强事后监管。并允许区内外商的外汇资金实行意愿结汇。此举既简化了外商直接投资的外汇手续，又对其实行了意愿结汇制，将有助于鼓励外商直接投资，拓宽区内企业的融资渠道，实现投融资的便利化。

完善结售汇管理，逐步放开对国外投资者的投资结算额度限制，并取消上海自贸区的银行结售汇制度。一直以来，兑换人民币都受到相关政策的限制，而结售汇制度的改变很可能改变这一现状，最终实现人民币自由兑换。

实行限额内资本项目可兑换，在自贸试验区内注册的、负面清单外的境内机构，按照每个机构每自然年度跨境收入和跨境支出均不超过规定限额（暂定等值 1 000 万美元，视宏观经济和国际收支状况调节），自主开展跨境投融资活动。限额内实行自由结售汇。符合条件的自贸试验区内机构应在天津地区银行机构开立资本项目——投融资账户，办理限额内可兑换相关业务。

推动外债宏观审慎管理，逐步统一境内机构外债政策。自贸试验区内机构借用外债采取比例自律管理，允许区内机构在净资产的一定倍数（暂定 1 倍，视宏观经济和国际收支状况调节）内借用外债，企业外债资金实行意愿结汇。

3. 自贸区的建立对资本流动的影响

（1）自贸区建立了国内外资金流入流出的缓冲地带。自贸区建成后，创新改革政策放松了对国外资本流入和流出的限制。上海提出，参与证券和期货投资的证券场所是将自贸区内的企业和金融机构扩展至整个上海地区。投融资地域范围的扩大有利于资金汇集。如果国外总公司在自贸区筹建登记自己的子公司，那么该公司在我国投资也相对比较容易，这是央行颁布的政策性措施。此外，这些国外公司还得到在国内发行人民币债券的权力等。随着我国针对海外投资措施的颁布，越来越多的国家企业、公司或金融机构都想入驻我国的自由贸易区。此外，政策还积极引导国内的民营资金与国外资金合作，构建合资银行。这些机构不仅数量多而且种类多，而且自贸区内人民币的结算方式也更加方便，会吸引数量更多的境外资金在区内聚集。从长远来看，有利于促进跨境资本流动。国外的投资组织也能通过该方式来实现人民币与外币的兑换和贸易往来，从而使人民币能全方位地参与资本运作。人民币的自由兑换会随着资本账户的逐步开放而实现，利率也会随市场自由浮动，推动跨境资本流动的发展，进一步推进人民币开放进程，最终使人民币走向国际化。

（2）推动跨境资本流动发展。随着自贸区的建立，特别是上海自贸区的成立，在有关的规定中明确提出上海自贸区需要加强自身在金融方面的服务能力。因此，在实施各项规定时，这方面的内容也得到了重点关注。另外，央行已经在发布的文件中允许国外公司进入期货市场，激励金融市场发挥创新精神，不断推出新的产品，也允许在自贸区中筹建中外合资或国外独资银行等。自由贸易区在 2013 年 9 月正式成立，许多的金融组织选择入驻贸易区，并进行金融方面的贸易往来。来自我国政策和人民币市场的激励，会使自贸区中的人民币金融产品不断推陈出新，并不断扩展人民币回流的途径。离岸人民币存储、债券发行、兑换，在国外使用人民币进行资本投入等都将是一种新的金融业务机遇。人民币境外持有者有了更多的投资选择机会，预期会得到更多收益，所以预期可能会加大持有人民币数量。反过来，资本项目会在离岸市场的作用下变得更加开通。目前，自贸区的人民币离岸市场成立的时间还很短，它将在金融市场更加开放的未来收获足够的发展前景。上海有着良好的金融基础和优良的地理位置，人民币离岸市场的形成会对中国其他城市产生非常大的影响，国内的其他城市可以在金融市场方面向上海借鉴成功经验。人民币离岸市场在香港的建立为上海离岸市场的发展提供了范例。上海和香港作为人民币离岸市场的发展地，必将推动人民币资本跨境流动的稳步发展。

（3）提升跨境人民币投资以及计价结算份额。自贸区设立之后，为了让境外投资变得更加方便，《意见》① 和《方案》中明确提出"扩大人民币跨境使用"，符合条件的企业可以开展双向人民币资金池业务，也提出简化企业以及简化个人投融资手续的政策。所以我们可以在对人民币结算业务的发展预计的同时，扩大对人民币的使用规模，并进行直接投资。目前央行已经减少了贷款利率，加大了我国银行在进行海外投资中的优势，也使我国资金的跨境流动更为方便。我国在对外投资中的主要计价单位是美元，这种方式可能会受到汇率变动的影响，从而增加贸易成本和风险，人民币在金融行业的计价问题也值得考虑。

自贸区成立以后出台了一系列促进跨境资本流动的政策。这些政策的出台将为市场长期的跨境贸易带来便利，也促使资金向海外流动。我国一直是国际贸易需求大国，受此次金融政策开放的影响，企业可以从事对外贸易，促进资本跨境流动，提高人民币的商品计

① 意见包括以下文件：中国人民银行关于金融支持中国（天津）自由贸易试验区建设的指导意见；中国人民银行关于金融支持中国（广东）自由贸易试验区建设的指导意见；中国人民银行关于金融支持中国（福建）自由贸易试验区建设的指导意见。

价和人民币结算的使用率。同时，《意见》的颁发还促进了跨境融资业务的发展。通过这些政策的积极引导，未来我国的金融机构将会发展出更多的创新产品，使更多的产品在国外以人民币计价。人民币跨境直接投资所占的比例越来越大，人民币资本项目也越来越开放，资本跨境流动将进一步发展。

（4）进一步满足促进跨境资本的条件。自贸区设立之后的《方案》以及《意见》的出台是中国第一次这么大程度地开放自贸区金融市场。自贸区内明确提出要让金融的海外开放政策放宽，加强人民币在外的使用率，加快人民币的兑换速率，将人民币与其他外币的利率市场化，实现限额内资本项目可兑换。监管部门为了实现与国际部门的接轨，在一定程度上对自贸区的金融管制有所放宽。比如在《进一步推进中国（上海）自由贸易试验区金融开放创新试点、加快上海国际金融中心建设方案》（〔2015〕第999号）中明确提出“创新外汇管理体制，探索在自贸试验区内开展限额内可兑换试点。围绕自贸试验区和上海国际金融中心建设目标，进一步创新外汇管理体制。放宽跨境资本流动限制，健全外汇资金均衡管理体制。统筹研究进一步扩大个人可兑换限额。根据主体监管原则，在自贸试验区内实现非金融企业限额内可兑换。逐步扩大本外币兑换限额，率先实现可兑换。”后来的广东、天津、福建等都在深化外汇改革方面提出了一系列创新举措。在金融服务对内对外开放方面“探索市场准入负面清单制度，开展相关改革试点工作。对接国际高标准经贸规则，探索金融服务业对外资实行准入前国民待遇加负面清单管理模式。推动金融服务业对符合条件的民营资本和外资机构扩大开放。”这些政策的放宽无疑给资本实现跨境流动带来了便利。

# 第二节　我国跨境资金流动的国际背景分析

## 一、国际经济形势

### （一）美国经济形势

2008年国际金融危机后，作为全球经济增长的发动机——美国经济增速迅速跌入负区间，2008年第四季度季调后的环比折年增速曾深跌至-6.8%。直到2009年第二季度，经济增速才开始由负转正，实现了0.5%的环比增长。此后，在扩张性货币、财政政策的刺激下以及一系列的经济政策支持下，经过五六年的调整，并于2014年初步摆脱金融危机的直接困扰，呈现出整体复苏的景象。截至2014年，其复苏主要表现在消费的复苏（去杠杆接近尾声）、房地产复苏（去泡沫显效）、金融复苏（去风险加速）、企业复苏（制造业回归）等几个方面。截至2016年12月的第二次加息（美国金融危机以来的第二次加息），美国已基本呈现出全面复苏状态。

美国2017年第二季度数据显示（见图4-10），第二季度实际GDP年化季环比初值为2.6%，较前一季度1.4%显著提高，从分项数据上看，第一季度个人消费支出对GDP的拉动率上升至1.3%，显著高于0.2%的初值，第二季度个人消费增速进一步上升1.9%，显示美国国内消费需求并未如想象中疲弱。但值得注意的是，第二季度个人消费物价指数环比仅上升0.1%，创下2015年12月以来的最低值，这其中部分反映了油价的下滑，但也部分反映了近期美国通胀的疲软。而第一季度私人投资拉动率则下降至0.9%，第二季度初值进一步回落至0.4%。此外，私人库存对于经济的拖累则有所减轻，从上月的-1.5%升至零，而净出口对经济的贡献率维持在0.2%。总体上看，美国第二季度GDP数据在一定程度上打消了市场对美国经济下行的担忧，显示美国经济仍处在稳健扩张的趋势中。

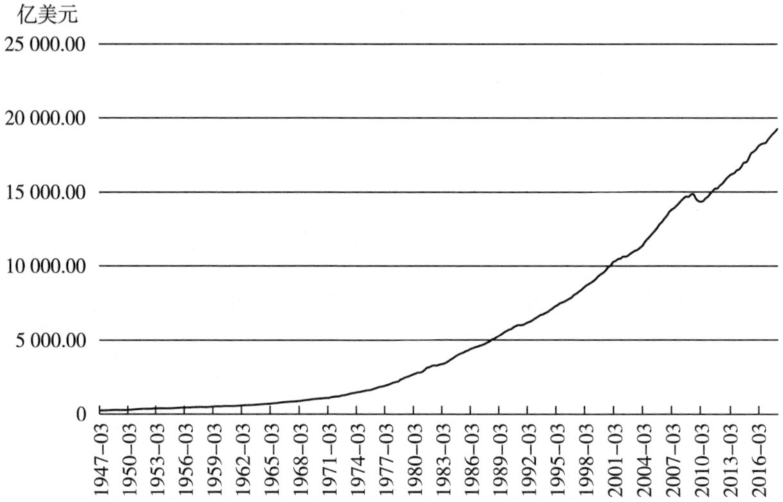


数据来源：美国经济统计局。

**图4-10　美国GDP总量发展趋势**

从景气指数上看（见图4-11），美国7月Markit制造业PMI初值显著回升，达到53.2，高于预期的52.2，以及上月的52；服务业PMI指数则与上月持平，略高于预期，使得7月综合PMI初值达到54.2。另外，费城、纽约等地方联储调查数据本月则大多出现回落，这似乎预示着本月Markit与供应管理协会（ISM）PMI指数的分化将出现一定的收敛。总体来看，美国制造业目前仍在稳健扩张的区间。7月美国消费者信心指数依然维持高位，美国谘商会7月消费者信心指数由上月的117.3上升至121.1，高于预期的116.5，而此前公布

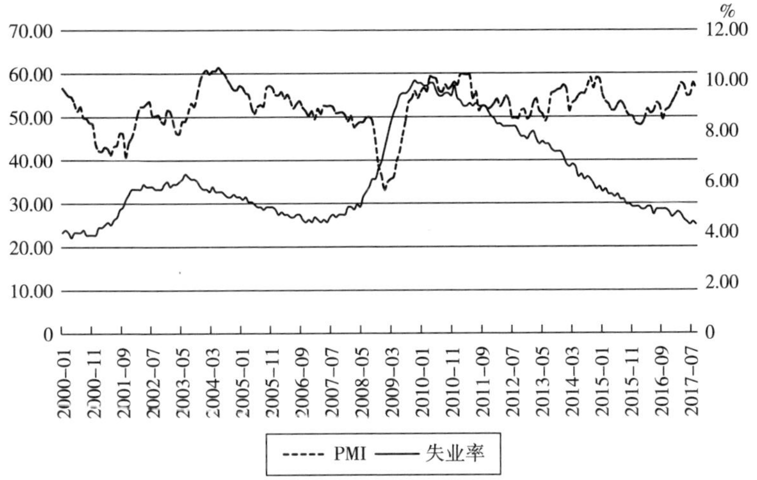


数据来源：美国经济统计局。

**图 4－11　美国失业率及 PMI 指数**

的密歇根大学消费者信心指数终值调整为 93.4，高于初值的 93.1，但低于上月的 95.1。

## （二）欧洲经济形势

欧洲经济前行之路充满坎坷，在遭遇金融危机冲击之后，又于 2011—2013 年深陷债务—银行业危机泥淖之中，此后再度面临英国脱欧，痛苦的财政紧缩、犹犹豫豫的货币政策举措，经济曾一度有再次滑入深度衰退深渊的风险。地缘政治冲突带来的难民问题，长期经济疲弱下累积的联盟成员离心力量与具有较强鼓励倾向的右翼政治势力相互交织、互相汇融，欧洲风险持续为市场投资者所担忧。

2015 年 3 月欧央行实质启动大级别 QE 以来，欧元区整体金融和融资条件出现改善，家庭贷款温和扩张，购房贷款和消费贷款同比增速均有所回升，企业融资需求也有所增加。同时，在德国带领的严厉财政政策要求下，欧元区财政—债务风险明显缓解。2015

年，欧元区财政赤字占 GDP 比例为 2.1%，改善较为明显。特别地，希腊、爱尔兰、葡萄牙、西班牙等国财政赤字改善较为显著。这意味着，未来欧洲国家财政紧缩对经济的拖累效应边际上将明显下降，一些财政状况较好的经济体如英国，财政方面还有所扩张。

在外部环境方面，美国经济持续复苏的牵引效应（前期弱势欧元），其中与美国经济关系较紧密的爱尔兰就是典型。伴随前期市场担心的欧洲政治风险逐渐消弥，在近期欧洲经济复苏的基础上，未来消费者和投资者信心预期将会有所改善增强，经济改善势头将得以延续。

在上述一系列影响因素之下，2016 年下半年以来，欧洲经济（欧元区经济）出现转机，并呈现持续改善的势头。英国 2017 年第二季度 GDP 环比由上季度的 0.2% 升至 0.3%，符合预期，但 GDP 同比增速则继续回落至 1.7%。英国通胀上行对于私人消费的抑制效应开始逐步显现。其中，第二产业对 GDP 的拉动率回落 0.2% 至 -0.1%，而第三产业对 GDP 的拉动率则由第一季度的 0.1% 升至 0.4%，是 GDP 环比增长的主要原因。

2017 年 8 月欧盟统计局（Eurostat）公布欧元区第二季度 GDP 季环比增长修正值为 0.6%。当季欧盟 28 国 GDP 环比增长 0.6%。欧元区和欧盟 28 国第二季度 GDP 修正值均高于第一季度数据的 0.5%。此外，修正后，欧元区第二季度 GDP 同比增长 2.2%，略好于预期的 2.1%。当季欧盟 28 国 GDP 修正值同比增长 2.3%，好于上一季度。2017 年 8 月 24 日英国统计局公布的英国第二季度 GDP 年率修正值为 1.7% 与前值持平，第二季度 GDP 季率修正值 0.3% 与前值持平，表明英国经济扩张明显放缓。根据法国统计局 2017 年 7 月发布的报告显示，第二季国内生产总值（GDP）初值较前一季增长0.5%，出口攀升帮助抵消掉企业库存下降和商业投资放缓的影响，这使法国连续三个季度获得0.5%的增长率。2017年8月15日德国联邦统计局公布德国第二季度GDP经季调后环比增长0.6%，连续第12个季度增长，与上年同期相比，第二季度GDP增长2.1%，创三年来最大增幅。

（三）日本经济形势

日本经济在“安倍经济学”刺激下，日元下跌，企业利润飙升，经济增速高于潜在水平，趋于向好。2017年8月14日，日本内阁府公布了2017年该国第二季度经济数据，其中，第二季度国内生产总值折合年率环比增长4%（预估为2.5%），第一季度经修正后为1.5%；私人消费环比增长0.9%（预估为0.5%），企业支出增长2.4%（预估为1.2%），净出口削减国内生产总值增长0.3个百分点。截至2017年第二季度，日本经济已连续6个季度保持正增长，为近11年来最长纪录，是2006年以来日本经济最长扩张期。

根据数据发现，内需是第二季度日本经济增长的主要动力。其中，个人消费占日本当季GDP约六成且环比增长0.9%，为3年多来最快增速。此外，在国内投资方面，第二季度国内投资增加显著，第二季度资本支出较前一季度大增2.4%，为预估中值1.2%增幅的两倍，也是2014年第一季度以来企业投资增长最快的一个季度。日本政策投资银行此前公布的设备投资计划调查结果显示，日本大企业2017年度的国内设备投资额将达到17.8390万亿日元，比2016年度的实际投资额增长11.2%。如投资按计划完成，将是连续第6个年度实现增长。与此同时，2016年度第二次补充预算的效果也有所显现，公共投资出现5.1%的高增长，住宅投资也增长1.5%。上述内需对实际GDP的拉动效果达到1.3%。总体而言，日本经济目前呈现出向好的趋势，也表现出复苏的迹象。但是日本经济将依旧矛盾重重，面临着“增长疲弱+通缩压力”的双重困局需要解决。

## 二、国际经济政策

国际金融危机之后，为应对金融危机的冲击，各国分别采取了积极宽松的货币政策和积极的财政政策（见表4-3和表4-4）。随着经济政策效果的显现，全球经济得到了一定的恢复，尤其是美国经济呈现出良好态势，也给全球经济回暖带来了动机。此时全球的刺激政策也出现了分化，2017年上半年，继美联储宣布加息缩表之后，全球主要央行都在次贷危机后持续约10年的货币宽松政策上有所动作。英国央行将时隔10年的货币紧缩纳入视野，欧洲中央银行（ECB）将“趋于宽松”的政策方针恢复为中立。

**表4-3　　全球货币政策一览**

| 主要央行 | 货币政策 | 现行利率 |
| --- | --- | --- |
| 美联储 | 6月会议美联储宣布调高联邦基准利率25个基点 | 1%～1.25% |
| 欧洲央行 | 2016年进行了包括下调三大利率、将非银行债纳入购债范畴、以及新一轮的TLTRO的超额预期宽松政策 | 0.40% |
| 英国央行 | 2016年8月英国央行降息25个基点，增加资产购买计划规模至4 350亿英镑 | 0.25% |
| 日本央行 | 2016年引入负利率 | -0.10% |
| 澳大利亚联储 | 2016年宣布基准利率下调25个基点 | 1.50% |
| 新西兰联储 | 2016年新西兰联储宣布下调官方现金利率25个基点至历史低位 | 1.75% |

资料来源：根据公开资料整理。

表 4－4　　2017 年部分国家相关政策

| | | |
|---|---|---|
| 2017 年 7 月 | 美联储 | 美联储宣布维持联邦基金利率目标区间在 1%～1.25% 的水平 |
| 2017 年 2 月 | 英国央行副行长豪格 | 英国央行有必要提出退出量化宽松的时间 |
| 2017 年 6 月 | 英国央行行长卡尼 | 如果货币政策委员会面临的焦灼减轻，而政策决定因此变得更加常规化，一些货币刺激的移除可能成为必需 |
| 2017 年 7 月 | 日央行 | 日本央行宣布利率决议及政策声明，决议将利率维持－0.1% 不变，维持 10 年期国债收益率为零，维持日本国债持有量年增幅 80 万亿日元的规模。日本央行表示将推后达成 2% 通胀目标的时间点。预计通胀约在 2019 财年达到 2%，此前预计达成通胀目标时间在 2018 年 |
| 2017 年 7 月 | 欧央行行长德拉吉 | 欧元区经济增长呈现“毋庸置疑的进展”，政策制定者计划于 2017 年秋天开始讨论更改 QE 计划 |
| 2017 年 7 月 | 加拿大央行 | 将官方利率上调 25 个基点，将利率由 0.5% 提高至 0.75%，逆转了其在 2015 年对经济采取的部分刺激措施。这是加拿大央行七年以来的首次升息，也是继美联储之后第二家加息的西方主要经济体央行 |

资料来源：根据公开资料整理。

### （一）美国货币政策

2014 年 10 月美联储宣布退出第三轮资产购买计划（即 QE3）后，美国货币政策正常化道路已经开启。此后美联储又维持了联邦基金利率 0～0.25% 的波动区间一年多。在 2015 年 12 月开始本轮货币政策正常化下的首次加息；2016 年 12 月，美联储开始提高加息频率，分别在 2016 年 12 月、2017 年 3 月、2017 年 6 月依次加息 25 个基点，维持了“一季一加”的节奏。进入 2017 年以来，关于美联储缩表的信号越来越强，在屡次加强市场对缩表的预期后，美联储于 6 月公布缩表细节，并于 7 月声明将较快进行缩表。2014 年以来美国的货币政策见表 4－5。

表 4-5　　2014 年以来美国的货币政策

| 时间 | 货币政策 |
|---|---|
| 2014 年 10 月 | 美联储宣布退出第三轮资产购买计划（即 QE3） |
| 2015 年 12 月 | 美联储宣布将联邦基金利率上调 25 个基点到 0.25% ~0.5% 的区间 |
| 2016 年 12 月 | 美联储宣布加息 25 个基点，联邦基金利率从 0.25% ~0.5% 升到 0.5% ~0.75% 的区间 |
| 2017 年 3 月 | 美联储宣布加息 25 个基点，联邦基金利率从 0.5% ~0.75% 调升到 0.75% ~1% 的区间 |
| 2017 年 6 月 | 美联储宣布加息 25 个基点，联邦基金利率从 0.75% ~1% 调升到 1% ~1.25% 的区间 |
| 2017 年 7 月 | 美联储宣布维持联邦基金利率目标区间在 1% ~1.25% 的水平 |

资料来源：根据公开资料整理。

### （二）欧洲货币政策

受国际金融危机和欧洲债务危机的影响，欧洲央行分别采取利率杠杆、常规货币政策工具以及有别于传统货币政策的非常规货币政策工具，如启动资产担保债券购买计划等方式来调节经济，但效果有限。从 2008 年国际金融危机至 2014 年 12 月，欧元区失业率仍保持高位，通胀率为负值。

为了应对区域内持续的通缩压力并促进经济复苏，2015 年 1 月 22 日，欧洲央行行长德拉吉宣布欧元区逾 1 万亿欧元规模资产购买计划（量化宽松）。根据欧洲央行计划，3 月起将每月购买 600 亿欧元政府与私人债券，预计持续至 2016 年 9 月底，必要时可能延长。就具体购债方式来说，欧元区各国央行将按在欧洲央行核心资本中的出资比例购买本国政府及机构债券；欧洲机构债券也由各国央行各自购买；欧洲央行则因在自有核心资本中占 8% 份额而可以购买相应份额的任意成员国债券。

2016 年，欧洲央行分别将量化宽松延长至 2017 年 3 月和 12 月，且表示到期后可再延长。欧洲央行指出，尽管全球经济复苏出现了轻微向好的迹象，但欧元区因结构性改革迟缓和一些领域资产负债调整等原因，未来经济增长预计将受到抑制。2017 年 7 月欧洲央行召开了利率决议，会后行长德拉吉没有对收紧当前宽松货币政策给出时间表，但政策制定者们"一致同意"在夏季休会之后展开开放式的会谈。德拉吉的言论表明市场对欧洲央行会适度收紧政策立场的预期正在不断升温。

（三）日本货币政策

日本是世界上最先采取量化宽松政策的经济体。2001 年 3 月，日本央行决议通过购买长期国债向市场注入流动性。此后日本央行先后设立资产购买计划和贷款扶持政策，并于 2013 年 4 月和 2016 年 1 月先后推出质化和量化的货币宽松政策（Quantitative and Qualitative Monetary Easing，QQE）以及负利率。2013 年4 月，日本央行提前开启开放式资产购买计划，实施质化和量化宽松政策，核心内容是将政策目标由无担保隔夜拆借利率改为基础货币（Monetary Base），大幅提高长期国债（JGBs）、ETF 指数基金和 J－REITs 的购买规模以及贷款支持计划（LSP），从而保持市场充裕的流动性。2015 年 1 月下调超额准备金率 20 个基点至 －0.1%，维持基础货币年增 80 万亿日元不变。2016 年4 月，日本央行宣布维持现有货币政策不变，继续以每年 80 万亿日元的速度扩大货币基础量，并对金融机构存放在央行的部分超额准备金维持 －0.1% 的利率。2017 年 7 月，日本央行宣布利率决议及政策声明，决议将利率维持 －0.1% 不变，维持 10 年期国债收益率为零，维持日本国债持有量年增幅 80 万亿日元的规模。日本央行表示将推后达成 2% 通胀目标的时间点。预计通胀约在 2019 财年达到 2%，此前预计达成通胀目标时间在 2018 年。

## 三、跨境资金流动的国际新变化与新趋势

McGuire 和 von Peter（2012）研究了 2007—2009 年国际金融危机前的国际资本流动后发现，当时欧洲诸国从净资本流动角度看没有显著变化，维持正常资本流动状况。但事实上，欧洲通过国际金融中心在美国融资获得大量美元，这些资本又从欧洲流入美国，尤其流入了美国的房地产市场（见图 4－12）。所以当美国房地产市场面临重大危机，发生次贷危机时，欧洲的金融系统也受到较大冲击。

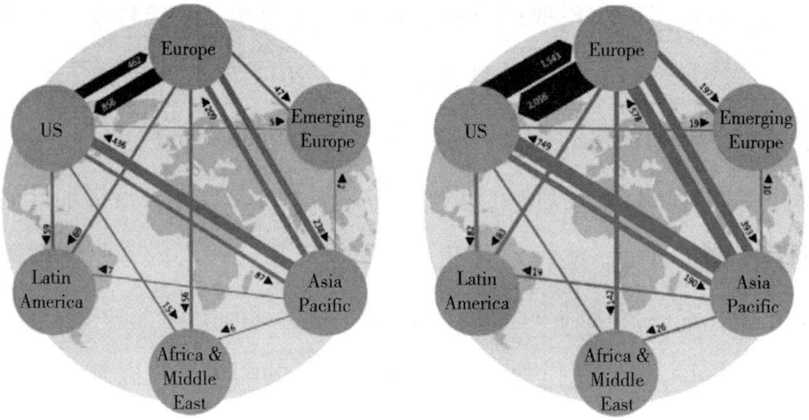


2002年　　2007年

数据来源：BIS Locational Banking Statistics。

**图 4－12　美元计价的总跨境资本流动（单位：10 亿美元）**

国际金融危机后，资本大量流入新兴市场国家，尤其是一些新兴市场的非金融企业。近期，投向居民的信贷也成为新兴市场国家金融周期中不可或缺的部分。而欧元区和新兴欧洲经济体则经历了国内信贷萎缩，相应流出的国际总资本变化也更剧烈，研究表明，

国际总资本流动对国内信贷周期有加强作用（Borio 等，2011；Avdjiev 等，2012）。

从目前的全球背景来看，国际资本流动依然在各个经济体内扰动。其驱动因素主要由全球货币政策的分化导致各国际货币相对的成本出现差异化，进而导致国际资本的逐利性波动。与此同时，新兴经济体经历了快速增长之后，面临经济增速放缓。另外，投资者调整投资组合所引发的汇率剧烈波动。在上述因素影响下，全球资本流动呈现出向欧美发达经济体回流的趋势（见图 4－13）。

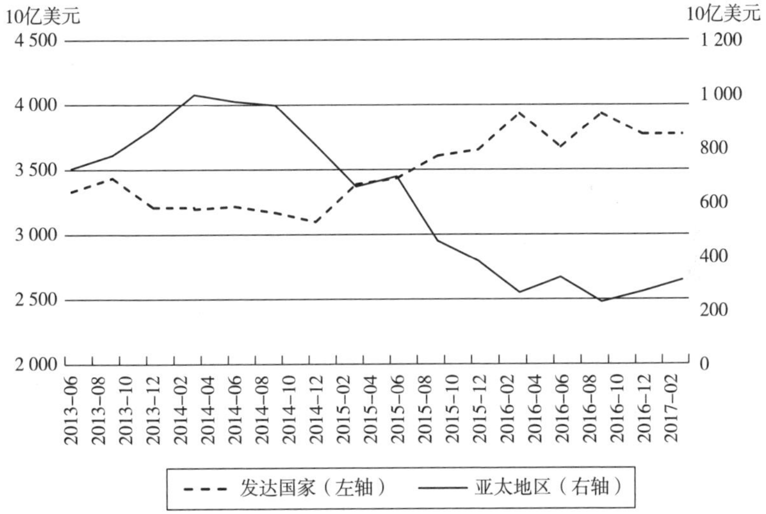


数据来源：BIS Locational Banking Statistics。

**图 4－13　发达国家与亚太地区债权债务净值**

# 第三节　区块链等新技术发展的影响

## 一、区块链的技术内涵

区块链并不是近期才出现的新技术，但真正被国人熟悉是通过近些年火热的比特币。2008 年 11 月 1 日，中本聪（Satoshi nakamoto）在《比特币：一种点对点的电子现金系统》（*Bitcoin*：*A Peer－to－Peer Electronic Cash System*）一文中，详细阐述了基于 P2P 网络技术、加密技术、时间戳技术、区块链技术等的电子现金系统的构架理念，标志着比特币的诞生。

2009 年 1 月 3 日第一个序号为 0 的比特币创世区块诞生，2009 年 1 月 9 日出现序号为 1 的区块，并与序号为 0 的创世区块相连接形成了链，标志着区块链的诞生。区块链（Blockchain）是一种分布式共享数据库（数据分布式储存和记录），利用去中心化和去信任方式集体维护一本数据簿的可靠性的技术方案。该方案要让参与系统中的任意多个节点，通过一串使用密码学方法相关联产生的数据块（即区块，Block），每个数据块中都包含了一定时间内的系统全部信息交流的数据，并生成数据“密码”用于验证其信息的有效性和链接下一个数据库块。区块链是比特币的底层技术。在比特币形成过程中，区块（Block）是一个一个的存储单元，记录了一定时间内各个区块节点全部的交流信息。各个区块之间通过随机散列（也称哈希算法）实现链接（Chain），后一个区块包含前一个区块的哈希值，随着信息交流的扩大，一个区块与一个区块相继续，形成的结果就叫区块链。

区块链技术具有四大特征：一是去中心化，即整个网络没有中心化的硬件或者管理机构，任意节点之间的权利和义务都是均等的，且任一节点的损坏或者失去都不会影响整个系统的运作。二是去信任化，即参与整个系统中的每个节点之间进行数据交换是无须互相信任的，整个系统的运作规则是公开、透明的，所有的数据内容也是公开的，因此在系统指定的规则范围和时间范围内，节点之间不能、也无法欺骗其他节点。三是维护集体化，即系统中的数据块由整个系统中所有具有维护功能的节点共同维护，任何人都可以参与这些具有维护功能的节点。四是系统稳健化（Robustness），即整个系统将通过分数据库的形式，让每个参与节点都能获得一份完整数据库的拷贝。除非能够同时控制整个系统中超过51%的节点，否则单个节点上对数据库的修改是无效的，也无法影响其他节点上的数据内容。因此，参与系统中的节点越多、计算能力越强，该系统中的数据安全性越高。

区块链技术本质是一种互联网基础协议上运行的全新应用层，通过使用数据区块取代了目前互联网对中心服务器的依赖，使得所有数据变更或者交易项目都记录在一个云系统之上，理论上实现了数据传输中对数据的自我证明。从更深远的意义来说，其超越了传统和常规意义上需要依赖中心的信息验证范式，降低了全球信用的建立成本，将有力推动商业模式、金融体系及互联网范式的革新。

## 二、区块链技术对经济金融的影响

区块链技术早已超过了比特币的范畴，以去中心化、分布式存储为中心，区块链将带来广泛的应用场景，在多个领域具备极大的应用价值。区块链技术具有以下几个特点：第一，降低交易成本，消除交易中介存在的必要性，区块链实现了点对点的交易，中央处理或清算组织成为冗余。第二，交易结算几乎是实时的，从而提升了交易效率，大大提高资产利用率。第三，区块链上信息的不可篡改性和去中心化的数据储存方式，使其成为数据和信息记录的最佳载体。第四，可编程的区块链使交易流程实现全自动化，通过在区块链中嵌入预设好的交易规则，达到预定条件则自动完成，可提升交易的自动化程度。根据 Blockchain Angels 数据显示，截至 2017 年 4 月 27 日，全球共有 1 230 家区块链企业。从业务大类角度看，主要聚焦于信息通信、金融保险等（见图 4 - 14）。

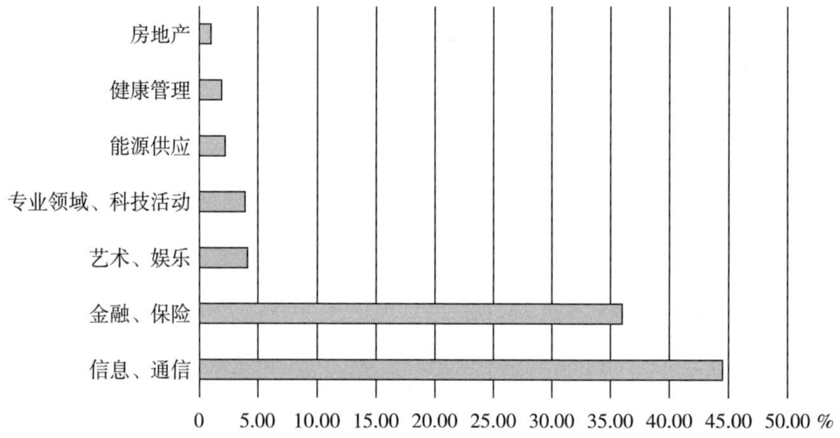


数据来源：Blockchain Angels. Tracker curated by Outlier Ventures。

**图 4 - 14　全球区块链公司业务分类**

## （一）数字货币

随着电子金融及电子商务的崛起，数字货币安全、便利、低交易成本的独特性，更适合基于网络的商业行为，将来有可能取代物理货币的流通。各国央行均认识到数字货币能够替代实物现金，降低传统纸币发行、流通的成本，提高支付结算的便利性；并增加经济交易透明度，减少洗钱、逃漏税等违法犯罪行为，提升央行对货币供给和货币流通的控制力；同时，通过发展数字货币背后的区块链技术应用，扩展到整个金融业及其他领域，确保资金和信息的安全，提升社会整体效能。国泰君安的数据显示，全球数字货币总值已经超过1 200亿美元，且排名前20的数字货币均有良好的流动性。

数字货币通常包括两种，一种是由央行发行的用以替代纸币的数字货币，另一种则是由非央行发行的具有支付能力的数字货币。对于前者各国大多持有积极的态度，但进展差异较大。比如德国强调“央行发行货币的法律效力中并不包括发行数字货币产品。”而英格兰则认为“中央银行应考虑将该技术运用到发行数字货币中”，日本央行和欧洲央行发起了一个联合研究项目研究分布式账簿（也就是区块链）在市场基础设施中的应用。我国关于法定数字货币的研究时日已久，2013年中国人民银行联合五部委发布《关于防范比特币风险的通知》，明确将比特币等非法定数字货币定义为虚拟商品，它不是以货币和法币形式存在，该通知的发布明确了比特币的性质。2016年1月20日，中国人民银行在北京召开数字货币研讨会，表示已成立专门的研究团队，争取早日推出央行发行的数字货币。2017年6月中国人民银行印发《中国金融业信息技术“十三五”发展规划》指出，积极推进区块链和人工智能等新兴技术的研发。

对于后一种数字货币，各个国家的态度迥异。有些国家认为数字货币是未来货币的一种，正在研究数字货币或电子货币的实施问题。在德国成为首个承认比特币合法地位的国家之后，世界上首个比特币ATM在加拿大温哥华投入使用，2016年日本也首次批准数字货币监管法案，并将之定义为财产。澳大利亚目前正在积极推动比特币成为正式货币，同时将数字货币交易所纳入澳大利亚交易报告分析中心（AUSTRAC）的监管。韩国已经出台《非许可融资行为规制法实施令》，对非法数字货币投资，可以做到有法可依，并成立了由央行、金融监管机构和数字货币公司组成的数字货币工作组。

有些国家认为数字货币不是货币，而是商品。2017 年 8 月，墨西哥央行行长 Augustin Carstens 在墨西哥技术大学 ITAM 授课时表示，由于比特币不具备信用货币所需的中央银行担保，所以不符合货币的广泛定义。2015 年 9 月，美国商品期货交易委员会（CFTC）就将比特币判定为商品，并受到《商品交易法案》（*Commodity Exchange Act*）监管。2017 年 9 月 4 日，中国人民银行、中央网信办、工业和信息化部、工商总局、中国银监会、中国证监会、中国保监会七部门联合发布《关于防范代币发行融资风险的公告》，公告中明确了代币发行融资是指融资主体通过代币的违规发售、流通，向投资者筹集比特币、以太币等所谓“虚拟货币”，本质上是一种未经批准非法公开融资的行为，涉嫌非法发售代币票券、非法发行证券以及非法集资、金融诈骗、传销等违法犯罪活动，并全面叫停所有代币发行融资活动。

### （二）跨境支付与结算

区块链将可摒弃中转银行的角色，实现点到点快速且成本低廉的跨境支付。通过区块链的平台，不但可以绕过中转银行，减少中转费用，还因为区块链安全、透明、低风险的特性，提高了跨境汇款的安全性，以及加快结算与清算速度，大大提高资金利用率。未来，银行与银行之间可以不再通过第三方，而是通过区块链技术打造点对点的支付方式。根据麦肯锡的测算，从全球范围看，区块链技术在 B2B 跨境支付与结算业务中的应用将可使每笔交易成本从约 26 美元下降到 15 美元，其中约 75% 为中转银行的支付网络护费用，25% 为合规、差错调查，以及外汇汇兑成本。

### （三）证券发行与交易

区块链技术使得金融交易市场的参与者享用平等的数据来源，

让交易流程更加公开、透明、有效率。通过共享的网络系统参与证券交易，使得原本高度依赖中介的传统交易模式变为分散的平面网络交易模式。这种革命性交易模式在西方金融市场的实践中已经显现出四大优势：第一，能大幅度减少证券交易成本，区块链技术的应用可使证券交易的流程更简洁、透明、快速，减少重复功能的 IT 系统，提高市场运转的效率。第二，区块链技术可实时地记录交易者的身份、交易量等关键信息，有利于证券发行者更快速清晰地了解股权结构，提升商业决策效率；公开透明又可追踪的电子记录系统同时减少了暗箱操作、内幕交易的可能性，有利于证券发行者和监管部门维护市场。第三，区块链技术使得证券交易日和交割日时间间隔从 1 ~3 天缩短至 10 分钟，减少了交易的风险，提高了交易的效率和可控性。第四，区块链技术可以促进金融机构或者金融市场更加有效地进行金融创新。比如依赖于区块链技术，金融机构可以将流动性较差的黄金等金融资产进行数字化，形成数字货币，进行支付。与传统的金融资产证券化相比，这一金融创新不会增加市场的杠杆，但却提供了市场必需的流动性，便于金融消费者更好地管理流动性差的资产的风险。

### （四）金融监管

由于区块链中详细地记录了客户信息与交易记录，因此该技术可以很好地应用于金融监管。首先，基于区块链技术的数字货币流动记录了每一单位数字货币流动的来龙去脉，可以有效监测非法的洗钱交易，也可以有效区分跨境资金交易的合法性，提高监管效率。其次，区块链的信息有助于银行识别异常交易并有效防止欺诈。区块链的技术特性可以改变现有的征信体系，在银行进行“认识你的客户”（KYC）时，将有不良记录客户的数据储存在区块链中。客户信息及交易记录不仅可以随时更新，同时，在客户信息保护法规的框架下，如果能实现客户信息和交易记录的自动化加密关联共享，银行之间能省去了许多KYC的重复工作。银行也可以通过分析和监测在共享的分布式账本内客户交易行为的异常状态，及时发现并消除欺诈行为。

区央链技术在推动金融创新方面，主要有三个重要因素，技术进步、监管套利和市场需求变化，区块链技术近年来快速发展，全球各方都对其表示极大热情，都相信未来区块链技术将会应用到各个领域，将极有可能改变我们的生产、生活和社会规则，并且已经在很多场景中进行了实践。作为一个新兴的技术，给社会带来便利的同时，也必将带来一些困扰，对金融业而言，区块链去中心化、可追溯、匿名性的特点，对金融监管技术和模式带来全新挑战。在传统监管模式下，只要锁定客户，通过管理员身份，可以由后台直接调取中心系统的数据，进而掌握客户账户下的资金等往来信息，但在区块链技术下，由于没有中心系统，很难锁定客户的多个匿名账户，除非掌握秘钥，否则很难了解资金去向，这极可能被犯罪分子利用，带来洗钱、诈骗、偷漏税等一系列监管新难题。同时，区块链技术在国际支付、跨境支付方面也取得了一定的成果，区块链技术的应用也将会导致资金的跨境流动更加便捷，这也将对现行的监管造成较大的冲击。

# 第五章　我国跨境资金流动影响因素分析

## 第一节　宏观经济因素对跨境资金流动的影响

### 一、货币供给变化影响

改革开放以来，我国货币供给一直保持较高的增长速度，尤其是20世纪90年代以来，图5－1是1992年12月到2016年6月我国广义货币 $M_2$ 与GDP月度增长速度的趋势。以广义货币供给 $M_2$ 来看，平均增长速度为17%左右，最高曾高达37.30%。最近5年，$M_2$ 增长速度有所下降，基本处于10%～15%的增长范围内，但2009年到2010年 $M_2$ 出现大幅增长，最高接近30%。

我国货币供给增加的一个主要渠道是结售汇制度下持续的巨额贸易顺差导致货币供给大幅被动增加。由于货币供给增加时采用的是即期结汇价格，因此央行资产负债表中体现的货币供给是采用历史汇率价格计算得到的，而且货币供给增加后是不会变化的，除非央行采用对冲操作。但是央行资产中的外汇储备价值随汇率价格变化而变动，因此当人民币汇率升值时，其实际资产的人民币价格是

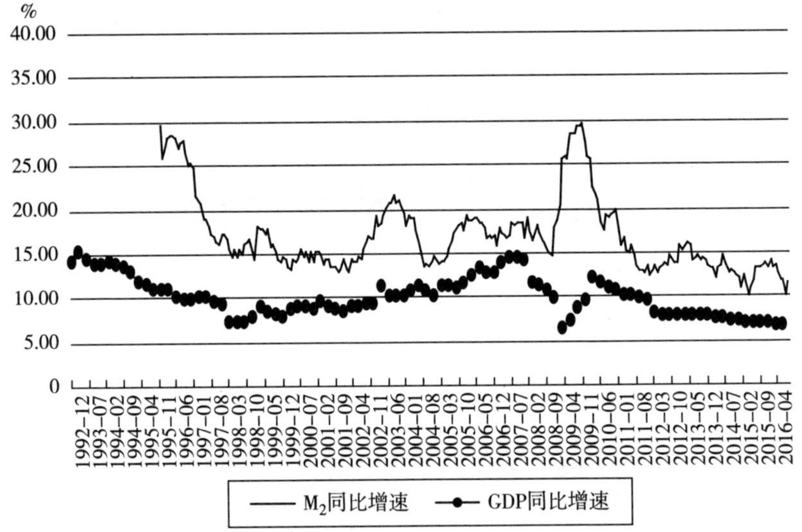


图 5 - 1　1992 年 12 月至 2016 年 6 月我国 $M_2$ 与 GDP 同比增速情况

下降的，但对应的负债货币发行却没有变化。汇率升值将导致货币供给高于外汇储备价值的情况，出现超额供给。实体经济的持续放缓，导致对货币的需求明显下降，从而使得货币出现超额供给。

图 5 - 2 是货币供给增加对我国本外币跨境资金流动的影响示意图。货币供给的增加导致私人部门所持的本币计价财富增加，但持有货币的数量超出了其愿意持有的比例，因此对国内外债券的需求也将同时增加。随着货币供给的增加，货币市场曲线将向右移动至 MM1。对国内外债券需求的增加则推动国内债券市场曲线左移至 BB1，而国外债券市场曲线右移至 FF1，并在 A1 重新实现均衡。在 A1 点，均衡的利率下降至 $r_e^1$，但人民币对外币汇率则上升至 $S_e^1$。在均衡实现的过程中，对国外债券的需求导致私人部门卖出本币，买入外币，即存在资本流出的需求。如果不存在资本流动限制，必然出现跨境资金的净流出。

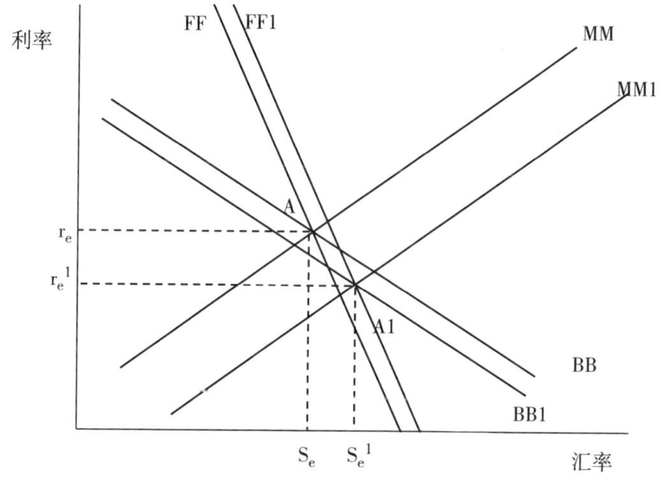


**图 5－2 货币供给增加对跨境资金流动的影响**

假定资金是自由流动的，那么在自由浮动汇率制下汇率应当贬值到 $S_e^1$，但实际上央行在外汇市场进行干预，以避免汇率快速大幅贬值，这就导致实际汇率可能要小于 $S_e^1$。在这种情况下，央行必须买入外汇市场超额卖出的本币，卖出外汇储备资产，导致外汇储备下降。在贬值预期较小的情况下，维持汇率在合意水平的成本是可承受的，但如果汇率贬值预期太大，维持的成本将超出可承受水平。货币供给的增加在国内投资者平衡资产组合的驱动下，导致跨境资金流出，汇率出现贬值。

## 二、政府债务变化影响

另外一个需要特别强调的因素是政府债务变动。政府债务的增加主要有两个来源，一是政府部门的消费支出增加，二是政府主导的投资支出增加。考虑到在国际上政府支出的增加通常采用发行债券的方式获得资金，研究统计了我国政府公开发行债券与票据情况，

图 5－3 反映了我国政府债务一直保持快速的增长趋势，并且 2009—2010 年以及 2013—2015 年两个期间的增速都超过了 10%。其中，地方政府债券首次出现在国际金融危机后的 2009 年，并在 2015 年和 2016 年出现了快速增长，迄今规模已经超过了 97 000 亿元人民币，约占国债规模的 83. 10%。这种变化与我国地方政府债券的管理密切相关。国际金融危机之前地方政府不允许自行发行债券，地方政府通常借助政府融资平台获得资金。国际金融危机爆发后，政府实行了财政部统一代理发行、代办还本付息和支付发行费用的方式发行地方政府债券，帮助其筹集资金。一方面受代理发行债券规模的限制，地方政府仍然需要通过融资平台进行大量融资，另一方面为避免发生金融系统性风险，监管部门要求银行等金融机构压缩政府融资平台贷款。在此背景下，政府开始考虑允许地方政府发行债券置换地方融资平台的贷款。2014 年《预算法》的修改、财政部《地方政府一般债券发行管理暂行办法》《关于做好 2015 年地方政府

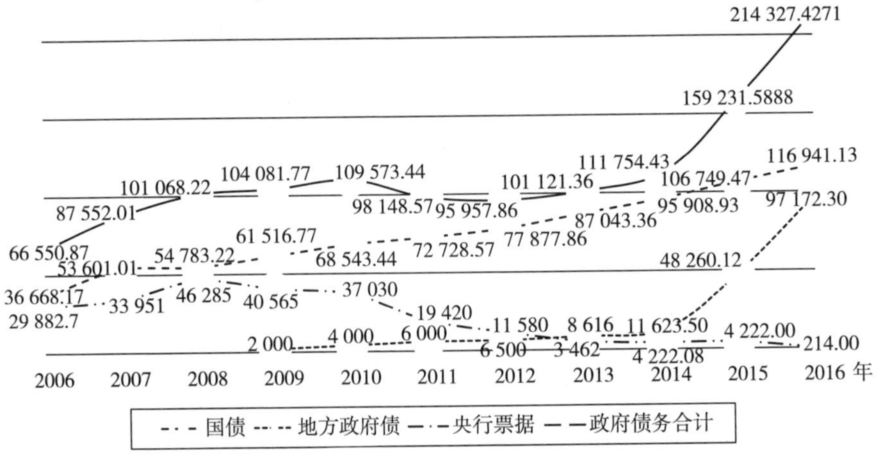


**图 5－3　我国政府债务变动情况**

一般债券发行工作的通知》以及《2015 年地方政府专项债券预算管理办法》等文件的发布为地方政府自行发行债券消除了障碍，之后地方政府债务规模出现快速增长。

研究关注的焦点不是我国政府债务变动的原因或者精确的规模，而是这种变动对跨境资金流动的影响。政府发行新的债券，吸收了私人部门的货币，但政府通过支出使得这部分货币重新回到私人部门手中。私人部门手中持有的国内债券却大幅增加，超出了投资者的合意水平。投资者为维持投资组合的平衡，必然在市场上卖出持有的国内债券。同时由于私人部门财富的增加，其对货币和外国债券的需求是增加的。

图 5 -4 描述了政府债券增加对汇率和利率影响的静态均衡分析。发行政府债券导致国内债券市场曲线右移到 BB2，即汇率不变的情况下，国内债券的超额供给导致投资者需要更高的预期回报才愿意持有这部分债券，结果利率上升。同时，在货币供给和外国债券供给不变的情况下，私人财富的增加导致货币与外国债券出现超

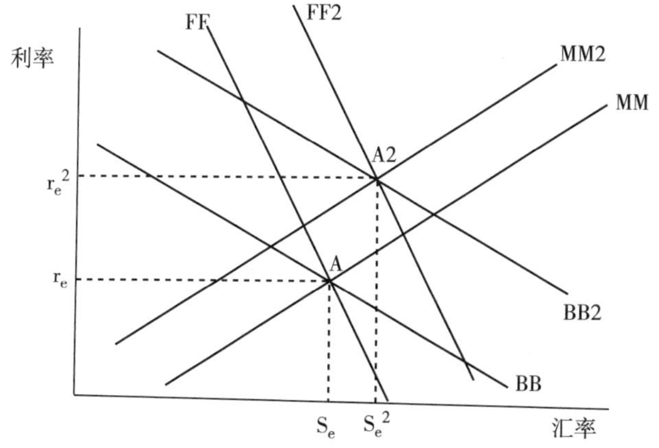


**图 5 -4　政府债务增加对跨境资金流动的影响**

额需求，均衡的货币市场曲线右移至MM2，外国债券市场曲线右移至FF2。此时新的经济均衡点为A2，利率上升至$r_e^2$，汇率上升至$S_e^2$。在资本自由流动时，汇率贬值将导致跨境资金流出，而利率的上升则吸引跨境资金的流入。因此只有当利率变化足够大，而汇率贬值预期足够小时，跨境资金流动才会平衡。

## 三、投资者风险认识变化影响

以上政策分析假定国内外债券风险是固定的（比如相同）且投资者有固定的投资组合偏好。但实际上投资者对国内外债券风险的认识是变动的，因此即便投资者组合偏好是固定的，国内外债券风险认知的变化也将推动投资者改变持有资产的比例，以维持组合的平衡。

假定投资者认为国内债券的风险相对国外债券的风险是增加的，那么减少国内债券资产，增加国外债券资产将是其平衡组合风险的可行策略。在资本自由流动的情况下，这种资产组合平衡策略将导致外汇市场本币供给增加，外汇需求增加，汇率贬值，资金跨境流出。反之，如果投资者认为国外债券的风险相对国内债券的风险是增加的，那么减少国外债券资产，增加国内债券资产将是其平衡组合风险的可行策略。这将导致外汇市场本币需求增加，外汇需求减少，汇率升值，资金跨境流入。

图5－5描述了投资者认为国内债券风险增加对汇率、利率以及跨境资金流动的影响。国内债券风险增加，其需求下降导致超额供给，国内债券市场曲线右移至BB3。投资者要求更高的收益率才愿意持有超额供给的国内债券，利率上升。同时在私人部门财富和货

币供求不变的情况下，维持组合平衡必然导致对国外债券需求的增加，国外债券市场曲线右移至 FF3。在新的均衡点 A3，利率和汇率上升至 $r_e^3$ 和 $S_e^3$。短期来看，汇率贬值导致跨境资金流出，但长期来看，经常项目会得到改善。一方面，汇率贬值导致出口增加，改善货物贸易差额，另一方面，外流资金的利息、股息等收益汇回本国，可改善服务贸易差额。本国债券风险相对国外债券风险可能变得更低，从而促使投资者重新调整其投资组合，实现未来跨境资金的流入。因此长期来看跨境资金流动可能是趋于平衡的。

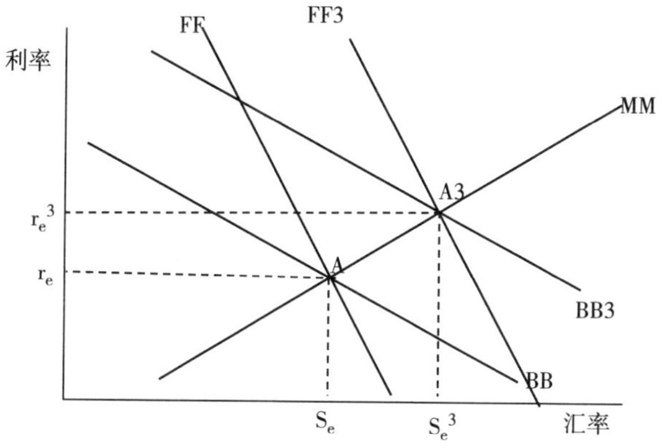


**图 5－5　国内债券风险认知增加对汇率、利率和跨境资金流动的影响**

判断投资者风险认知变化，一种可行且常用的方法是假定投资者是理性的，通过观察一组影响其风险认知的变量变化来判断其风险认知变化。正如前文所述，投资者对外汇风险认知的变化通常包括货币风险和国家风险。因此，研究首先尝试通过观察通货膨胀与国家违约风险来分析人民币与主流货币的升贬值变动，并尝试推断资本自由流动情况下的跨境资金流动结果。

图 5－6 是中国、美国、英国、德国以及日本五国季度消费指数

（CPI）的比较结果。除日本以外，其他四个国家的 CPI 其实并没有非常明确的差异，因此很难从通货膨胀率上比较各国债券风险溢价差别。

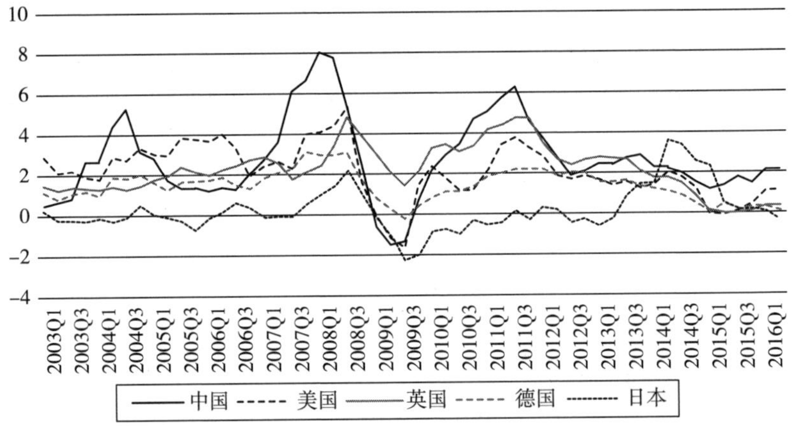


数据来源：IMF International Financial Report。

**图 5－6　中、美、英、德、日季度 CPI 指数**

图 5－7 是中国、美国、英国、德国以及日本五国五年期国债主权 CDS 的价差比较。可以看到，在 2008 年国际金融危机后，各国 CDS 价差（Spread）都明显出现上升。在这种情况下，无论是国内债券还是国外债券都面临非常明显的风险溢价，彼此间很难区别。但从 2011 年下半年开始，中国主权 CDS 价差就明显高于其他四个国家，而且其差异在近些年呈现扩大的趋势。这种差异表明，相对于其他四国债券而言，投资于中国债券的风险正在不断增加。对我国债券风险认知的提高使得当前投资者组合的风险变大，因此，投资者必须减少国内债券的持有，增加国外低风险债券的持有，才能维持组合的平衡。对于绝大多数债券为国内债券的投资者，进行类似组合调整的动力更是日益突出。如此一来，在资本自由流动的背景下，跨境资金将出现明显的净流出。

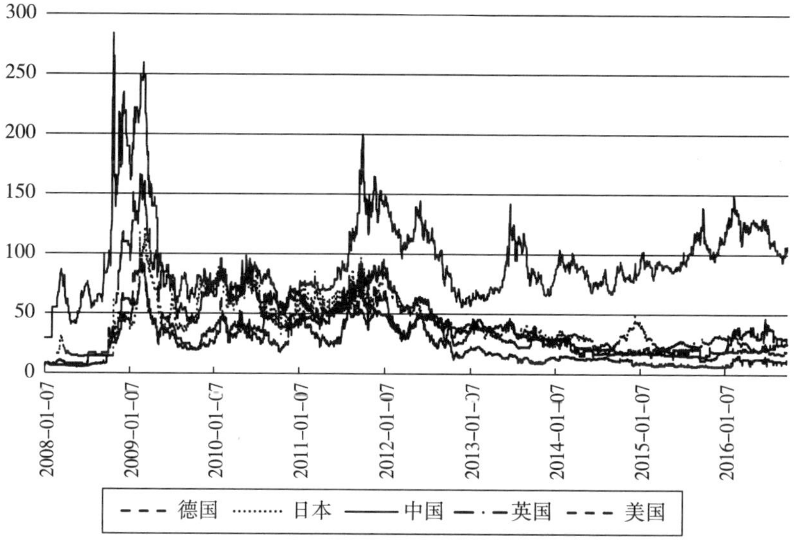


数据来源：汤森路透 Datastream。

**图5－7　中、美、英、德、日五年期国债主权CDS日交易数据**

资产组合平衡理论最初只强调债券一种资产，但实际上资产的范围可以轻易地扩大到其他资产，比如股票、衍生金融资产等，在当前政府政策实践中股票、衍生品等资产已经成为央行购买的对象。比如美国量化宽松货币政策购买的资产不仅包括长期国债，还包括期限较长的抵押资产证券（MBS），而日本央行则可以通过购买ETF来持有日本公司的股票。图5－8和图5－9分别是中、美、英三国股市三个月收益率与波动率的比较。图5－8表明，在多数的时间内，我国股市与英美股市收益率差异保持在一定合理的范围内。但从2014年底到2015年上半年，我国股市收益率大幅上升，超过了英美股市收益率，但之后伴随股市的暴跌，收益率反而大幅低于英美股市。图5－9进一步表明在这段时间我国股市波动率也明显高于英美股市。2015年我国股市价格的剧烈波动，使得国内投资者对我国股市风险认知大幅提升，国内投资者产生多元化投资预期。随着美国经济的恢复，美国国债安全性明显提高，其股票收益率也较国内股市收益高和稳定。图 5 - 10 是芝加哥商品交易所基于标普 500 构建的恐慌指数，结果显示国际金融危机之后美股恐慌指数大幅下降，安全性明显提高。国内投资者平衡资产组合的策略变化导致对美元资产需求大幅增加，引起跨境资金流动。

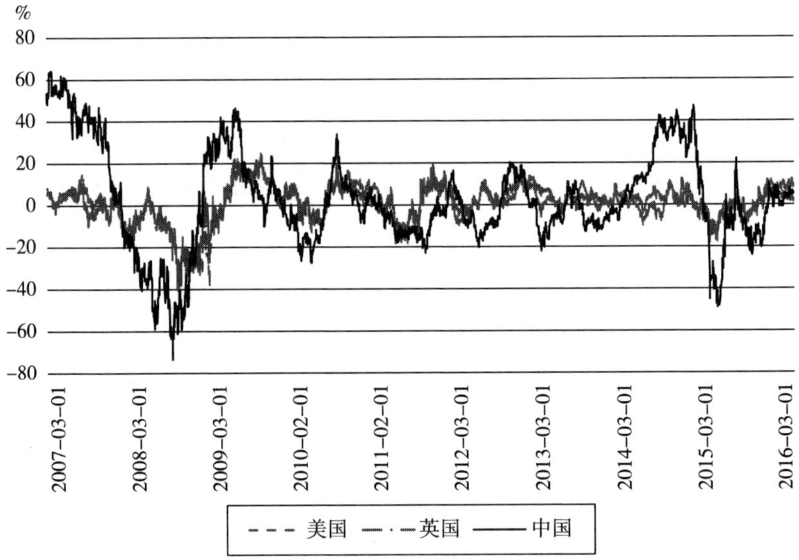


数据来源：汤森路透 Datastream。

**图 5 - 8　中、美、英股市三个月收益率**

还需要关注的是国内投资者借贷行为的影响。在人民币升值预期背景下，国内私人部门倾向于负债外币化、资产本币化，积累了大量外部债务。而当人民币出现贬值预期时，私人部门倾向于提前偿还外币债务，导致跨境资金流出。

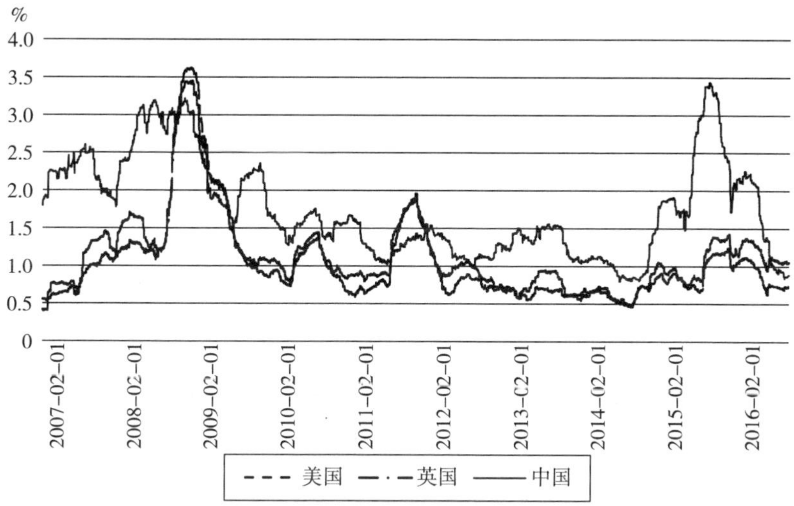


数据来源：汤森路透 Datastream。

**图 5－9　中、美、英股市三个月收益的波动率**

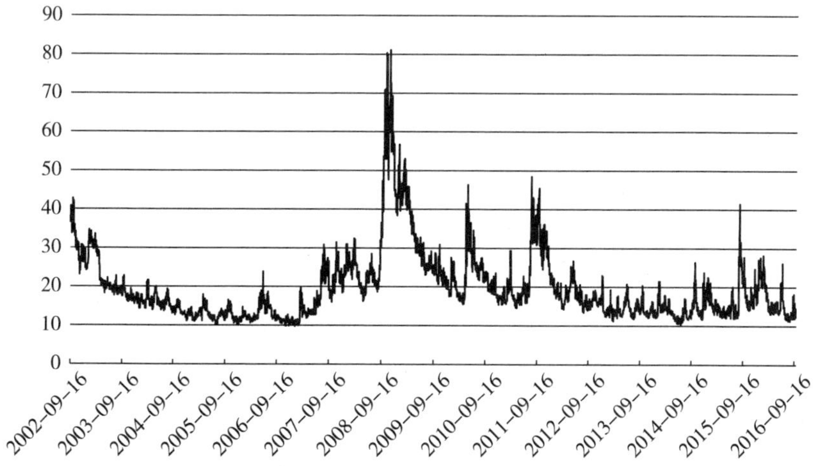


数据来源：彭博。

**图 5－10　芝加哥期货交易所（CBOE）恐慌指数 VIX**

# 第二节　市场价格因素对跨境资金流动的影响

## 一、基于风险溢价的套利条件

尽管利率平价理论在解释跨境资金流动方面具有非常明显的意义，但经验研究却发现汇率变动预期与实际汇率变动总是存在一定的差异，但这种差异随时间的延长不断缩小。因此很多学者认为利率平价理论在解释短期的汇率变动时缺乏足够的说服力。研究认为导致这种结果的原因在于利率平价理论与货币学派理论一样，忽略了风险溢价的影响。从资产组合平衡的角度讲，风险的提高使得国内外债券不再是完全可替代，而从利率平价的角度讲，风险溢价的存在使得未经风险调整的境内外资产收益率不必一定相等。如此一来，跨境资金套利的条件可以修正为

$$r - r_f = F + RP \text{ 或}$$

$$r_{RP} = F + r_f \tag{5-1}$$

其中，$RP$（Risk Premium）是境内资产相对境外资产的风险溢价，$r_{RP}$等于$r - RP$，是经风险溢价调整后的境内资产收益。

式5-1的含义是境内外资产预期收益经风险调整后相等，则不会存在套利行为，反之跨境资金流入或者流出。但是注意风险溢价可能是正的，也可能是负的。McKinnon等（2004）使用了该模型很好地解释了20世纪70年代到90年代日元变动情况，研究则尝试依据该模型来解释近些年人民币汇率和我国跨境资金流动的情况。

## 二、风险溢价与我国本外币跨境资金流动

本书在第二章中总结了影响风险溢价的有关因素。根据前文所述，一个基本的判断是，随着我国经济增长持续放缓，国内金融市场与房地产市场波动的加剧，持有人民币资产的风险越来越大，即人民币相对外币的风险溢价越来越高。图5－11是中美两国利率的比较，可以在一定程度上代表两国资产收益率的差异。可以看到美国为应对危机冲击和刺激本国经济恢复，实施了长期的低利率政策，其联邦基金利率一直维持在0～0.25%的范围。与之相反，我国人民币资金利率从2008年至今发生了非常明显的变化。从2008年到2014年底，人民币资金利率呈现出一定的上升趋势。在此期间，经济增长虽然放缓，但仍然在7%以上，市场对中国经济的预期还没有

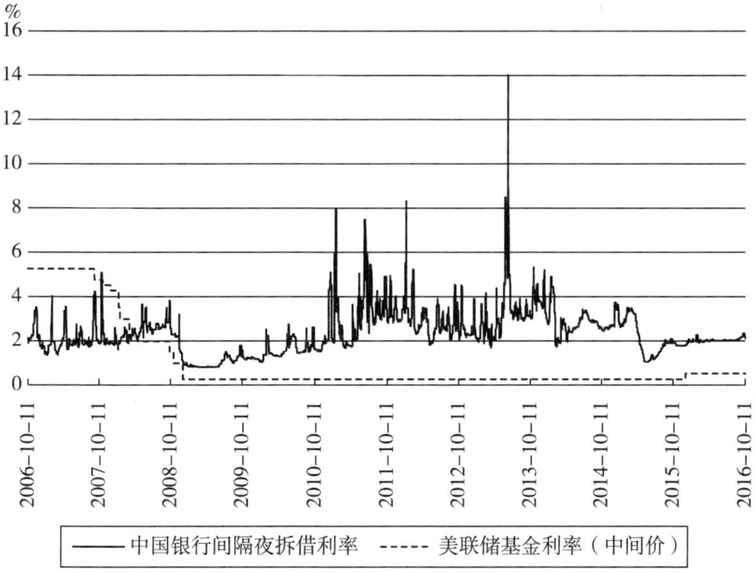


资料来源：汤森路透 Datastream。

**图5－11　中美利率比较**

非常悲观；国内金融市场也比较稳定，没有发生明显的系统性风险。然而国际金融危机与欧债危机的持续发酵，反而使得投资者对外国资产的风险认知维持在较高水平。因此相比之下，境内资产相对境外资产的风险溢价并没有明显变化，或者变化并没有超过国内利率上升的幅度。这样经风险调整后的 $r_{RP}$ 可能是增加的，这使得人民币资产收益率要比境外资产收益率更加有吸引力。如此一来，人民币面临持续升值的压力。但央行不希望升值过快而影响我国出口竞争力，通过买入人民币卖出外币使得人民币汇率缓慢升值。这种干预为市场创造了一个非常稳定的套利空间，跨境资金有持续流入的需求。

但从 2014 年底开始，人民币利率持续下降。而更糟糕的是，我国经济增长长期没有得到改善，市场开始变得悲观，同时金融市场也发生了剧烈的动荡，严重打击了国内投资者的信心。全球投资者普遍出现了“转向安全和质量”的投资倾向，而美国经济的稳定使得投资美国资产正好符合了投资者的需求。如此一来，人民币资产风险的增加和美元资产风险的下降使得人民币相对外币的风险溢价大幅上升，这使得经风险调整后的人民币资产收益明显低于外币资产，人民币贬值预期以及资金跨境流出的需求大幅增加。

另外，尽管人民币在国际结算中的比例不断增加，也有一些国家将其作为储备货币，并且在 2016 年 10 月 1 日正式加入 SDR，但资本流出的压力并没有因此明显减轻。

# 第三节　我国制度安排对跨境资金流动的影响

## 一、人民币汇率制度改革与跨境资金流动

改革开放至今，人民币汇率制度经历了两次重大改革，分别为1994年汇率改革和2005年至今的汇率改革。尽管两次的汇率改革背景不同，形成了完全不同的汇率制度，但仍有必要回顾比较有关改革内容，理解其对跨境资金流动以及资本监管的影响。

首先回顾一下1994年我国汇率制度改革的情况。改革开放后的1979年至1994年，我国实施的是汇率双轨制，即官方计划内价格和外汇市场调剂价格，前者由国家外汇管理局决定，而后者由企业与银行的交易决定。由于私人部门进口资本品扩大生产的需求强烈，外汇需求旺盛，这就导致外汇市场调剂价格远远高于官方汇率。不仅如此，黑市汇率也同样大幅高于官方汇率。在这种情况下，管制和固定汇率等措施最终导致了巨大的贬值压力，成为1994年人民币汇率一次贬值50%的决定力量。

1994年汇率改革除了实施大幅贬值之外，还实施了强制结售汇制度，结束了汇率双轨制。强制结售汇导致外汇大多集中到央行手中，企业和商业银行持有的外汇资产不断下降，基本丧失了资产组合的调节能力。但是贬值带来的国际竞争力增加推动了我国出口的大规模增长，在很大程度上稳定了国内私人部门对人民币的信心。但持续的经常账户与资本账户双顺差对维持固定汇率带来了巨大的压力，央行被迫买入外汇，卖出人民币，结果导致外汇储备连年增长，规模庞大，

而同时国内人民币供给大幅增长。

表 5－1　　2005 年以来人民币汇率改革的主要内容

| 时间 | 汇率改革内容 |
|---|---|
| 2005 年 7 月 21 日 | 放弃与美元挂钩的固定汇率制度，实行以市场供求为基础的、参考一篮子货币进行调节的、有管理的浮动汇率制度。根据对汇率合理均衡水平的测算，人民币对美元即日升值 2%，即 1 美元兑换 8.11 元人民币。汇率浮动范围为外汇交易市场收盘价上下千分之三 |
| 2007 年 5 月 21 日 | 银行间即期外汇市场人民币兑美元交易价浮动幅度由 0.3% 扩大至 0.5% |
| 2010 年 6 月 19 日 | 进一步推进人民币汇率形成机制改革，增强人民币汇率弹性 |
| 2012 年 4 月 16 日 | 银行间即期外汇市场人民币兑美元交易价浮动幅度进一步扩大到 1% |
| 2014 年 3 月 17 日 | 银行间即期外汇市场人民币兑美元交易价浮动幅度由 1% 扩大至 2% |
| 2015 年 8 月 11 日 | 完善人民币汇率中间价制度，做市商在每日银行间外汇市场开盘前，参考上日银行间外汇市场收盘汇率，综合考虑外汇供求情况以及国际主要货币汇率变化向中国外汇交易中心提供中间价报价 |

资料来源：本研究根据央行公开资料整理而得。

2005 年 7 月 21 日央行宣布放弃固定汇率制度，开始实行以市场供求为基础、参考一篮子货币进行调节、有管理的浮动汇率制度。之后多次扩大汇率浮动幅度至 2%。尽管有不少证据表明人民币汇率的形成机制已经取得了非常明显的成绩，但出于防止汇率大幅波动对国内经济的影响，央行还是在外汇市场进行了适当的干预。由于汇率没有快速达到预期水平，因此央行对汇率的干预在一定程度上降低了跨境资金流动的需求。在很长一段时间内，市场都有类似的情况。实际上外汇干预使得央行承担了部分汇率调整的风险。但 2015 年“8·11”汇改表明央行很可能放弃干预外汇，投资者将不得不承担所有汇率波动的风险。在这种新的预期下，投资者平衡资产组合的需求非常强烈，跨境资金出现了短期快速流出的需求。

## 二、我国外汇市场与跨境资金流动

依据抵补平价理论（CIRP），投资者可以通过购买外币远期或者掉期来锁定投资到期时的预期汇率 $F$。从理论上讲，如果套利者能够在有效的外汇市场中方便地找到对冲外汇风险的工具，那么 $F$ 是一个可实现的远期交割汇率。在这种情况下，美元资产的人民币计价收益率 $(1+r_f)\times(F/S)$ 是确定的，投资者比较不同币种资产收益时不会遇到困难。不仅如此，当预期汇率通过远期外汇市场被锁定时，本外币资产在持有期间不会受到即期与远期汇率波动的影响，避免汇率风险。因此，汇率波动不会影响套利者改变已有策略，也不会导致跨境资金的流动。然而，如果套利者无法找到对冲风险的外汇市场，那么预期汇率不再是确定的。此时，套利者将面临汇率变动的风险。当汇率变动不是非常明显时，预期汇率与未来实际即期汇率的偏差不会太大，套利者承担的风险有限。但当汇率波动加剧时，当前对未来即期汇率的预期可能会大幅偏离未来实际即期汇率，从而导致套利者承担巨大的汇率波动风险。在这种情况下，套利行为将受到一定的抑制，而跨境资金流动将减少。

就人民币而言，远期和掉期外汇市场的发展与投资者的需求仍然存在非常明显的差距。境内居民只能参与境内外汇市场，但境内外汇市场是封闭的市场，以中国外汇交易中心为平台，主要参与者为银行。因此境内外汇市场实际上是一个银行间外汇市场[①]。不仅参与者非常有限，而且境内外汇市场的交易还受到诸多政府管制和干

---

① 根据国家外汇管理局 2015 年和 2016 年的数据，境内外汇市场上银行对客户市场的交易占比为 20% 左右，剩余 80% 为银行间外汇市场交易。

预，市场竞争不足，效率比较低下。依据国际清算银行（BIS）（2016）发布的最新统计数据，境内外汇市场日均交易量从2004年的大约10亿美元增加到了730亿美元，占全球外汇市场交易总量的比例增加到1.1%。但与英国（日均24 260亿美元，占比37.1%）、美国（日均12 720亿美元，占比19.4%）、新加坡（日均5 170亿美元，占比7.9%）、中国香港（日均4 370亿美元，占比6.7%）以及日本（日均3 990亿美元，占比6.1%）等国际外汇市场相比，规模差距仍然非常巨大。另外，根据国家外汇管理局的统计数据，境内外汇市场主要是即期外汇交易，约占全部外汇市场交易的45%，该比例要明显高于国际外汇市场的比例①。掉期交易占比不到50%，与国际水平基本一致，但远期交易占比仅为不到3%，远远低于国际平均水平12%。因此，目前境内外汇市场无法有效满足境内居民的汇率风险管理需求。

尽管2015年9月央行允许境外央行类机构进入中国银行间外汇市场，但境外居民仍然只能依赖国际外汇市场对冲其持有的人民币汇率风险。早在1996年，新加坡外汇市场开发了人民币无本金交割远期外汇（Non - Deliverable Forwards，NDF）来对冲组合中的人民币资产风险。由于客户主要是在中国有大量人民币收入的跨国公司以及总部设在中国香港的内地企业，因此欧美等地的大型活跃金融机构是人民币NDF市场的主要参与者。NDF以美元支付人民币远期即期差额，交割时差额的计算以央行公布的中间价作为参考。之后中国香港也开展了NDF交易，但在很长一段时间内，其规模都要明

① BIS（2016）的统计表明，即期交易量占比最高为2013年的38%，2016年则又下降到33%。

显小于新加坡外汇市场。尽管 NDF 为人民币资产风险提供了管理工具，但其所依赖的央行人民币中间价与交割时即期汇率的差异使得 NDF 无法完全覆盖全部风险。而随着中国香港、伦敦等离岸人民币金融市场的建设，人民币本金可交割远期外汇（DF）交易逐渐活跃起来，开始成为国际投资者管理人民币资产汇率风险的工具。但总的来说，离岸人民币金融市场的发展仍然任重道远，还有诸多地方需要完善。

过去一年中，为助力人民币国际化，央行开始允许境外机构投资境内债券。除了允许境外央行类机构进入中国银行间外汇市场，2015 年 7 月，央行允许境外央行或货币当局、国际金融组织、主权财富基金等境外央行类机构自由进入中国银行间债券市场，这类机构可以自由选择代理银行，且没有投资额度和产品限制。2016 年 2 月，央行允许境外私人机构投资者进入中国银行间债券市场，并且没有投资额度限制，债券市场的开放程度进一步提高。2016 年 4 月，央行发布了《境外央行类机构进入中国银行间债券市场业务流程》与《境外央行类机构进入中国银行间外汇市场业务流程》，明确了境外央行类机构入市的具体操作，进一步便利了境外投资者进入境内金融市场。截至目前，共有 27 家境外央行类机构进入中国银行间外汇市场，43 家境外央行类机构进入银行间债券市场，以直接或境内银行代理的方式开展交易和投资。

总之，由于外汇市场发展的局限以及资本管制的限制，境内外投资者都无法有效对冲人民币汇率风险。在这种情况下，如果其他条件一样，投资境内外资产收益的难度因汇率预期不确定性而增加。在人民币升值趋势比较明确时，远期汇率预期与未来实际即期汇率趋势相同，即便存在一定差异，也可能在投资者接受的范围之内。此时，境内外资产收益的比较是可行的，跨境资金还是会随人民币升值流入我国境内。人民贬值趋势比较明确的情况与此类似，但伴随人民币贬值趋势，跨境资金将流出到境外。相反，如果人民币升值或贬值趋势不明朗时，远期汇率预期很可能与未来实际即期汇率存在巨大差异，这就导致境内资产收益不可比，从而抑制了资金跨境流出的需求。因此，外汇市场的不发达可能在一定程度上限制了跨境资金的流入或者流出，但这要取决于投资者对远期汇率预期与未来实际即期汇率偏差的判断。此外，由于无法有效对冲人民币汇率风险，投资者对人民币资产的风险溢价提高，并可能对跨境资金流动产生重要影响。

## 三、在岸离岸人民币市场与跨境资金流动

随着中国贸易规模的不断扩大和人民币国际化战略的实施，越来越多的人民币流出境外。但受资本管制的影响，这些人民币无法顺利回流到境内，形成了规模庞大的人民币离岸市场。人民币在岸与离岸市场的参与者存在明显的差异，兑美元等外币的汇率也不一样。但更重要的是，在岸与离岸人民币的利率存在非常明显的差异。图 5 - 12 表明，在多数的时间里，人民币在岸同业拆借利率 Shibor 都是要明显高于人民币离岸同业拆借利率 Hibor，但在 2014 年 2 月之后两者之差逐渐缩小，并在 2015 年“8 · 11”汇改后出现了完全相反的情况。结合人民币汇率变动情况，同时考虑到在岸人民币利率独立于离岸人民币利率，不难发现一个有趣的现象：伴随人民币升值趋势，在岸人民币利率要大于离岸人民币利率，而随着人民币

贬值趋势，离岸人民币利率上升，甚至超过在岸人民币利率。理论上，按照一价定律，同一货币只能对应一种利率。但在岸与离岸人民币利率的差异使得跨市场套利成为可能。在资本自由流动的情况下，在岸人民币利率高于离岸人民币利率时，必然导致大量资金跨境流入，反之则导致大量资金跨境流出。

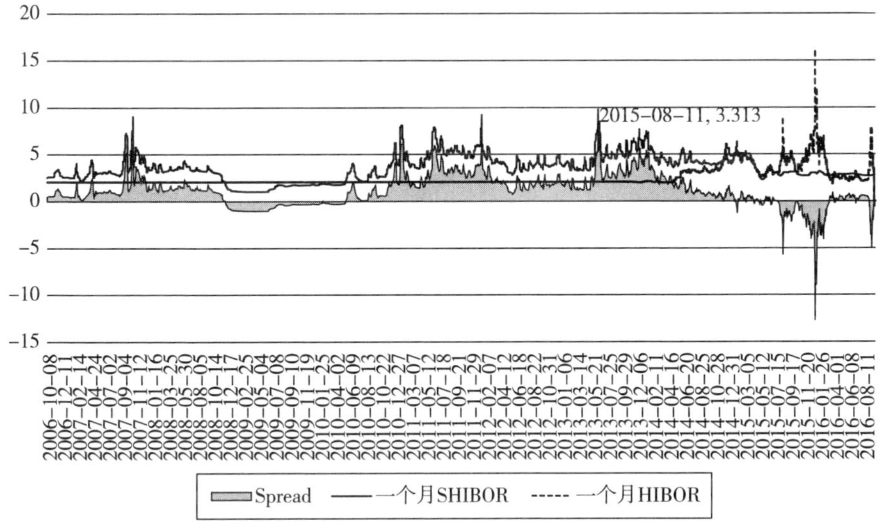


资料来源：Wind。

**图5－12　在岸与离岸一个月人民币同业拆借利率差异**

实际上，套利者不仅通过在岸与离岸利差进行套息获利，还可以通过在岸与离岸人民币汇率差异进行套利，或者将两者进行组合。图5－13表明，在人民币升值趋势时，在岸人民币兑美元汇率要大于离岸人民币汇率（即在岸人民币的美元价格更便宜），而在人民币贬值趋势时，在岸人民币兑美元汇率要小于离岸人民币汇率（即离岸人民币的美元价格更为便宜）。按照抵补平价理论和一价定律，人民币汇率只能出现一个兑美元价格，因此在岸与离岸人民币汇率差异必然导致套利行为的出现。套利者将在人民币价格便宜的市场买入，然后再在价格昂贵的市场卖出，从而获得无风险利润。因此，在人民币出现升值趋势时，投资者可以借入美元，并在在岸市场卖出美元，买入人民币，然后在离岸市场卖出人民币，买入美元，最后偿还美元。由于人民币外汇市场是分割的，其资金流动也是分别记录。这就导致我国仅录得外汇跨境流入，人民币的跨境流出。反之，在人民币出现贬值趋势时，我国将录得外汇跨境流出，人民币跨境流入。如果不存在分割的市场，那么跨市场套汇就不存在，就只存在外汇跨境流动记录，而不会出现人民币跨境流动记录。金融实践中，跨境资金流动的策略非常多，因渠道选择的不同导致资金流动的记录也差异很大。

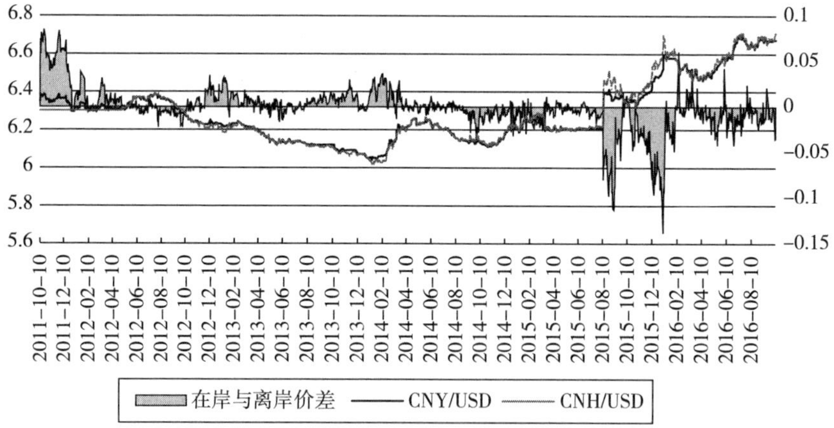


资料来源：Wind。

**图 5-13　在岸与离岸人民币兑美元汇率差异**

在岸人民币市场汇率由央行中间价格主导，而离岸人民币汇率由境外供求关系决定。这一点与当年美国所面临的在岸美元和离岸美元很相似。但不同的是，美元当时已经是国际货币，而人民币还在走向国际化的路上。央行为了更好地推动人民币国际化战略，对人民币的流动实施了完全不同于外币的监管措施。无论是贸易账户还是金融账户，央行对人民币的监管都是非常宽松。这种本外币差异化的监管为有资产组合平衡需求或者套利需求的投资者提供了一个更为可行的渠道，或者说成本更低速度更快的渠道。然而投资者便利的同时，监管部门则面临新的问题：由于资产组合需求导致跨境资金流动包含在贸易与金融账户之中，将其识别并区分出来需要与其他部门的协同配合。即便正规渠道的跨境资金流动在付出高昂的协同监管成本之后可以监管，央行仍将面临非法地下跨境资金流动的协同监管问题。

# 第六章　我国跨境资金流动本外币监管政策分析

## 第一节　人民币跨境资金流动监管政策分析

### 一、经常项目下跨境人民币监管政策分析

人民币跨境结算是指有跨境贸易及零售结算需求的企业，在自愿的基础上以人民币作为跨境结算的货币，居民可向非居民支付人民币，同时允许非居民持有人民币存款账户。现阶段跨境人民币业务清算途径有三种：一是代理行模式，境外银行在境内银行开立人民币清算账户（人民币同业往来账户），通过 SWIFT 传递跨境清算信息，境外参加银行经由境内代理银行，通过大额支付系统完成人民币业务的最终清算；二是清算行模式，境外清算银行直接接入大额支付系统，通过中国人民银行跨行支付系统与境内银行传递信息，其他境外银行通过在清算银行开立人民币同业往来账户开展跨境人民币业务的结算；三是开立非居民账户模式，境外机构在境内银行开立非居民账户，直接办理跨境收支。2009 年，中国人民银行、财政部、商务部、海关总署、税务总局、中国银监会六部委联合发布《跨境贸易人民币

结算试点管理办法》，宣布上海、广东（广州、深圳、珠海、东莞）的5个城市率先开展跨境贸易人民币结算试点，正式开启了人民币国际化的道路。在地域范围方面，先后出台相关政策将地域范围扩大至北京、天津等地，然后于2013年进一步扩大至全国范围。在业务范围方面，基本涵盖了所有的经常项目。在贸易主体方面，由最初的试点企业逐步扩大至所有具有进出口经营资质的企业均可开展人民币结算业务。在跨境人民币监管方面，以鼓励、促进、引导为主，人民银行等机构先后出台了相关政策简化了跨境人民币的业务流程和结算业务流程，监管政策不断趋于简化、开放。

通过对比分析人民币跨境贸易政策（见附表2），在人民币国际化的大背景下，国家整体上是鼓励企业及个人采取人民币进行跨境贸易结算，所以在政策制定管制方面比较宽松。在监管主体方面，由外汇局向人民银行进行过渡，人民币跨境结算主要由人民银行进行监管。在监管成本方面，由于贸易发生涉及境内外企业和组织，仅凭单据进行贸易真实性的审核是完全不够的，对虚假贸易的监管首先涉及境外相关机构，同时在境内需要协同海关、工商、税务等相关部门进行联合监管。根据监管成本理论（王昭伟和代晶静，2013），监管成本具有直接和间接的双重属性，具体包括维持监管机构的正常运行，以及相关部门联合协作实施、执法的显性执行成本，还包括被监管方为应对监管而产生的内部管理费用等构成的守法成本，同时还包括监管导致经济市场对资源配置的干扰而产生的间接经济效率的损失的成本。所以根据监管理论，经常账户的监管成本明显要高于资本项目下的监管成本。

## 二、资本项目下跨境人民币监管政策分析

在资本项目下，随着人民币国际化进程的不断深化，人民币的流出与流入机制越来越开放。附表3总结了资本项下我国跨境人民币监管政策主要内容。在引入境外机构投资银行间证券市场方面，人民银行于2010年发布《关于境外人民币清算行等三类机构运用人民币投资银行间债券市场试点有关事宜的通知》(银发〔2010〕217号)，通知中明确规定了三类机构（境外央行、港澳人民币清算行和境外参加银行）开展银行间债券交易的流程及投资品种，明确规定具有准入限制和规模约束。2015年6月中国人民银行发布《关于境外人民币业务清算行、境外参加银行开展银行间债券市场债券回购交易的通知》(银发〔2015〕170号）允许已获准进入银行间债券市场的三类机构可开展债券回购交易（包括债券质押式回购交易和债券买断式回购交易)。其中，正回购的融资余额不高于所持债券余额的100%，且回购资金可调出境外使用，这在一定程度上拓展了银行间市场交易的品种，促进银行间市场的不断完善。2015年7月人民银行发布《中国人民银行关于境外央行、国际金融组织、主权财富基金运用人民币投资银行间市场有关事宜的通知》（银发〔2015〕220号)，通知中将相关申请程序简化为备案制，取消了对上述机构的额度限制，将其投资范围从现券扩展至债券回购、债券借贷、债券远期、利率互换、远期利率协议等交易，并允许其自主选择人民银行或银行间市场结算代理人为其代理交易和结算。根据政策可以明确地看出，境外资金在进出银行间市场时受到的约束相对较小，但是对资金的收支用途有着严格限制，也就是说，无论从监管者的

执行力度，还是从被监管者规避监管的成本看，资金想要通过这条渠道流入境内、流出境外都有一定的困难。2017 年 1 月央行发布了《中国人民银行关于全口径跨境融资宏观审慎管理有关事宜的通知》（银发〔2017〕9 号），将此前已在全国范围内实施的全口径跨境融资宏观审慎管理进一步升级。全口径跨境融资宏观审慎管理对本外币跨境融资实行一体化管理。在这一模式下，企业跨境融资不再需要逐笔审批和核准额度，而是在与其资本或净资产挂钩的跨境融资上限内，自主开展本外币跨境融资，该政策的实施相较之前的银发〔2016〕18 号、银发〔2016〕132 号有所放宽，尤其是企业跨境融资的杠杆率由 1 倍提高到 2 倍。

在资本项目下，相对比较灵活的是跨国企业集团开展人民币资金的应用。2014 年中国人民银行发布《关于跨国企业集团开展跨境人民币资金集中运营业务有关事宜的通知》（银发〔2014〕324 号），根据该通知跨国企业集团公司可开展跨境人民币资金池业务，即在境内外非金融成员企业之间开展的跨境人民币资金余缺调剂和归集业务。监管仍然采取准入制和限额制，一方面，企业开展跨境资金池业务需要有一定的准入门槛（境内企业上年度营业额不低于 50 亿元人民币，境外成员企业上年度营业收入合计金额不低于 10 亿元人民币）。另一方面，人民银行对跨国企业集团跨境双向人民币资金池业务实行上限管理。2015 年中国人民银行发布《关于进一步便利跨国企业集团开展跨境双向人民币资金池业务的通知》（银发〔2015〕279 号），在该通知中将企业准入门槛进行下调，经营时间由 3 年降低到 1 年，并且营业额分别由 50 亿元和 10 亿元人民币下调为 10 亿元人民币和 2 亿元人民币，在规模管控方面通过调整宏观审慎系数进一步扩大人民币资金的使用规模。在归集的资金方面，归集的现金流来自“生产经营活动和实业投资活动”，但是作为境内监管机构很难核对资金来源的真实性，该渠道在一定程度上为资金跨境流动提供了可乘之机。

## 三、自贸试验区跨境人民币创新政策分析

随着人民币国际化战略的实施，人民币“走出去”的需求愈显强烈，所以作为自贸区创新发展的重要内容，跨境人民币业务一直是自贸区金融改革的重要引擎。本部分将重点介绍上海、天津、广东、福建四个自贸试验区跨境人民币创新业务（见表6-1），上海、广东、天津、福建四个自贸试验区较为完整的金融支持政策详见附表4。

现有人民币监管政策是以“促进人民币贸易和投融资便利化，并防范相关业务风险”为目标，同时积极推进人民币的国际化。鉴于此，人民币相关政策开放程度较高，有助于营造良好交易和使用环境。自贸区人民币资金跨境交易更加灵活，跨境资金流动更加便利。在人民币监管主体方面，本币监管政策的制定和监督基本是以人民银行为主导，同时协同外汇管理相关部门。对比经常项目和资本项目我们可以发现，人民银行对经常项目的监管比资本项目更加宽松，更加强调对资本项目的监管。在监管难度方面，经常项目下涉及贸易双方的主体，识别虚假贸易需要境内外多个机构的合作才能完成，而对资本项目下人民币的流动，其监管的难度主要体现为监管机构自身的技术水平及监管者采取的方法。一般而言，资本项下的大规模流动必然伴随着复杂多变的金融手段和方法，对其识别大多依赖监管者的技术水平（比如先进的监管方法和监管技术系统

续表

| 内容 | 上海 | 广东 | 天津 | 福建 |
|---|---|---|---|---|
| 境内个人开展各类人民币投资 | 允许或扩大符合条件的机构和个人在境内外证券期货市场投资；研究启动合格境内个人投资者境外投资试点，适时出台相关实施细则，允许符合条件的个人开展境外实业投资、不动产投资和金融类投资 | 研究区内个人以人民币开展直接投资、证券投资、集合投资等境外投资，办理与移民、捐赠、遗赠和遗产相关的资产转移业务。支持与港澳地区开展个人跨境人民币业务创新。允许金融机构按照真实交易原则，凭收付指令为自贸试验区内个人办理经常项下跨境人民币结算业务。支持区内个人从港澳地区借入人民币资金，用于在区内购买不动产等支出。支持港澳地区个人在区内购买人民币理财产品 | 研究在自贸试验区内就业并符合条件的境内个人按规定开展各类人民币境外投资。在自贸试验区内就业并符合条件的境外个人可按规定开展各类境内投资 | 支持自贸试验区个人开展经常项下、投资项下跨境人民币结算业务。在区内居住或就业并符合条件的境内个人可按规定开展跨境贸易、其他经常项下人民币结算业务，研究开展包括证券投资在内的各类人民币境外投资。在区内居住或就业并符合条件的境外个人可按规定开展跨境贸易、其他经常项下人民币结算业务以及包括证券投资在内的各类境内投资 |
| 金融要素交易服务 | | 推动跨境交易以人民币计价和结算。支持自贸试验区内要素市场设立跨境电子交易和资金结算平台，向自贸试验区和境外投资者提供以人民币计价和结算的金融要素交易服务。鼓励金融机构为境外投资者参与区内要素市场交易提供人民币账户开立、资金结算等服务 | 支持自贸试验区在充分利用全国统一金融基础设施平台的基础上，完善现有的以人民币计价的金融资产、股权、产权、航运等要素交易平台，面向自贸试验区和境外投资者提供人民币计价的交割和结算服务 | |

续表

| 内容 | 上海 | 广东 | 天津 | 福建 |
|---|---|---|---|---|
| 跨境电子商务结算 | | 推动自贸试验区内银行机构与符合条件的互联网支付机构合作，办理经常项下及部分经批准的资本项下跨境电子商务人民币结算业务。允许自贸试验区内符合条件的互联网企业根据需要开展经常项下跨境人民币集中收付业务 | | |
| 银行业金融机构直接投资办理跨境人民币结算业务 | | | | 银行业金融机构可按规定凭自贸试验区内企业提交的收付款指令，为其直接办理跨境投资人民币结算业务。银行业金融机构按负面清单管理模式为区内企业提供直接投资项下人民币结算服务 |
| QDLP、QFLP | | 支持港澳地区机构投资者在自贸试验区内开展 QDLP 业务，募集区内人民币资金投资香港资本市场。支持港澳地区机构投资者在自贸试验区内开展 QFLP 业务，参与境内私募股权投资基金和创业投资基金的投资 | 积极争取在自贸试验区内设立京津冀协同发展基金、京津冀产业结构调整基金。允许境外投资者以人民币资金投资自贸试验区内用于京津冀协同发展的基金 | |

续表

| 内容 | 上海 | 广东 | 天津 | 福建 |
| --- | --- | --- | --- | --- |
| 非银行金融机构跨境人民币业务 | 支持上海证券期货经营机构进入银行间外汇市场，开展人民币对外汇即期业务和衍生品交易，允许基金管理公司子公司开展跨境资产管理、境外投资顾问等业务。支持保险、证券期货经营机构开展跨境交易 | 允许非银行金融机构与港澳地区开展跨境人民币业务。支持自贸试验区内企业集团财务公司以及金融租赁公司等机构按规定在开展跨境融资、跨境担保、跨境资产转让等业务时使用人民币进行计价结算 | | |
| 两岸合作基金 | | | | 支持自贸试验区在海峡两岸金融合作中发挥先行先试作用。支持两岸货币合作方面创新，支持自贸试验区在两岸货币合作方面探索创新。允许银行机构为境外企业和个人开立新台币账户，以及同业账户结算，以及两岸货币现钞调运机制 |
| 租赁公司在境外设立人民币账户 | | | 允许自贸试验区内租赁公司在境外开立人民币账户用于跨境人民币租赁业务，允许租赁公司在一定限额内同名账户的人民币资金自由划转 | |

资料来源：根据自贸试验区文件整理。

等），所以比较而言，经常项目的监管成本相对较高，资本账户监管难度相对较大。

关于自贸区的金融监管方面，受当前金融监管体系的影响，目前主要实施多部门协调监管机制。监管主体为人民银行，但通常要与国家外汇管理局共同实施监管。在具体的实施过程中，人民银行和国家外汇管理局的派出机构还要与地方人民政府以及其他金融监管部门驻外机构进行区域性协调监管。

## 第二节　外汇跨境资金流动监管政策分析

### 一、经常项目下外汇监管政策分析

经常项目是指国家或者地区对外交往中经常发生的交易项目，具有经常发生、频繁的交易特点。我国于1996年底宣布接受《国际货币基金组织协定》第八条款规定，实现了经常项目可兑换。在外汇管理方面，为了加强对虚假贸易的管理，我国对经常项目的外汇管理采取了真实性审核、便利化以及均衡管理等原则。借助贸易渠道进行跨境资金流动的一般存在以下几种形式：利用出口多收汇为投机资金流入提供便利、借助出口少收汇实现逃汇以及节流外汇、通过进口多付汇进行套汇和骗汇、利用进口少付汇将资金滞留境内进而限制流出以及采取无背景的虚假贸易等手段（梁建华，2012）。由于国际贸易涉及境内外的多个部门以及多种监管机制，导致监管成本相对较高，同时由于贸易主体自身活动的隐蔽性，所以国际资本的流入以及境内资本的流出利用上述几种形式进行操作时较难识别。比如，采取借助虚假的境外贸易合同将资金转移到离岸公司，或者通过“高报进口、少报出口”等方式将资金滞留在境外。一般这样的贸易会选择一些国内鼓励引进或者具有高新技术的产品、技术。因为这类产品具有稀缺性，技术具有专属权和垄断性，在一定程度上会导致价格信息出现极大的不对称性，产品价格可以由进口商主导并重新定价，为贸易背景下的资金流动提供可能。附表 5 列出了经常项目下企业相关外汇流动的主要监管政策。总体上市场主体的真实贸易需求都能顺利得到满足，经常项目下跨境资金流动已经基本可以实现自由流动。

对个人而言，在经常项目贸易项下基本实现了完全自由兑换，个人经营者可以根据实际贸易发生额按照可兑换原则对交易活动进行跨境收付和结售汇。非经营个人结汇实行年度总额管理，年度总额为每人每年等值 5 万美元，超过年度总额的，按有关规定办理。如果单纯借助个体绕过个人限额实现资金的大量外汇一般会采取分拆交易、虚假贸易进行资金的流出。互联网技术的快速发展为跨境电子商务提供了迅速发展的机会，也为资金流出提供了一种可能。一般可以通过电子商务网站支付人民币下单购买国外商品，然后境外收到美元的方式进行资金外流，可以利用单笔 5 万美元进行多次操作，从而突破单笔 5 万美元的限制，有的甚至通过虚假电子交易进行操作。

## 二、资本项目下外汇监管政策分析

### （一）企业等市场主体资本项目下监管政策分析

资本项目可兑换指的是我国取消对外汇兑换的管制，不仅实现经常项目下的可自由兑换，进一步实现资本项目下与美元、欧元、日元以及其他可自由兑换货币之间的兑换。实现资本项目的可兑换，居民可以自由通过资本项目交易兑换取得外币并持有外汇。居民与非居民可以根据自己对资产配置的需求自由选择持有外币的种类和数量。

我国资本项目可兑换可以追溯到改革开放初期，为了缓解国内外汇的紧缺局面，国家实行了宽进严出的外汇管理措施，随着我国经济的发展以及金融业的快速发展，我国资本项目改革也取得了较为显著的成效。

自 2009 年国家外汇管理局提出了外汇管理的“五个转变”，即从重审批转变为重监测分析，从重事前监管转变为强调事后管理，从重行为管理转变为更加强调主体管理，从“有罪假设”转变到“无罪假设”，从“正面清单”转变到“负面清单”，以顺应经济和社会发展的形势，转变外汇管理的理念和方式，以提高外汇管理效率，降低外汇管理成本，提高管理的有效性。2014 年《政府工作报告》提出“推进人民币资本项目可兑换”，2015 年《政府工作报告》提出“稳步实现人民币资本项目可兑换”。这表明我国已经处于进程式改革的实现阶段。附表 6 列出了外汇跨境资金流动主要的监管变化。

附表 7 列出了我国资本项目下个人外币跨境流动管理政策的主要内容。可以看到，在资本项目下在可兑换方面仍然存在一定的管理，比如我国在外汇管理方面主要采取的是准入门槛类的资质监管和规模类的限额管控。但从我国政策监管趋势方面来看，资本项目管理正在从严格管理向逐步放松、简化审批手续等方向转变，监管方式的重心由事前审核向监测分析、现场和非现场核查以及数据质量控制等事后监管方式转变，比如2013年9月正式推出了资本项目事后监管机制，确保政策放开与管控有效结合。

近些年国家外汇管理局进一步放松了资本项目的管理。国家外汇管理局关于《关于进一步简化和改进直接投资外汇管理政策的通知》（汇发〔2015〕13号）、《关于改革外商投资企业外汇资本金结汇管理方式的通知》（汇发〔2015〕19号）发布和实施标志着在直接投资方面已经基本实现可自由兑换。第一，实施简政放权，在汇发〔2015〕13号文中规定："境内外商投资企业、境外投资企业的境内投资主体可直接到银行办理境外直接投资外汇登记"；"取消境外再投资外汇备案"；同时，"取消直接投资外汇年检，改为实行存量权益登记"，并放宽登记时间、简化登记内容，允许企业通过多种渠道报送相关数据（自行、委托会计师事务所或银行）。第二，改革资本金结汇方式，根据汇发〔2015〕19号文规定，"外商投资企业外汇资本金实行意愿结汇"管理，企业可自由选择资本金结汇时机和结汇比例。第三，进一步推进境内直接投资（FDI）外汇管理改革，简化取消一些相关手续，为FDI创造良好的投资环境。与此同时，随着这两个文件实施，目前境内企业机构办理境外直接投资外汇已无政策障碍，既为"引进来"实现了便利也同样为"走出去"提供政策支持。为了进一步深化外汇管理体制改革，更好地满足和便利境内企业经营与资金运作需要，国家外汇管理局发布了《国家外汇管理局关于改革和规范资本项目结汇管理政策的通知》（汇发〔2016〕16号），在全国范围内推广企业外债资金结汇管理方式改革，同时统一规范资本项目外汇收入意愿结汇及支付管理。

虽然直接投资在结汇方面采取意愿结汇，但是在投资领域等方面依然存在严格的管制。外资可以进行直接投资，一般包括直接投资企业、并购、上市公司战略投资等，但是由于直接投资有一定的门槛和准入机制，同时涉及多个部门，监管较为严格。对该项下的资本流动而言，外资直接投资一般具有周期长、投资领域受限等特点，从而导致直接投资一般多为真实性投资。当然也有特殊情况，利用虚假投资实现资本的流入或者流出。例如，与第三方合作，对方或者我方刻意造成投资失败，然后当地法律根据违约情况判罚支付或者取得高额的违约金，从而以违约金的形式流入或者流出境内。一般这种形式的资本流动很难监管，并且不容易识别。

另外，直接投资的并购重组利用并购重组后的控股关系，通过关联企业的资金转移（如集团资金池业务）为资本流动提供通道。通过并购重组实现资金的流动一般对时间和资金的规模要求比较高，在时间方面，一般情况并购重组审批非常严格，即使通过资格审查也会有烦琐的手续，导致资金流入的时间较长，同时，重组后的退出机制也会产生较长的时间。在资金规模方面，并购重组一般对资金的规模要求高。资金的跨境流动一般要求时间短、规模大，虽然并购重组与资金流动大规模的特点相匹配，但是与“时间短”的特点不符，并且通过这种形式流入的资金对用途有着严格的规定，这些阻力都为该渠道进行资本流动增加了一定的障碍。

随着我国证券市场的完善以及国内资金投资国外证券市场的需求，关于国内外资金与证券市场的投资问题也逐渐凸显。一方面，国外资金进入我国市场并投资我国证券，其主要有两个渠道，分别是合格境外投资者（QFII）以及人民币合格境外投资者（RQFII），法律依据主要是《合格境外机构投资者境内证券投资管理办法》（中国证券监督管理委员会、中国人民银行、国家外汇管理局令 2006 年第 36 号）、《合格境外机构投资者境内证券投资外汇管理规定》（国家外汇管理局公告 2016 年第 1 号）、《国家外汇管理局关于境外机构投资者投资银行间债券市场有关外汇管理问题的通知》（汇发〔2016〕12 号）第 1 号文规定，虽然对 QFII 有限额管理，不在对单家机构设置统一的投资额度上限，而是根据企业自身资产规模按比例设定额度；简化额度审批管理，对 QFII 机构基础额度内的额度申请采取备案管理；超过基础额度的，才需外汇局审批；同时放宽了资金的汇出与汇入。根据汇发〔2016〕12 号文，在投资银行间市场时，基本与第 1 号文类似，一是对境外机构投资者实行登记管理，二是不设单家机构限额或总限额，但是在资金汇出入币种方面要求要基本一致。关于 QFII 的主要依据则是《人民币合格境外机构投资者境内证券投资试点办法》（中国证券监督管理委员会、中国人民银行、国家外汇管理局令 2013 年第 90 号）、《中国人民银行、国家外汇管理局关于人民币合格境外机构投资者境内证券投资管理有关问题的通知》（银发〔2016〕227 号）。另一方面，国内人民币资金进入国外证券市场，其主要路径有合格境内机构投资者（QDII）和人民币合格境内机构投资者（RQDII）。在 QDII 管理方面依据《合格境内机构投资者境外证券投资外汇管理规定》（国家外汇管理局公告 2013 年第 1 号）依然采取的是额度管理制度，RQDII 业务根据 2015 年 12 月央行发布《关于人民币合格境内机构投资者境外证券投资有关事项的通知》RQDII 机制正式推出，但是央行于 2015 年 12 月 10 日暂停该项业务。

### （二）个人资本项目下监管政策分析

个人资本项目下的资金跨境流动一般包括个人资产转移、个人境外投资、个人贷款三部分，附表 8 总结了与个人外汇跨境流动有关的主要监管政策。个人境外投资又可以分为个人境外直接投资，个人境外证券投资以及个人境外其他投资。法律依据主要有以下几个：国家外汇管理局 2007 年 1 号文《个人外汇管理办法实施细则》规定，“境内个人对外直接投资应按国家有关规定办理。所需外汇经所在地外管局核准后可以购汇或以自有外汇汇出，并办理相应的境外投资外汇登记手续”。2008 年修订的《外汇管理条例》规定，“境内机构、境内个人向境外直接投资或者从事境外有价证券、衍生产品发行、交易，应当按照国务院外汇管理部门的规定办理登记。国家规定需要事先经有关主管部门批准或者备案的，应当在外汇登记前办理批准或者备案手续”。国家发展改革委 2014 年发布的《境外投资项目核准和备案管理办法》第三十一条规定，“自然人和其他组织在境外实施的投资项目，参照本办法规定另行制定具体管理办法”。从上述政策可以看出，政策上已经确立个人投资主体的合规性问题，并允许境外直接投资、境外证券投资，但境内个人进行境外投资必须经过有关主管部门批准或者备案。

个人财产对外转移包括移民财产转移和继承财产转移，根据人民银行发布《个人财产对外转移售付汇管理暂行办法》（中国人民银行公告〔2004〕第 16 号），在满足移民和继承合法性的前提条件下并且资产不具有争议性，可以向外汇管理局申请资产向境外转移。移民财产转移实行“一次性申请，分步汇出”的管理办法，“首次可汇出金额不得超过全部申请转移财产的一半；自首次汇出满一年结为如下几个方面（见表6－2）。

**表6－2　　　　跨境资金流动本外币监管差异**

| 项目 | | 外币 | 人民币 |
|---|---|---|---|
| 监管部门 | | 国家外汇管理局 | 中国人民银行货币政策二司为主 |
| 监管目标 | | 促进国际收支平衡，防范异常跨境资金流动风险 | 促进人民币贸易与投融资便利化，推动人民币国际化，并防范相关业务风险 |
| 监测系统 | | 经常项目下的监管系统（货物、服务贸易）、资本项目监管系统以及跨境资金监管等4个主要系统 | 人民币跨境收付信息管理系统（RCPMIS） |
| 监管力度 | 事后审核 | 利用RCPMIS系统，加强事中、事后管理，采用非现场核查与现场检查的方式 | 核查力度相对外汇核查力度较弱，并且与外管局有重叠，核查方法相对不完善 |
| 监管力度 | 检查处罚 | 目前尚未出台处罚细则和依据 | 法规政策相对不完善，没有明确的处罚细则和依据 |
| 经常项目 | 登记准入管理 | 具有进出口经营资格，并且有收付汇需求的企业，需进行名录登记 | 所有具备进出口经营资格的企业均可采用人民币进行跨境结算 |
| 经常项目 | 企业分类管理 | 企业分为A、B、C三类，具体实施差异化政策，业务种类和流程有不同的限制，实时动态调整 | 实行关注企业和出口重点监管企业管理，重点监管企业则由人民银行会同财政部等六部委联合确定，按年动态调整 |
| 经常项目 | 收付管理 | 企业出口收入待核查账户管理，实行企业分类差异化管理 | 跨境贸易人民币结算管理政策要求银行切实履行“展业三原则”，对贸易真实性进行合理审查，确保跨境收支具有真实的交易背景 |
| 经常项目 | 监测核查管理 | 依托货物贸易外汇监测系统采集企业信息进行监管 | 依托RCPMIS系统，对货物贸易人民币收付真实性进行监测、核查 |

续表

<table>
<tr><th colspan="3">项目</th><th>外币</th><th>人民币</th></tr>
<tr><td rowspan="2">经常项目</td><td colspan="2">转口贸易</td><td>单笔合同项下的转口贸易外汇收支有时间间隔和比例上的限制</td><td>同一笔合同项下的转口贸易人民币收支无时间间隔和比例上的限制，银行进行真实性核对后，即可办理资金收付</td></tr>
<tr><td colspan="2">出口收入境外存放管理</td><td>企业可将出口收汇存放境外，开立账户需经核准</td><td>企业可根据需要自主决定</td></tr>
<tr><td rowspan="3">资本项目</td><td rowspan="3">直接投资</td><td>外汇登记</td><td>外商投资、境外投资企业应办理外汇登记，并实行额度管理</td><td>外商直接投资、境外直接投资应按规定办理登记手续</td></tr>
<tr><td>资本金账户开立</td><td>外商投资企业可以开立多个外汇资本金账户、可以异地开户</td><td>境外投资者可根据银行结算账户管理规定，开立境外机构人民币基本存款账户、专用存款账户及一般存款账户，但同一批准文件只能开立一个人民币资本金专用账户，可根据需要自主决定</td></tr>
<tr><td>资金使用</td><td>1. 外汇资本金做入账登记后可直接使用，无须验资报告。2. 资本金可以办理转存定期、远期结售汇及掉期、结构性存款等保本型理财产品。3. 前期外汇资金流入实行专用账户管理，并实行限额管理</td><td>1. 外商投资企业的人民币资本金专用存款账户、人民币境外借款一般存款账户存放的人民币资金应当在批准的经营范围内使用，不得用于投资有价证券和金融衍生品，不得用于委托贷款，不得购买理财产品、非自用房产；对于非投资类外商投资企业，不得用于境内再投资。2. 外商投资企业资本金专用存款账户的人民币资金可以转存为一年期以内（含一年）的存款，外商投资企业的人民币境外借款一般存款账户存放的人民币资金不得转存。外商投资企业人民币资本金专用存款账户和人民币境外借款一般存款账户的人民币资金可以偿还国内外贷款。3. 境外投资者可开立人民币前期费用专用存款账户，银行在审核相关材料后，为其办理前期费用支付</td></tr>
</table>

续表

| 项目 | | | 外币 | 人民币 |
|---|---|---|---|---|
| 资本项目 | 境外借款 | 登记 | 举借外债的企业需到外汇局对每笔外债做签约登记 | 企业境外借用人民币资金纳入全口径跨境融资政策管理，在资本约束下可自主借用本外币资金 |
| | | 账户开立 | 外币外债一笔开立一个外债专户，但特殊情况下外币外债可以向外管局申请开立第二个 | 外商投资企业一笔境外人民币借款只能开立一个人民币一般存款账户办理资金收付 |
| | | 资金使用 | 债务人外债资金用途应当符合外汇管理规定 | 应按照借款合同规定的用途使用 |
| | 跨境担保 | | 企业外保内贷履约形成的对外负债、内保外贷及履约形成的对外债权需要在外管局进行登记，其他形式银行可直接办理 | 无须登记，银行直接办理 |
| | 资本市场 | | QDII 与 QFII 都需要获得额度审批，实行额度管理，管理较为严格；募集资金需要进行登记管理 | RQFII 需要获得额度审批，并规定使用范围 |
| 资金池 | 准入条件 | | 上年度境内成员企业（含主办企业）本外币跨境收支规模超过 1 亿美元；近三年无重大外汇违法违规行为；境内成员为贸易外汇收支企业名录内企业的，货物贸易分类结果应为 A 类 | 全国版资金池政策条件：上年度营业收入境内成员企业不低于 10 亿元人民币，境外成员企业不低于 2 亿元人民币；境内外成员企业需经营 1 年以上；自贸版资金池政策条件对境内外企业上年度营业收入要求为 5 亿元和 1 亿元 |
| | 额度管理 | | 净融入额不得超过主办企业集中调配的外债额度，净融出额不得超过主办企业集中调配的对外放款额度 | 跨境资金净流入额上限为资金池应计所有者权 × 宏观审慎政策系数，全国版、自贸版资金池的宏观审慎政策系数分别为 0.5 和 1 |
| | 资金用途 | | 不得直接或间接用于企业经营范围之外或国家法律法规禁止的支付；资金划转应符合相关账户的收支范围 | 不得投资有价证券、金融衍生品及非自用房地产，不得购买理财产品和非成员企业发放委托贷款 |

资料来源：根据政策法规及有关文献整理汇总。

第一，监管部门不同。跨境人民币和外汇管理的政策制定、业务管理、统计监测以及监管职责分属不同部门。跨境人民币主要是由人民银行进行管理，外汇主要由国家外汇管理局负责监管。

第二，监管目标不同。人民银行对人民币跨境收支监管的主要目标是为促进人民币贸易便利化，并防范相关业务风险。外汇管理的目标主要是促进国际收支平衡，防范异常跨境资金流动风险。

第三，监管系统不同。跨境人民币业务主要通过 RCPMIS 系统统计、分析和监测跨境人民币资金流动情况。外汇业务根据业务性质、管理需要建立了国际收支统计、经常项下业务管理、资本项下业务管理、外汇检查监测、跨境资金监测、账户管理等多个系统，具备较强的统计监测和分类管理能力。

第四，监管方法不同。在外汇管理方面，经常项目下已经实现完全可兑换，政策法规也相对比较完善，同时也具有完善的分层监管措施和手段，并将监管对象划分为企业和个人，然后进行差异化管理。对企业而言，将企业划分为 A、B、C 三类，然后实施不同的监管政策。在本币监管方面，央行对人民币跨境贸易主体实行重点企业监管，而非 A、B、C 企业分类监管。在收付款方面，跨境人民币贸易结算要求银行按照“展业三原则”要求对贸易真实性进行审查。在监管系统方面，对人民币的监管主要依赖人民银行的 RCPMIS 系统，市场主体办理业务较为便利。自 2016 年 11 月起，中国人民银行加强了跨境资金流动管理，提高了金融机构跨境收付信息报送要求，比如根据《中国人民银行关于印发〈人民币跨境收付信息管理系统管理办法〉的通知》（银发〔2017〕126 号），对于未按照规定报送信息的金融机构将被暂停跨境人民币业务办理资格，该办法还明确了人民银行对分支机构以及银行和相关接入机构的考核。总体而言，由于本外币资金管理理念和目标各有侧重，监管方法存在一定的差异。

第五，本外币资本项目开放度达到了新的水平。从国际货币基金组织资本和金融项目交易分类标准下的40个子项来看，目前我国达到可兑换和部分可兑换的项目已有37个，距实现人民币资本项目可兑换的目标已不遥远。人民银行按照“成熟一项、推出一项”的原则，有序推进人民币资本项目可兑换，在风险可控的条件下，进一步提高人民币可兑换、可自由使用程度，更好地满足实体经济需求。本着“放管结合”的原则，资本项目外汇管理在全面减少事前核准和行政审批的同时，还加大了事中、事后的监管力度，不断完善事中、事后监管政策和制度。目前已经基本形成了以登记为核心，兼有少量的规模管控和准入限制，监管方式上从审批核准向事中、事后监管转变。

第六，个人本外币跨境资金流动也不同。2014年人民银行发布文件，规定银行业金融机构可为个人开展的货物贸易、服务贸易跨境人民币业务提供结算服务。银行业金融机构在“了解你的客户”“了解你的业务”“尽职审查”三原则的基础上，可凭个人有效身份证件或者工商营业执照直接为客户办理跨境贸易人民币结算业务。同时，上海、天津、福建等自贸区可开展个人经常项下（除货物贸易、服务贸易外，还包括其他经常项目）和直接投资项下跨境人民币结算，天津、苏州可开展个人经常项下跨境人民币结算试点。就外汇而言，外汇管理办法规定（2007年国家外汇管理局《个人外汇管理办法实施细则》），对个人实行年度总额管理，每年每人可以自由使用5万等值美元跨境汇出。根据《中国人民银行关于内地银行与香港、澳门银行办理个人人民币业务有关问题的通知》（银发〔2004〕254号）、《中国人民银行关于内地银行与香港银行办理人民币业务有关问题的补充通知》（银发〔2005〕359号），若个人使用跨境人民币，香港、台湾地区每人每天8万元人民币，澳门地区每人每天5万元人民币，并且与2014年11月17日取消香港本地人民币兑换管制，实现香港地区人民币兑换自由。根据国家外汇管理局关于印发《外币代兑机构和自助兑换机业务管理规定》的通知（汇发〔2016〕11号），仍将个人年汇兑限额设定为5万元人民币（每人每日不超过1万元人民币），对自助兑换机实行的是每人每日限额5 000元人民币。

综上所述，从本外币跨境资金流动监管力度来看，经常项目开放程度大于资本项目，资本项目监管力度大于经常项目。本外币经常项目与资本项目差异化监管政策在提高资本监管效果的同时，无意中为跨境资金流动提供了新的流动渠道。尽管多渠道组合的跨境资金流动策略增加了跨境流动的成本，但也使得我国本外币跨境资金流动监管的难度大大增加，协同监管的需求正日益突出。

## 二、本外币政策差异对跨境资金流动管理的影响

2009年4月8日，国务院决定在上海、广州、深圳、珠海以及东莞等城市开展跨境人民币结算试点。该政策的实施虽然是人民币国际化的关键一步，但随着人民币国际化的稳步推进，产生了本外币协同监管的需求。

根据结算政策，可以将我国跨境资金监管划分为两个阶段，第

一阶段是在跨境人民币结算实施之前，该阶段对外贸易和投融资结算以外币为主，因而相关管理政策主要由国家外汇管理局为主导，基本不涉及协同监管问题。该阶段，我国对跨境资金流动的监管的绝大部分业务均以国家外汇管理局一个部门监管为主。国家外汇管理局自上而下由各地分支局按照属地原则和审批权限对相应业务进行统计、许可、非现场监测和检查等管理。根据《外汇管理条例》和外汇管理机构设置，各地外汇局普遍分设经常项目、资本项目、国际收支和外汇检查等部门，分别负责监督检查经常项目外汇收支的真实性、合法性；实施资本项目外汇管理，研究资本项目逐步可兑换；负责国际收支、对外债权债务统计和监测；培育发展外汇市场，承担结售汇业务监管；实施外汇监督检查，对违法行为进行处罚。在上述框架下，已建立起一个涵盖居民、非居民、自然人和法人等各类主体的外汇管理制度体系。

第二阶段是跨境人民币结算实施后，人民银行与国家外汇管理局共同管理跨境资金流动。人民银行根据《跨境贸易人民币结算试点管理办法》（中国人民银行、财政部、商务部、海关总署、国家税务总局、中国银行业监督管理委员会公告〔2009〕第10号发布）及《跨境贸易人民币结算试点管理办法实施细则》（银发〔2009〕212号）对跨境贸易人民币业务进行监管，具体执行由人民银行各分支机构的跨境办负责。

目前，我国尚未形成统一的本外币协同监管机制，在本外币分离监管过程中，正在试图构建一个协同监管的体系。上海自贸区在本外币一体化监管方面已经开始实践。2013 年 8 月，国务院正式批准设立中国（上海）自由贸易试验区（以下简称上海自贸区）。上海自贸区在资本项目可兑换、利率市场化以及本外币一体化管理等金融领域多方面的改革创新，对人民币国际化产生重要的影响。2014 年 5 月，人民银行上海总部发布《中国（上海）自由贸易试验区分账核算业务实施细则》和《中国（上海）自由贸易试验区分账核算业务风险审慎管理细则》，建立了自由贸易分账核算制度。分账核算制度围绕贸易和投资便利化政策，以自由贸易专用账务核算体系为工具和载体，实现本外币一体化监管。分账核算管理制度推出的自由贸易账户，允许金融机构根据企业需要在自贸区分账核算单元开立规则统一的本外币账户，即企业只需开立一个多币种账户，按照支付需求，自主选择币种进行支付。2015 年 2 月，人民银行上海总部发布的《中国（上海）自由贸易试验区分账核算业务境外融资与跨境资金流动宏观审慎管理实施细则（试行）》，建立了本外币跨境融资统一管理框架，并通过风险转换因子等宏观审慎管理手段，实现了简政放权和风险管理的有机结合，便于金融机构和企业开展正常金融活动。

# 第七章 我国跨境资金流动渠道与本外币协同监管

## 第一节 跨境资金流动总体路径分析

跨境资金流动按其稳定性可分为两类：一是与经济基本面相关的资金流动，此类跨境资金流动相对稳定；二是市场主体由于境内外宏观经济、资产收益和风险变化，进行资产配置或套利而引起的资金流动，此类跨境资金流动具有较强的不稳定性。本章主要对后者进行研究，依据资产组合理论从风险厌恶角度，分析市场主体作为投资者在投资组合过程中形成的对本外币需求，及其对跨境资金流动的影响。依据套利行为理论强调境内外市场主体在收益的驱动下，通过设计多方交易实现获利，由此分析其对跨境资金流动的影响。

### 一、无资本流动限制情况下跨境资金流动渠道

如果跨境资金可以自由流动，那么境内外市场主体所面对的是统一的外汇市场和外汇价格。投资者可以根据自己的需求买入或卖出本外币，因此只需通过外汇市场即可实现资金的跨境自由流动。

图7-1反映了无资本流动限制时本外币跨境资金流动渠道。

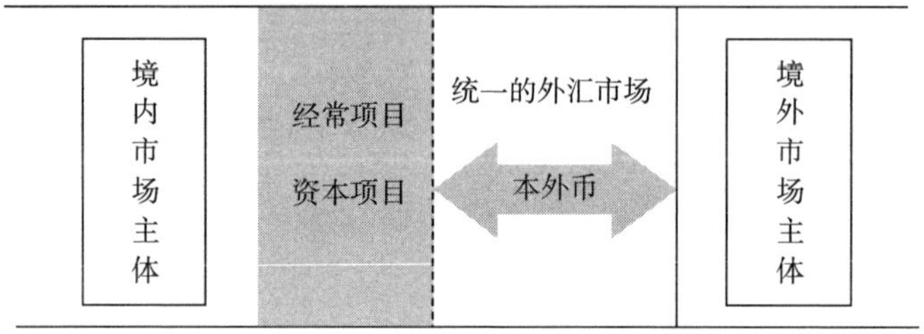


图7-1　资本自由流动时跨境资金流动渠道

## 二、有资本流动监管情况下跨境资金流动渠道

存在资本流动监管的情况下，部分市场主体会根据自身的需求，通过不同的策略和渠道实现跨境资金流动，从而进行境内外资产配置或套利。图7-2反映了在资本流动监管下我国本外币资金跨境流出渠道。

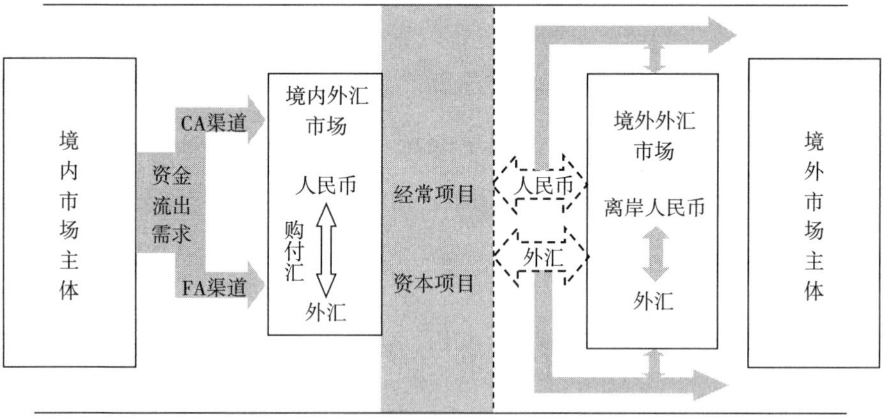


图7-2　资本流动监管下跨境资金流出渠道

## 第二节 跨境资金流动具体渠道分析

对于市场主体而言，如果跨境资金流动符合监管要求，比如额度在允许的范围内，那么市场主体通常选择正常途径实现跨境资金流入或者流出。如果跨境资金流动的需求不符合监管要求，部分市场主体选择其他渠道规避监管。

### 一、基于资产配置的跨境流动渠道分析

市场主体基于资产配置需求引起的跨境资金流动研究，主要依据资产组合平衡理论，即从风险厌恶角度分析境内外市场主体作为投资者，在选择投资组合过程中形成的对本币和外币的需求。该理论可以解释境内市场主体对外汇的需求以及境外市场主体对人民币的需求，及其对跨境资金流动的影响。

#### （一）经常项目渠道

有资产组合平衡需求的投资者（以下简称 BP 投资者）借助经常项目渠道，通过进口货物贸易、服务贸易将资金支付到境外，通过出口货物贸易、服务贸易实现资金流入。选择货物贸易或服务贸易实现跨境资金流动，存在税收和运输成本问题，BP 投资者通常在境外设立离岸公司完成。图 7-3 反映了利用经常项目实现资产组合平衡的策略。我国经常项目实现可兑换增强了市场主体经常项下资金运作弹性，BP 投资者为实现资金流出并将人民币兑换为外汇，通过境内公司 A 从境外离岸公司 B 进口商品或服务，并支付人民币给公司 B，由公司 B 在境外完成本外币兑换。如果是真实的交易，BP

投资者在实现资金流出的同时却增加了进口的商品或者服务，这与其只是希望将人民币转换成外汇的需求是不符的。因此，在经常项目渠道下，BP 投资者要实现资金流出的目的，多采取虚假贸易、虚报价格、离岸转手买卖等方式。跨境资金流入的策略类似，但方向相反。如果跨境人民币和外汇管理对于经常项下跨境资金流动的松紧程度不同，BP 投资者会选择监管相对宽松的渠道实现跨境资金出入。在利用经常项目下贸易实现资产组合平衡的策略中，涉及人民银行、外汇局、海关、税务、银行等，因此基于贸易项下跨境资金流动监管需多部门协作。

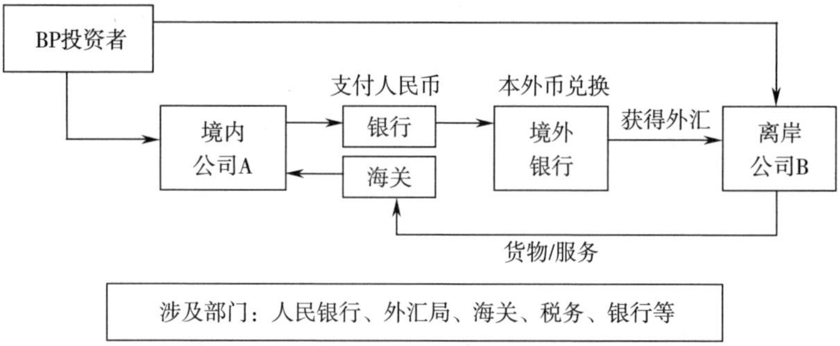


**图 7－3　通过经常项目实现资金流出策略**

## （二）资本项目渠道

BP 投资者借助资本项目渠道，通过外商直接投资（FDI）或对外直接投资（ODI）业务实现跨境资金流动。图 7－4 反映了 BP 投资者为了增加境外资产通过 ODI 渠道进行资产组合平衡的策略。BP 投资者通过境内公司 A 从银行购汇或以人民币对离岸公司 B 出资，公司 B 再投资并获得境外资产，实现境外资产配置。跨境资金流入的策略类似，但方向相反。在利用资本项目下直接投资实现资产组合平衡的策略中，涉及人民银行、外汇局、商务、工商、银行等多个部门。国家外汇管理局在外汇检查中发现类似案例，如 2010 年 3 月某旅游发展公司接受境外关联公司投入2 980万美元资本金。然后该公司立即与境内关联公司签订价值达 2.03 亿元的项目施工虚假合同。该旅游发展公司通过支付工程款、材料款等虚假费用，将资本金全部转入关联公司。该旅游发展公司为了将外商投资资本转为普通资金，设立了多个关联公司进行虚假投资，在 2014 年离岸市场的人民币汇率和利率明显低于境内市场的人民币汇率和利率的情况下，该交易策略获利可观。

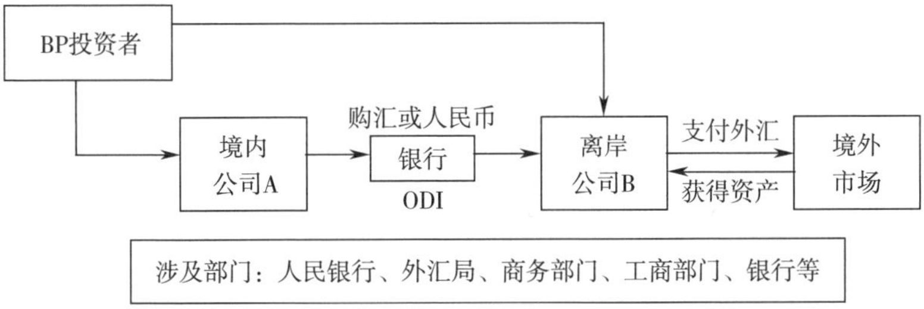


**图 7－4　通过资本项目实现资金流出策略**

## 二、基于套利投资的跨境资金流动渠道分析

套利投资者的跨境流动策略与资产组合平衡投资者策略的设计逻辑相似，但套利者的跨境资金流动策略要比资产组合平衡投资者的策略复杂很多，通常借助多个渠道才能实现。根据境内外利差和汇差两个维度并结合人民币升贬值情况，依次分析跨境资金流动策略。

由于在岸和离岸的人民币利率和汇率以及本外币监管都存在明显差异，因此套利投资者可以通过将在岸与离岸以及本外币组合的方式实现跨境资金的流动。根据在岸与离岸人民币利差和汇差将其分成六种可能情形（见表 7－1），分别为利差相同且在岸人民币汇率大于离岸人民币汇率、利差相同且在岸人民币汇率小于离岸人民币汇率、汇差相同且在岸人民币利率大于离岸人民币利率、汇差相同且在岸人民币利率小于离岸人民币利率、在岸人民币利率大于离岸利率且在岸人民币汇率小于离岸人民币汇率、在岸人民币利率小于离岸利率且在岸人民币汇率大于离岸人民币汇率。

**表7－1　　套利投资者跨境资金流动的理论情形**

| 境内外人民币利率 | 在岸 s = 离岸 s* | 在岸 s > 离岸 s* | 在岸 s < 离岸 s* | 升值预期 | 贬值预期 |
|---|---|---|---|---|---|
| $r = r^*$ | | 在岸借入美元并高价卖出美元，离岸低价买入美元，境外获利美元，并偿还美元<br>离岸借入人民币并高价卖出人民币，在岸低价买入人民币，境内获利人民币，并偿还人民币 | 离岸高价卖出美元，在岸低价买入美元，境内获利美元<br>在岸高价卖出人民币，离岸低价买入人民币，境外获利人民币 | 即期卖出美元买入人民币，远期卖出人民币买入美元，获利美元 | 即期卖出人民币买入美元，远期卖出美元，买入人民币，获利人民币 |
| $r > r^*$ | 离岸低价借入人民币，在岸高价存入人民币，到期偿还人民币 | | 离岸低价借入美元并高价卖出美元，在岸高价存入人民币，到期高价卖出人民币，偿还美元，获利美元<br>离岸低价借入人民币，在岸高价存入人民币，到期在岸取出并在离岸偿还人民币，获利人民币 | 离岸低价借入美元并高价卖出美元，在岸高价存入人民币，到期高价卖出人民币，偿还美元，获利美元 | |
| $r < r^*$ | 在岸低价借入人民币，离岸高价存入人民币，到期偿还人民币 | 在岸低价借入美元并高价卖出美元，离岸高价存入人民币，到期高价卖出人民币，偿还美元，获利美元<br>在岸低价借入人民币，离岸高价存入，到期离岸取出并在岸偿还人民币，获利人民币 | | 在岸低价借入美元并高价卖出美元，离岸高价存入人民币到期高价卖出人民币，偿还美元，获利美元 | |

注：$r$ 和 $r^*$ 分别为在岸与离岸人民币利率，$s$ 和 $s^*$ 分别为在岸与离岸人民币兑美元汇率。

## （一）利差套利策略

当在岸与离岸汇率相同时，套利者主要通过离在岸利差进行套利。当在岸利率高于离岸利率，在离岸市场借入人民币并将其流入境内，再在境内存入人民币，到期偿还人民币后，可获得无风险的利差收益。反之亦然。

图 7－5 反映了以离岸转手买卖为渠道的套利策略。套利者通过境内公司 A 从离岸公司 B 进口货物并开出信用证，再将货物转卖给离岸公司 C。公司 B 通过境外银行办理信用证贴现，获得低成本融资并借款给公司 C。公司 C 向公司 A 支付货款，公司 A 结汇存入境内银行。信用证到期后，公司 A 还款并获得人民币利差收益。公司 A 可以将存入的人民币作抵押，循环套利至套利条件消失。在离在岸汇率市场价格基本持平的情况下，套利者进行利差套利时，主要根据跨境人民币和外汇对离岸转手买卖监管的宽松程度，选择管理较为宽松的渠道进行套利。

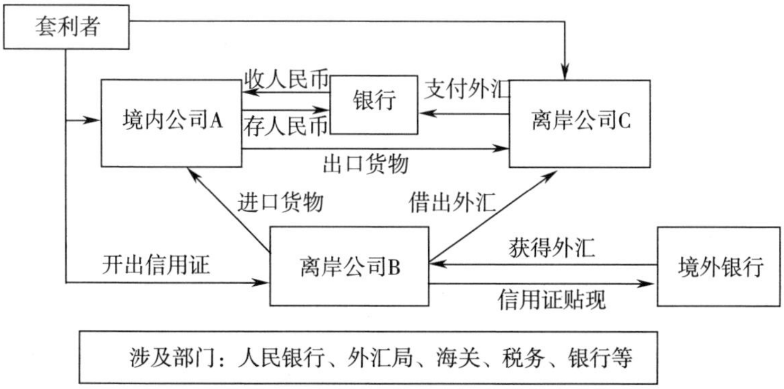


**图 7－5　利用离岸转手买卖的利差套利策略**

## （二）汇差套利策略

当在岸与离岸利率相同时，套利者主要通过离在岸汇差进行套利。其套利策略为在价格低的市场买入，在价格高的市场卖出。当在岸与离岸利率相同时，套利者主要通过在岸与离岸的汇差实现套利。如果不考虑汇率未来升贬值的变动可能，其套利策略为在价格低的市场买入，然后在价格高的市场卖出。当在岸人民币兑美元汇率高而离岸人民币兑美元汇率低时，可以选择在岸买入人民币，离岸卖出人民币，获利美元；或者离岸买入美元，在岸卖出美元，获利人民币。反之，当在岸人民币兑美元汇率低而离岸人民币兑美元汇率高时，可以选择离岸买入人民币，在岸卖出人民币，获利美元；或者在岸买入美元，离岸卖出美元，获利人民币。

图 7 –6 反映了当在岸人民币兑美元汇率高于离岸价格时，利用离岸转手买卖进行汇差套利，获得人民币套利收益的策略。套利者通过境内公司 A 从离岸公司 B 进口货物并开出信用证，再将货物转卖给离岸公司 C。公司 B 境外办理信用证贴现，获得美元融资并支付给公司 C。公司 C 支付公司 A 美元货款，公司 A 在在岸市场将美元结汇，实现人民币套利。如果在岸人民币兑美元汇率低于离岸价格，套利策略需将进口改为美元结算、出口改为人民币结算，获得

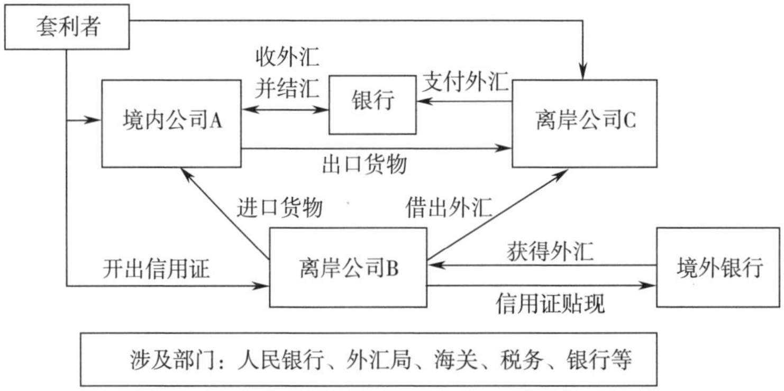


图 7 –6　利用离岸转手买卖的汇差套利策略

美元套利目的。在汇差套利中，由于必然涉及本币与外币的同时流动，因此需要人民银行、国家外汇管理局、海关等部门实施监管。

需要特别指出的是，与利差相比，汇差套利过程持续的时间一般不会太长。原因在于，时间越长汇率变动的概率越高，利用汇差套利的风险就越大。但在两种情况下，汇差套利的时间间隔会变长。第一，升贬值预期趋势在未来是稳定的，由于套利者预期政府很可能干预汇率升值或贬值，这导致汇差套利可以在更长的时间内获得更高利润。第二，套利者可以借助远期或掉期锁定未来汇率变动的风险，那么套利者就会选择延长汇差套利的期间。

### （三）利差与汇差组合套利策略

如果持有本币（或外币）资产可以获得较高利息，而在兑换成外币（或本币）时又可以更高的价格卖出本币，那么投资者可以同时获得利差和汇差。当在岸利率大于离岸利率且在岸汇率小于离岸汇率时，离岸借入美元买入人民币，并将其存入在岸市场。到期后获得利差的同时，将人民币在岸卖出并买入美元，然后将美元跨境流入到离岸市场，偿还美元，境外获利美元，即外汇流出。当在岸利率小于离岸利率且在岸汇率大于离岸汇率时，在岸借入美元并买入人民币，然后将其存入离岸市场。到期后获得利差的同时，将人民币在离岸市场卖出并买入美元。然后将美元回流至境内，偿还美元，境内获利美元，即外汇流入。

图7－7反映了利用离岸转手买卖同时获得利差与汇差的套利策略。公司A出口时选择收取人民币货款，离岸公司C在离岸市场将美元兑换为人民币并支付给公司A。公司A在到期时再将人民币兑换成美元，支付信用证融资。

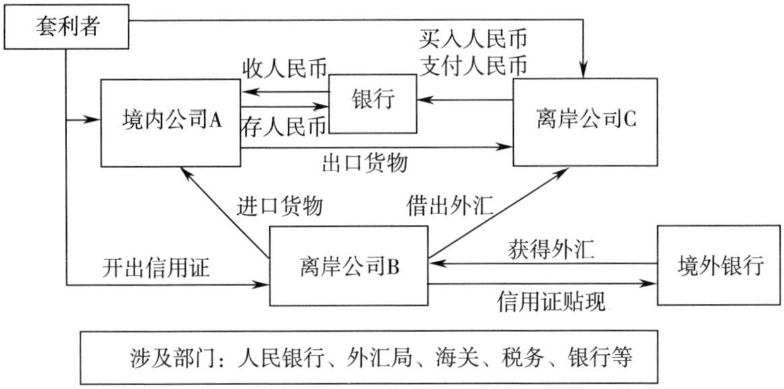


图7-7　利用离岸转手买卖的利差与汇差套利策略

综上分析，资产组合平衡投资者的跨境资金流动策略相对比较简单，但套利者的跨境资金流动策略则要复杂很多。由于实践中资产组合平衡投资者和套利者的自身情况、国内外经济与金融环境等都存在差异，因此列举了资产组合平衡投资和套利采取的主要策略和跨境资金流动渠道。

## 第三节　跨境资金流动本外币协同监管

### 一、跨境资金流动策略对本外币协同监管的影响

#### （一）利用本外币政策和监管上差异规避监管

跨境资金本外币监管分属人民银行和外汇局，市场主体会寻求监管较为宽松渠道或本外币联动业务进行资产配置或套利，从而规避监管。本外币跨境资金监管存在的主要问题是，缺乏整体联动性和协同性监管。一是跨境人民币业务以推广人民币在国际范围使用为目标，而外汇管理以防范异常跨境资金流动为目标，由于目标理

念不同，形成了政策松紧程度和具体业务管理上的差异。二是跨境人民币和外汇管理采取相对独立的监管模式，统计系统、监测系统和监管方式均有所不同，导致本外币监管缺乏联动性和协同性。个别市场主体利用本外币政策上的差异以及监管的相对独立性进行境内外本外币间套利活动，降低了监管的有效性。同时，本外币业务统计系统相对独立、统计口径不一致，也容易造成监管数据偏差，影响监测分析的准确性。

### （二）市场主体策略创新增加管理难度

市场主体对离在岸市场变化较为敏感，利率汇率波动推动了跨境资金流动策略创新，也增加了跨境资金的监管难度。针对市场主体利用虚假交易、离岸转手买卖等手段进行资产组合平衡或套利的，跨境资金监管存在的主要问题是管理工具上市场化调控工具的运用有待加强。一是当前贸易信贷和贸易融资的管理相对宽松，在符合真实交易和履行必要的报告义务后，企业可自主决定业务的期限、规模和方向。且贸易信贷属于商业信用，较多发生在企业关联交易中，其贸易真实性较难核实。二是资本项目下跨境资金流动宏观审慎管理工具使用缺少经验，在政策放宽、信息不对称的情况下，如何运用宏观审慎管理工具对资本项目跨境资金流动的规模和期限进行调控还需进一步探讨。三是系统监测方面无法对构造交易有效甄别，监测系统尚不能对构造交易进行有效甄别和监测，如针对离岸转手买卖业务，系统无法提供提单基础信息（货物信息、起运港和运抵港等），只有通过现场检查了解企业业务情况，对海运提单进行核查，才能掌握具体交易环节。

### （三）跨境资金监管涉及多个部门

市场主体为规避监管拉长跨境资金流动链条，跨境资金监管除人民银行、外汇局，还涉及海关、税务、商务、工商等多个部门，如货物贸易项下资金流动涉及人民银行、外汇局、海关、税务等部门，直接投资项下资金流动涉及人民银行、外汇局、商务部门等，证券项下资金流动涉及人民银行、外汇局、证监会等。为了防控异常跨境资金流动，以及异常资金快进快出对我国经济金融市场造成的影响，需要加强多部门联合监管。

## 二、跨境资金流动协同监管的典型案例

近年来监管部门不断加强现场与非现场监管，从国家外汇管理局公布的违规案例中不难发现，本书前述分析到的各种规避监管的跨境资金流动策略及渠道都有不同程度的体现，这里收集整理了国家外汇管理局发布的有关违规案例，共计36个，有关详细内容见附表9。

依据处罚对象的不同，本书将违规案例分为企业、个人和银行三类。在处罚企业的案例中，大多企业通过虚编合同或者虚构转口贸易等行为，实现非法跨境资金流动。比如宁波大程国际贸易有限公司勾结境外多家公司，使用其他公司作废提单，虚构转口贸易合同，非法转移资金。2015年8月至9月，该公司在虚假合同中以高于市场价5倍至20倍的交易价格，先后15次向境外非法转移资金高达1.19亿美元。

在处罚个人的案例中，个人主要通过借助他人外汇额度实施蚂蚁搬家式的跨境资金流入或者流出，或者通过地下钱庄实现跨境资金的非法流动。比如山东籍赵某为实现大额兑换外汇目的，将公司账户内资金分散划入其公司41名员工个人账户，利用这些员工个人

购汇额度通过网银办理购汇。2015 年 2 月至 12 月，赵某组织人员将所购外汇分 439 笔合计 204.68 万美元全部提取现钞，然后将所有资金归集后以定期存款形式存入其个人账户。而史某为将资产转移到境外，从 2015 年 6 月至 7 月将 644 万元人民币分 7 笔转入地下钱庄控制的境内账户，再通过地下钱庄境外账户在澳大利亚收取 123.47 万澳元。

在处罚银行的案例中，部分银行未能尽职履责，导致资金非法跨境流动。比如 2014 年 9 月至 2015 年 4 月兴业银行重庆分行为 6 家异地企业的转口贸易提供了付汇业务，该行未能发现提交的提单均为虚假提单，装箱单、提单货物重量差异明显，并且未对转口贸易及单证真实性、合理性进行尽职审核。最终该行为上述企业办理非法套利付汇业务 15 笔，金额高达 1.62 亿美元。类似的情况在大型商业银行、股份制银行、城商行以及农商行都有不同程度的出现。

## 第四节　我国本外币跨境资金流动协同监管体系设想

### 一、本外币跨境资金流动协同监管的两个阶段

综合以上分析，伴随我国监管制度变化、人民币国际化战略实施、国内外经济环境以及投资者需求变化等因素的出现，我国本外币跨境资金流动活动也日益活跃，并对当前跨境资金流动监管体系带来了影响。尽管人民币国际化要求我国最终要实现资本自由流动，但这种目标短期内可能无法实现。德国马克与日元的国际化经验以

及新兴市场的资本管制经验也充分表明，新兴货币的崛起必然需要一个较长的期限来解决遇到的各种可能问题。当前国内外经济、金融形势复杂多变，本外币跨境资金流动可能随经济形势变化而转向，因此如何协调本币和外币跨境资金流动有效监管是值得关注的问题。

我国跨境资金流动在不同时期呈现不同特征，这对监管部门提出了挑战。尽管目前我国监管部门已经采取了很多措施，提高和改善跨境资金监管的效果，但形成有组织、系统、高效的协同监管机制仍然十分必要。跨境人民币管理部分政策宽松于外汇管理的背景原因，一是我国推进人民币国际化进程，为了鼓励市场主体使用人民币进行跨境交易，在管理上要促进人民币贸易投资便利化。二是外汇管理在简政放权、取消不必要的行政审批的同时，监管方式的重心由事前审核向监测分析、现场和非现场核查以及数据质量控制等事后监管方式转变，加强了对异常跨境资金流动的风险防范。考虑到跨境资金本外币管理分属不同部门，短期内较难实现本外币一体化监管，建议本外币一体化监管采取分步走的方式。第一阶段为本币与外币监管相对独立的跨境资金流动协同监管，采取“监测先行，差异化管理并存”的协同监管方式。第二阶段为本外币一体化监管，最终实现“无差异、一体化管理”。

本外币跨境资金流动涉及的监管部门分为两类，一类是主要监管部门，包括人民银行和国家外汇管理局。按照目前的职能划分，人民银行负责人民币跨境资金流动的监管，国家外汇管理局负责外汇跨境资金流动的监管。另一类是协助监管部门，包括海关、银监会、工商部门、公安部门、银联等支付通道以及自贸区政府部门等。需要特别说明的是，由于反洗钱工作的特殊性，不是本书关注的重点。本书关注的反洗钱之外跨境资金流动中需要公安部门提供协助的情况，比如共同打击地下非法跨境资金流动渠道、非法贸易等。在现有的监管体系中，各监管部门分别赋予了不同的职能，各自独立行使监管职能。在实践中，部分监管部门已经积累了协同监管的经验，形成了一些协同监管的机制，但这种协同很少同时涉及本币和外汇的跨境资金流动。随着人民币国际化进程的不断加快，这种复杂的跨境资金流动规模大幅增长。当前人民银行、国家外汇管理局等部门虽然积极开展协同监管，但其效率有待进一步提高。

在本外币跨境资金流动协同监管的第一阶段，人民银行和国家外汇管理局作为主要监管部门，由人民银行制定宏观政策，进行宏观调控管理；由国家外汇管理局进行微观监测，加强事中事后管理，加强对本外币异常资金流动风险防范。人民银行、国家外汇管理局加强与其他协助部门的信息沟通，其他协助部门做好支持配合工作。在协同监管的第二阶段，人民银行和国家外汇管理局伴随人民币国际化和资本项目可兑换进程的推进，逐步放松本外币管理，加强对本外币管理政策的整合，统一管理口径，拉平政策差异，实现高效的本外币联合管理和监测。

## 二、本外币跨境资金流动协同监管框架和机制

### （一）本外币跨境资金流动协同监管框架

在前文分析的基础上，本外币跨境资金流动监管部门间的非正式、临时性合作只是权宜之计，制度化、高效的协同监管体系与机制建设是必然的结果，本外币跨境资金流动协同监管的第一阶段，建议搭建跨境资金流动本外币协同监管体系框架，设立两个协调机

构负责本外币跨境资金流动监测和联动管理工作，如图7－8所示。

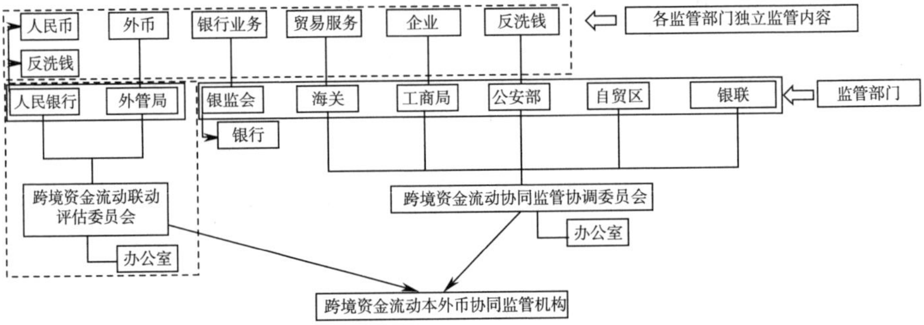


**图7－8　我国本外币跨境资金流动协同监管体系框架**

成立本外币跨境资金流动联动评估委员会。该委员会由主要监管部门负责，其职责是建立我国本外币跨境资金流动的测度模型，定期对我国跨境资金流动的情况进行监测和分析。监测的对象不仅包括外币，也包括本币。联动评估委员有三个重要职能。一是设计跨境资金流动的测度模型，确保有关的评估是建立在科学的理论基础上的。二是联合监测，各部门需要根据联合监测的要求，提供相关的数据与信息。三是联合评估监测的结果，准确评估跨境资金流动影响的严重性、不同时期的特点、可能的策略以及可能涉及的部门，并作为下一步实施协同监管的依据。该委员会的另外一个重要功能是及时评估本币货币政策对跨境资金流动的影响。原本侧重于解决国内问题的货币政策，可能会无意之中加剧跨境资金的流动，或者原本用于解决国际收支失衡的监管措施，也可能会影响到国内货币政策。评估委员会需要提前作出判断，做到未雨绸缪。

成立跨境资金流动协同监管协调委员会。该委员会由主要监管部门和协助监管部门共同组成。行动委员会的主要任务是依据跨境资金流动联动评估委员会作出的评估结果，共同商定是否要采取协同监管行动。如果需要实施协同监管行动，行动委员会需要确定各协同部门在整个行动中的职责分工、工作重点、工作流程以及衔接与沟通机制等。如此一来，行动委员会的协作与同步监管可以确保人民银行、国家外汇管理局主要监管部门在加强监管力度时，其他协助部门也能同步且有针对性地加强监督，从而尽量确保所有可能的非法跨境资金流动渠道被有效控制。

上述两个协同监管委员会定期召开会议，就有关重要问题进行讨论。但为了确保其协同监管的效率，研究建议在两个协同监管委员会下设办公室，负责日常重要工作。联动评估委员会下设办公室，负责按照委员会的要求设计和完善跨境监测模型、协调各监管部门获取必要的数据、对监测结果进行初步分析并为委员会定期召开提供详细的材料。协同监管行动委员下属办公室负责拟订联合行动的工作流程、职责分工以及各监管部门的协调与沟通机制等内容，并提交委员会决议。同时该办公室负责监督和评估各监管部门落实行动委员会决议的情况，及时了解执行的情况，形成报告并提交委员会，由委员会讨论如何改进协同监管。

考虑到国家外汇管理局在跨境资金流动监管方面已经积累了丰富的监管经验，具备承接上述工作的绝大部分条件，建议将跨境资金流动联动评估委员会与协同监管行动委员会的办公室设在国家外汇管理局。

### （二）本外币跨境资金流动协同监管运行机制

为了确保上述本外币跨境资金流动协同监管体系能够有效运行，需加强以下几方面的协同监管机制建设。

建立制度协同机制。现有法律分别赋予了人民银行和国家外汇管理局本币与外币的监管权限，人民银行与国家外汇管理局应进一步明确本外币管理目标的一致性，建立制度协同机制，为未来统一本外币一体化监管做好前期准备。人民银行和国家外汇管理局加强制度协同机制建设的重点为对跨境资金本外币监管政策进行全面性、系统性的梳理，评估分析本外币监管政策、管理方式的具体差异以及在不同经济环境下可能对跨境资金流动监管产生的影响，制定分阶段实现本外币监管政策整合、统一监管口径的工作步骤，为未来本外币一体化监管政策做好前期准备。特别针对本外币管理政策差异较大、对当前跨境资金流动管理影响较大的政策，要尽快统一本外币管理政策，减少异常资金或套利资金利用管理较为宽松的渠道规避管理的行为。

建立信息管理协同机制。信息管理协同机制需要各监管部门有效记录、管理和共享必要的信息，各管理部门需要达成协议，及时提供相应的信息。目前来看，人民币跨境交易已经按照国际收支统计的要求记录有关数据，但在数据共享方面仍有待进一步加强。如跨境人民币账户下的资金流动主要由人民银行掌握，当国家外汇管理局发现异常的跨境资金流动时，无法及时有效获取人民币资金的真实去向。建立信息管理协同机制的重点应该放在跨境资金流动数据的收集与共享方面，人民银行与国家外汇管理局实现数据共享和信息共享，对跨境资金流动情况进行全口径的研判分析，外汇上分类管理的企业和重点关注的业务，适用于跨境人民币业务，跨境人民币负面清单管理情况也适用于外汇业务。对外与海关、税务、工商等相关部门建立数据共享工作机制，通过数据间的相互印证，多口径、多维度了解企业跨境资金来源、用途和运用路径，强化业务的真实性审核和事中事后监管。数据信息共享上，各监管部门应就需要的数据类型、格式、期限、范围等具体内容进行充分沟通，获得各方认可。

建立协同监测评估机制。跨境资金流动协同监测评估包括两部分。第一部分是建立跨境资金流动的监测模型。主要工作由国家外汇管理局承担，负责跨境资金流动模型的设计、监测和检验，人民银行负责提供本币跨境资金流动的有关信息。跨境资金流动监测模型应当考虑两个层面的因素。第一个层面是宏观层面的因素，包括经济增速、通货膨胀、失业率、利率等信息。根据前文分析，这些是驱动资金跨境流动的系统性因素。第二个层面是微观因素，包括企业财务、业务、控制人等信息，这些是决定哪些企业可能出现异常跨境资金流动的因素。第二部分是对监测结果的评估。国家外汇管理局联合人民银行、海关、税务、商务、工商等部门，根据监测的结果来具体分析跨境资金流动的实现策略、路径以及可能的记录，对异常跨境资金流动情况分析研判，形成详细的评估报告。

建立联合行动机制。联合行动机制要求各监管部门对跨境资金流动采取同步监管措施及行动。如果跨境资金流动的需求强烈，对某个渠道加强监管，只要成本在其可承受的范围之内，可能引起需求转向其他渠道。在现实中，不同的需求者能够承受的成本是存在差异的，正常套利的需求者能够承受的成本最小，资产组合风险太大的需求者可以承受更高的成本。当国家外汇管理局加强对异常跨境资金流动的监管，跨境资金流动的需求者会选择监管相对宽松的人民币渠道实现资金流动。如跨境资金通过人民币渠道流出，会对离岸市场人民币供给过多，导致离岸人民币汇率贬值更大，反过来又影响了在岸人民币汇率。可以看到，单方面的监管加强，不仅对跨境资金管理的目标无法顺利实现，还会对宏观经济政策，如货币政策、汇率政策产生影响。因此，在跨境资金流动协同监管机制下，各部门采取联合行动有助于提高跨境资金管理效率。

建立职责分工与工作流程。本外币协同监管机制相关部门应按照本部门监管职能，承担相应的跨境资金流动监管职责。建立联合监测评估程序，各监管部门在其独立管理工作中，获得涉及多部门管理的异常跨境资金流动线索，可以发起本外币协同监管工作会议，相关部门共同讨论研究，对异常跨境资金流动线索进行评估分析，根据评估结果决定是否采取联合行动。如果需要采取联合行动，启动联合行动程序，确定各部门在联合行动中的职责分工、采取的管理措施，共同进行监管，形成监管合力。

## 三、本外币跨境资金流动协同监管长期展望

综合当前国内外政治、社会与经济金融等因素来看，我国跨境资金流动很可能会在未来较长一段时间面临本外币监管同时存在的情况。因此，从现在开始针对有关问题进行深入研究与分析，形成制度化的协同监管机制以提高监管的效率是必然的结果。但从更长远的视角看，人民币最终要成为集交换媒介、记账单位与价值贮藏三个功能于一体的国际货币，这必然要求形成相对统一的本外币市场以及统一的本外币监管。综合德国马克与日本日元的经验不难发现，实现这一目标不仅需要较长的时间，也需要监管不断地调整和优化，以适应不同阶段的内外部环境与政策目标。在从阶段性的本外币协同监管向统一的本外币协同监管转变过程中，需要注意如下

几个方面：

第一，可考虑“监测先行，差异化监管并存”，放松本外币监管过程中，逐步向“无差异、一体化管理”过渡的构建思路。在初期不存在修改现行监管体系的情况下，要承认本外币差异化监管存在的必要性，但必须加强对本外币跨境资金流动的监测与评估，以判断其对国内经济政策与经济活动的影响。在国内外形势比较稳定时，综合人民币国际化战略、人民币汇率制度改革等因素，逐步放松本外币监管，缩小本外币监管之间的差异程度。最后，待时机成熟再考虑实施本外币一体化监管。

第二，人民银行和国家外汇管理局应逐步整合本外币跨境资金流动的各项监管政策和各个监测系统，逐步拉平本外币监管政策，整合系统实现覆盖跨境资金监测的全口径数据信息，便于监管部门进行监测分析。各监管部门还需要根据协同监管的需要不断更新完善监测系统。

第三，完善跨境资金流动的预警机制与体系，提前对跨境资金流动的变化做出预判，尽量采用经济型管理手段来引导跨境资金的流动。要减少或避免采用不必要的非经济型管理手段，减少国际争议。

# 附　录

附表 1　　中国人民银行和其他中央银行或货币当局双边本币互换一览表（截至 2017 年 7 月底）

| 序号 | 国家或地区 | 协议签署时间 | 互换规模 | 期限 |
|---|---|---|---|---|
| 1 | 韩国 | 2009. 4. 20、2011. 10. 26（续签）2014. 10. 11（续签） | 1 800 亿元人民币/38 万亿韩元　3 600 亿元人民币/64 万亿韩元（续签）3 600 亿元人民币/64 万亿韩元（续签） | 3 年 |
| 2 | 中国香港 | 2009. 1. 20、2011. 11. 22（续签）2014. 11. 22（续签） | 2 000 亿元人民币/2 270 亿港元　4 000 亿元人民币/4 900 亿港元（续签）4 000 亿元人民币/5 050 亿港元（续签） | 3 年 |
| 3 | 马来西亚 | 2009. 2. 8、2012. 2. 8（续签）2015. 4. 17（续签） | 800 亿元人民币/400 亿马来西亚林吉特　1 800 亿元人民币/900 亿马来西亚林吉特（续签）　1 800 亿元人民币/900 亿马来西亚林吉特（续签） | 3 年 |
| 4 | 白俄罗斯 | 2009. 3. 11、2015. 5. 10（续签） | 200 亿元人民币/8 万亿白俄罗斯卢布　70 亿元人民币/16 万亿白俄罗斯卢布（续签） | 3 年 |
| 5 | 印度尼西亚 | 2009. 3. 23、2013. 10. 1（续签） | 1 000 亿元人民币/175 万亿印尼卢比　1 000 亿元人民币/175 万亿印尼卢比（续签） | 3 年 |
| 6 | 阿根廷 | 2009. 4. 2、2014. 7. 18（续签）2017. 7. 18（续签） | 700 亿元人民币/380 亿阿根廷比索　700 亿元人民币/900 亿阿根廷比索（续签）　700 亿元人民币/1 550 亿阿根廷比索（续签） | 3 年 |

续表

| 序号 | 国家或地区 | 协议签署时间 | 互换规模 | 期限 |
|---|---|---|---|---|
| 7 | 冰岛 | 2010. 6. 9、2013. 9. 11（续签）<br>2016. 12. 21（续签） | 35 亿元人民币/660 亿冰岛克朗　35 亿元人民币/660 亿冰岛克朗（续签）<br>35 亿元人民币/660 亿冰岛克朗（续签） | 3 年 |
| 8 | 新加坡 | 2010. 7. 23、2013. 3. 7（续签）<br>2016. 3. 7（续签） | 1 500 亿元人民币/300 亿新加坡元　3 000 亿元人民币/600 亿新加坡元（续签）<br>3 000 亿元人民币/640 亿新加坡元（续签） | 3 年 |
| 9 | 新西兰 | 2011. 4. 18、2014. 4. 25（续签）<br>2017. 5. 19（续签） | 250 亿元人民币/50 亿新西兰元　250 亿元人民币/50 亿新西兰元（续签）<br>250 亿元人民币/50 亿新西兰元（续签） | 3 年 |
| 10 | 乌兹别克斯坦 | 2011. 4. 19（已失效） | 7 亿元人民币/1 670 亿乌兹别克苏姆 | 3 年 |
| 11 | 蒙古国 | 2011. 5. 6、2012. 3. 20（扩大）<br>2014. 8. 21（续签）<br>2017. 7. 6（续签） | 50 亿元人民币/1 万亿蒙古图格里克　100 亿元人民币/2 万亿蒙古图格里克（扩大）　150 亿元人民币/4. 5 万亿蒙古图格里克（续签）　150 亿元人民币/5. 4 万亿蒙古图格里克（续签） | 3 年 |
| 12 | 哈萨克斯坦 | 2011. 6. 13、2014. 12. 14（续签） | 70 亿元人民币/1 500 亿哈萨克斯坦坚戈　70 亿元人民币/2 000 亿哈萨克斯坦坚戈（续签） | 3 年 |
| 13 | 泰国 | 2011. 12. 22、2014. 12. 22（续签） | 700 亿元人民币/3 200 亿泰铢　700 亿元人民币/3 700 亿泰铢（续签） | 3 年 |
| 14 | 巴基斯坦 | 2011. 12. 23、2014. 12. 23（续签） | 100 亿元人民币/1 400 亿巴基斯坦卢比　100 亿元人民币/1 650 亿巴基斯坦卢比（续签） | 3 年 |
| 15 | 阿联酋 | 2012. 1. 17、2015. 12. 14（续签） | 350 亿元人民币/200 亿阿联酋迪拉姆　350 亿元人民币/200 亿阿联酋迪拉姆（续签） | 3 年 |
| 16 | 土耳其 | 2012. 2. 21、2015. 9. 26（续签） | 100 亿元人民币/30 亿土耳其里拉　120 亿元人民币/50 亿土耳其里拉（续签） | 3 年 |
| 17 | 澳大利亚 | 2012. 3. 22、2015. 3. 30（续签） | 2 000 亿元人民币/300 亿澳大利亚元　2 000 亿元人民币/400 亿澳大利亚元（续签） | 3 年 |

续表

| 序号 | 国家或地区 | 协议签署时间 | 互换规模 | 期限 |
|---|---|---|---|---|
| 18 | 乌克兰 | 2012.6.26、2015.5.15（续签） | 150 亿元人民币/190 亿乌克兰格里夫纳　150 亿元人民币/540 亿乌克兰格里夫纳（续签） | 3 年 |
| 19 | 巴西 | 2013.3.26（已失效） | 1 900 亿元人民币/600 亿巴西雷亚尔 | 3 年 |
| 20 | 英国 | 2013.6.22、2015.10.20（续签） | 2 000 亿元人民币/200 亿英镑　3 500 亿元人民币/350 亿英镑（续签） | 3 年 |
| 21 | 匈牙利 | 2013.9.9、2016.9.12（续签） | 100 亿元人民币/ 3 750 亿匈牙利福林　100 亿元人民币/4 160 亿匈牙利福林（续签） | 3 年 |
| 22 | 阿尔巴尼亚 | 2013.9.12（已失效） | 20 亿元人民币/358 亿阿尔巴尼亚列克 | 3 年 |
| 23 | 欧央行 | 2013.10.8、2016.9.27（续签） | 3 500 亿元人民币/450 亿欧元　3 500 亿元人民币/450 亿欧元（续签） | 3 年 |
| 24 | 瑞士 | 2014.7.21、2017.7.21（续签） | 1 500 亿元人民币/210 亿瑞士法郎　1 500 亿元人民币/210 亿瑞士法郎（续签） | 3 年 |
| 25 | 斯里兰卡 | 2014.9.16 | 100 亿元人民币/2 250 亿斯里兰卡卢比 | 3 年 |
| 26 | 俄罗斯 | 2014.10.13 | 1 500 亿元人民币/8 150 亿俄罗斯卢布 | 3 年 |
| 27 | 卡塔尔 | 2014.11.3 | 350 亿元人民币/208 亿里亚尔 | 3 年 |
| 28 | 加拿大 | 2014.11.8 | 2 000 亿元人民币/300 亿加拿大元 | 3 年 |
| 29 | 苏里南 | 2015.3.18 | 10 亿元人民币/5.2 亿苏里南元 | 3 年 |
| 30 | 亚美尼亚 | 2015.3.25 | 10 亿元人民币/770 亿德拉姆 | 3 年 |
| 31 | 南非 | 2015.4.10 | 300 亿元人民币/540 亿南非兰特 | 3 年 |
| 32 | 智利 | 2015.5.25 | 220 亿元人民币/22 000 亿智利比索 | 3 年 |
| 33 | 塔吉克斯坦 | 2015.9.3 | 30 亿元人民币/30 亿索莫尼 | 3 年 |
| 34 | 摩洛哥 | 2016.5.11 | 100 亿元人民币/150 亿摩洛哥迪拉姆 | 3 年 |
| 35 | 塞尔维亚 | 2016.6.17 | 15 亿元人民币/270 亿塞尔维亚第纳尔 | 3 年 |
| 36 | 埃及 | 2016.12.6 | 180 亿元人民币/470 亿埃及镑 | 3 年 |

资料来源：根据中国人民银行网站公开信息整理。

**附表 2**

## 跨境人民币经常项目下监管政策分析

| 政策内容 | 流入 | 流出 | 被监管成本 | 监管成本 | 监管部门及监管方式 |
|---|---|---|---|---|---|
| 1. 人民币跨境贸易结算方面，随着跨境人民币试点范围的不断扩大，目前在区域、主体方面已经基本没有限制；为鼓励跨境人民币结算，进一步简化跨境人民币业务流程，简化了经常项目跨境人民币结算业务办理流程 | 无约束 | 无约束 | 虚假贸易被发现的惩罚成本 | 相对较小 | 人民银行通过人民币跨境收付信息管理系统，对境内结算银行人民币贸易资金收付与货物进出口的一致性情况进行监测<br>国家外汇管理局（以下简称外汇局）负责结算过程中人民币负债登记和国际收支统计工作 |
| 2. 关于跨境结算的代理行相关问题，境内代理银行对境外参加银行的账户融资总余额不得超过其人民币各项存款上年末余额的1%，融资期限不得超过1个月；境内结算银行可以向境外企业提供人民币贸易融资，融资金额以试点企业与境外企业之间的贸易合同金额为限 | | 时间、限额约束 | 相对较小 | 较小 | 人民银行及分支机构对境内代理银行的账户融资活动进行监督管理<br>代理行对额度需要调整的，人民银行可以根据具体情况进行调整 |
| 3. 境内结算行对办理的每一笔跨境人民币资金收付进行相应的贸易单证真实性、一致性审核。企业预收、预付人民币资金实行比例管理，具体管理办法由中国人民银行当地分支机构制定。比例超过合同金额25%的，应当向其境内结算银行提供贸易合同，境内结算银行应当将该合同的基本要素报送人民币跨境收付信息管理系统 | 限额约束 | 限额约束 | 虚假贸易被发现的惩罚成本 | 涉及境外，取证难度高 | 人民银行 |

续表

| 政策内容 | 流入 | 流出 | 被监管成本 | 监管成本 | 监管部门及监管方式 |
|---|---|---|---|---|---|
| 4. 企业将出口项下的人民币资金留存境外的，应当向其境内结算银行提供留存境外的人民币资金金额、开户银行、用途和相应的出口报关等信息，由境内结算银行将上述信息报送人民币跨境收付信息管理系统 | | 去向约束 | | 涉及境外，取证难度高 | 人民银行 |
| 5. 企业来料加工贸易项下出口收取人民币资金超过合同金额30%的，交付相应的凭证 | 限额约束 | | 伪造虚假贸易被发现的成本 | 相对较小 | 人民银行 |
| 6. 使用人民币结算的出口贸易，按照有关规定享受出口货物退（免）税政策 | 无约束 | 无约束 | 伪造虚假贸易被发现的成本 | 较小 | |
| 7. 在个人跨境贸易结算方面，根据实际发生额进行结算，银行需要对交易单据的真实性进行审核；对个人人民币支付方面仍然采用限额管理① | 无约束 | 无约束 | 较小 | 较小 | |

① 非贸易经常项下如香港、台湾居民每日8万元人民币同名划转至境内人民币账户在贸易经常项下，济南分行分别对个人货物贸易和服务贸易设置50万元和30万元的限制，对于超过该金额的贸易需提供交易凭单证据。上海、广东、天津、福建四个自贸区开放了个人经常项目和直接投资项目跨境人民币业务，天津、苏州、重庆与新加坡开展个人经常项下跨境人民币结算业务试点。

**附表 3**

## 跨境人民币资本项目下监管政策分析

| 项目 | 政策内容 | 流入 | 流出 | 被监管成本 | 监管成本 | 监管部门及监管方式 |
|---|---|---|---|---|---|---|
| 外商直接投资 | 在投资领域方面，应该受外商投资管理约定，并且不得使用跨境人民币直接投资的资金在中国境内直接或间接投资于有价证券和金融衍生品（战略投资上市公司除外），以及用于委托贷款。在资金汇出方面，境外投资者将利润、减资等汇出境内时可直接办理，其余业务应按照专户专用原则，设立专用账户存放相关资金 | 准入及投资领域限制 | 有一定的约束，可能会有套利 | 较大 | 需要跨境、跨部门进行联合监管 | 人民银行、外汇局 |
| 对外直接投资 | 境内机构办理人民币境外直接投资应当获得境外直接投资主管部门的核准。境内机构累计汇出的前期费用原则上不得超过其向境外直接投资主管部门申报的中方投资总额的 15%，如需超过 15% 的提供相关证明材料。并且汇出总资金（人民币和外汇），不得超过境外直接投资总额。如需增资、减资、转股等需要境外主管部门的核准文件进行资金的汇出。在资金回流方面，利润可以以人民币直接汇回境内 | 利润等流入无限制 | 准入限制 | 较大（周期长、资金规模大） | 需进行跨境、跨部门联合监管，成本大 | 人民银行与外汇局、境外直接投资主管部门建立信息共享机制，加大事后监督检查力度，有效监管人民币境外直接投资业务活动。人民银行与外汇局对银行、境内机构的人民币境外直接投资业务活动进行现场检查和非现场检查，督促银行切实履行交易真实性审核、信息报送、反洗钱等职责，监督境内机构依法开展业务活动 |
| 境内企业境外人民币融资 | 企业和金融机构开展跨境融资按风险加权计算余额（指已提用未偿余额，下同），风险加权余额不得超过上限，即跨境融资风险加权余额 ≤ 跨境融资风险加权余额上限 | 无限制 |  | 无成本 |  | 人民银行、外汇局 |

续表

| 项目 | 政策内容 | 流入 | 流出 | 被监管成本 | 监管成本 | 监管部门及监管方式 |
|---|---|---|---|---|---|---|
| 境内企业境外人民币融资 | 境内金融机构（政策性银行和商业银行）赴香港发行人民币债券应向中国人民银行递交申请材料，人民银行会同发改委进行资格和规模审核，并上报国务院；同时对银行的自身资质有一定的要求（核心资本充足率及风险指标等） | 准入及规模限制 | 准入及规模限制 | 较高 | 较高 | 人民银行与发改委进行资质和规模的审核；外汇局对所筹的资金进行登记和统计监测，并对境内金融机构兑付债券本息进行核准 |
| | 境内非金融机构赴香港发行人民币债券应报发改委进行核准。央企可直接向发改委提出申请；地方企业向注册所在地省级发改委提出申请，经省级发改委审核后报国家发改委。同时对资金的用途及企业自身资质治理等有限制① | 准入及资金使用限制 | 准入及资金使用限制 | 较高 | 较高 | 发改委进行准入制审批，根据《国家发展改革委关于推进企业发行外债备案登记制管理改革的通知》取消企业发行外债额度审批，实行备案登记制度；企业发行外债仍须事前向国家发改委进行登记备案手续 |
| | 根据《关于推进企业发行外债备案登记制管理改革的通知（发改外资〔2015〕2044 号）》，在外债额度审批方面实行简化手续、降低准入门槛，鼓励企业发行外债。在监管方面强调由事前向事中、事后转变 | | 准入限制 | | | 发改委的监管方式加强事中、事后监管，会同有关部门加强对全口径外债的宏观监测和管理，防止以备案登记名义进行变相审批 |

① 募集资金投向应主要用于固定资产投资项目，并符合国家宏观调控政策、产业政策、利用外资和境外投资政策以及固定资产投资管理规定，所需相关手续齐全。

续表

| 项目 | 政策内容 | 流入 | 流出 | 被监管成本 | 监管成本 | 监管部门及监管方式 |
|---|---|---|---|---|---|---|
| 境外机构及项目境内人民币融资 | 关于国际开发机构在境内发行人民币债券，根据《国际开发机构人民币债券发行管理暂行办法〔2010〕第10号)》规定，具有一定资质的国际开发机构应向财政部等窗口单位进行申请，然后由窗口单位会同人行等多家单位进行审核，并报国务院，并且发行利率应受人行的管理。当发生资金汇出时，须向人行进行备案 | 准入机制及利率管制 | 准入机制及利率管制 | 较高 | 较高 | 财政部会同人民银行、发改委、证监会、外汇局等部门进行审核；人民银行进行利率管制；当发生资金汇出境外时，定期向外汇局报备资金使用情况，同时外汇局要负责外汇账户开立、购汇售汇等事宜的核准 |
| | 关于境内银行开展境外人民币贷款时，根据2011年255号文规定，具有国际计算能力的银行可以开展境外贷款，根据需要银行可以向其境外分行调拨人民币资金，也可以向境外子行或者境外代理行融出人民币资金，并且境外项目人民币贷款资金不得用作对境内提供贷款 | 严格限制资金用途 | 准入限制 | 较低 | 较高 | 人民银行及其分支机构对银行开展境外项目人民币贷款业务进行现场检查和非现场检查，督促银行切实履行贷款真实性审核、信息报送等职责，监督银行依法开展业务活动 |
| | 关于境内非金融企业将人民币资金借贷给境外企业或经企业集团财务公司以委托贷款方式通过结算银行将人民币资金借贷给境外企业的，按照《中国人民银行关于进一步明确境内企业人民币境外放款业务有关事项的通知》（银发〔2016〕306号）办理，企业境外放款余额上限＝最近一期经审计的所有者权益×宏观审慎调节系数 | | 实行本外币一体化宏观审慎管理 | | | 人民银行、外汇局 |

续表

| 项目 | 政策内容 | 流入 | 流出 | 被监管成本 | 监管成本 | 监管部门及监管方式 |
|---|---|---|---|---|---|---|
| 证券投资交易 | 关于三类机构①运用人民币投资银行间债券市场时，首先进入银行间债券市场应当向中国人民银行递交书面申请；经中国人民银行同意后，境外机构可在核准的额度内在银行间债券市场从事债券投资业务。另外根据《关于境外央行、国际金融组织、主权财富基金运用人民币投资银行间市场有关事宜的通知（银发〔2015〕220号）》规定，相关境外机构投资者进入银行间市场，应向人行提交投资备案表，并可自行决定投资规模，投资范围也进一步的扩大 | 准入限制和规模管控 | 准入限制和规模管控 | 较低 | 较低 | 全国银行间同业拆借中心和中央国债登记结算有限责任公司应当做好对境外机构在银行间债券市场交易结算行为的一线监测工作 |
| | 关于人民币合格境外机构投资者境内证券投资业务，首先是 RQFII 须经中国证券监督管理委员会批准，然后向国家外汇管理局申请投资额度。其次是人民币合格投资者在经批准的投资额度内投资人民币金融工具②，投资比例和品种依据证监会和人行指导③。人民币合格投资者应当按照投资额度管理的有关要求办理资金汇出入，人民币合格投资者可以人民币或购汇汇出本金和投资收益 | 准入、投资范围及规模管控 | | 较小 | 较高 | 证监会依法对人民币合格投资者的境内证券投资实施监督管理；人民银行依法对人民币合格投资者在境内开立人民币银行账户进行管理；外汇局依法对人民币合格投资者的投资额度实施管理；人民银行会同外汇局依法对人民币合格投资者的资金汇出入进行监测和管理，在投资品种和投资额度方面采取审慎管理措施 |

① 境外央行、港澳人民币清算行和境外参加银行。

② 股票、权证、银行间债券交易市场的固收类产品、证券投资基金、股指期货等允许的其他金融工具，可以参与新股发行、可转债发行、股票增发、配股的申购。

③ 单个境外投资者对单个上市公司的持股比例不超过总数的 10%，所有境外投资者对单个上市公司 A 股的持股比例总和不超过总数的 30%。

续表

| 项目 | 政策内容 | 流入 | 流出 | 被监管成本 | 监管成本 | 监管部门及监管方式 |
|---|---|---|---|---|---|---|
| 证券投资交易 | 关于人民币合格境外机构投资者境内证券投资业务账户管理方面，明确指出专用账户的收入范围和支出范围，人民币合格境外机构投资者的专用存款账户与其他账户之间不得划转资金，自有资金账户、客户资金账户和开放式基金账户之间不得划转资金，不同开放式基金账户之间也不得划转资金。专用存款账户不得支取现金 | 采取专用账户管理 | 采取专用账户管理 | | | 证监会依法对人民币合格投资者的境内证券投资实施监督管理；人民银行依法对人民币合格投资者在境内开立人民币银行账户进行管理；外汇局依法对人民币合格投资者的投资额度实施管理；人民银行会同外汇局依法对人民币合格投资者的资金汇出入进行监测和管理，在投资品种和投资额度方面采取审慎管理措施 |

**附表 4　自贸试验区金融政策汇总**

| 政策类型 | 上海自贸区 | 广东自贸区 | 天津自贸区 | 福建自贸区 |
|---|---|---|---|---|
| 定位 | 面向全球，全方位的改革和开放的试验田，侧重推动上海成为国际经济中心、贸易中心、金融中心和航运中心 | 面向港澳，侧重服务贸易自由化 | 面向东北亚，促进京津冀制造业升级 | 面向台湾，侧重两岸经贸合作 |
| 片区 | 海关特殊监管区、陆家嘴金融片区、金桥开发片区、张江高科技片区，共 120.72 平方公里 | 广州南沙新区片区、深圳前海蛇口片区、珠海横琴新区片区，共 116.2 平方公里 | 天津港片区、天津机场片区、滨海新区中心商务区，共 119.9 平方公里 | 平潭片区、厦门片区、福州片区，共 118.04 平方公里 |

续表

| 政策类型 | 上海自贸区 | 广东自贸区 | 天津自贸区 | 福建自贸区 |
|---|---|---|---|---|
| 投资管理政策 | 1. 选择金融服务、航运服务、商贸服务、专业服务、文化服务以及社会服务领域扩大开放。<br>2. 对境外投资一般项目实行备案制，由上海市负责备案管理。<br>3. 支持区内各类投资主体开展多种形式的境外投资；允许符合条件的区内企业按规定开展境外证券投资和境外衍生品投资业务 | 对外商投资准入特别管理措施（负面清单）之外领域的外商投资项目实行备案制（国务院规定对国内投资项目保留核准的除外），由广东省负责办理 | 1. 对外商投资准入特别管理措施（负面清单）之外领域，按照内外资一致原则，外商投资项目实行备案制（国务院规定对国内投资项目保留核准的除外），由天津市负责办理。<br>2. 重点选择航运服务、商贸服务、专业服务、文化服务、社会服务等现代服务业和装备制造、新一代信息技术等先进制造业领域扩大对外开放。<br>3. 允许符合条件的境外投资者自由转移其投资收益 | 1. 对一般境外投资项目和设立企业实行备案制，属省级管理权限的，由自贸区负责备案管理。<br>2. 允许符合条件的境外投资者自由转移其合法投资收益。<br>3. 推动台湾先进制造业、战略性新兴产业、现代服务业等产业在自贸试验区内集聚发展。<br>4. 进一步扩大通信、运输、旅游、医疗等行业对台开放。<br>5. 对在区内投资、就业的台湾企业高级管理人员、专家和技术人员，在项目申报、入出境等方面给予便利 |

续表

| 政策类型 | | 上海自贸区 | 广东自贸区 | 天津自贸区 | 福建自贸区 |
|---|---|---|---|---|---|
| 金融政策 | 企业跨境借款 | 1. 区内机构可按规定从境外融入本外币资金。<br>2. 支持区内企业的境外母公司或子公司在境内发行人民币债券，募集资金根据需要在境内外使用 | 1. 允许在自贸试验区注册的机构在宏观审慎框架下从境外融入本外币资金和境外发行本外币债券。<br>2. 支持区内港澳资企业的境外母公司按规定在境内资本市场发行人民币债券，募集资金用于集团内设立在自贸区内全资子公司和集团内成员企业借款的，不纳入现行外债管理。<br>3. 放宽区内企业在境外发行本外币债券的审批和规模限制，所筹资金根据需要可调回区内使用 | 1. 支持区内企业按宏观审慎原则从境外借用人民币资金，用于符合国家宏观调控方向的领域，不得用于投资有价证券、理财产品、衍生产品，不得用于委托贷款。<br>2. 支持区内企业和金融机构按规定在境外发行人民币债券，募集资金可调回区内使用。自贸试验区内企业的境外母公司可按规定在境内发行人民币债券，募集资金用于集团内设立在自贸区内全资子公司和集团内成员企业借款的，不纳入现行外债管理 | 1. 支持区内企业在外债宏观审慎框架下从境外借用人民币资金，用于自贸区建设，不得用于投资有价证券、理财产品、衍生产品，不得用于委托贷款；支持台湾地区的银行向区内企业或项目发放跨境人民币贷款。<br>2. 允许区内企业、银行从境外借入本外币资金，企业借入的外币资金可结汇使用。<br>3. 放宽区内法人金融机构和企业在境外发行人民币和外币债券的审批和规模限制，所筹资金可根据需要调回区内使用；区内企业的境外母公司可按规定在境内发行人民币债券，募集资金用于集团内设立在自贸区内全资子公司和集团内成员企业借款的，不纳入现行外债管理。<br>4. 支持企业开展国际商业贷款等各类境外融资活动 |

续表

| 政策类型 | | 上海自贸区 | 广东自贸区 | 天津自贸区 | 福建自贸区 |
|---|---|---|---|---|---|
| 金融政策 | 外债比例自律管理 | 全面放开区内企业本外币境外融资，允许各类企业自主从境外融入资金，融资上限为净资产的2倍，企业外债资金实行意愿结汇 | 逐步统一境内机构外债政策。区内机构借用外债采取比例自律管理，允许区内机构在净资产的一定倍数（暂定1倍，视宏观经济和国际收支状况调节）内借用外债，企业外债资金实行意愿结汇 | 逐步统一境内机构外债政策。区内机构借用外债采取比例自律管理，允许区内机构在净资产的一定倍数（暂定1倍，视宏观经济和国际收支状况调节）内借用外债，企业外债资金实行意愿结汇 | 逐步统一境内机构外债政策。区内机构借用外债采取比例自律管理，允许区内机构在净资产的一定倍数（暂定1倍，视宏观经济和国际收支状况调节）内借用外债，企业外债资金实行意愿结汇 |
| | 限额内自主跨境投融资 | 创新外汇管理体制，探索在区内开展限额内可兑换试点 | 区内实行限额内资本项目可兑换。在区内注册的、负面清单外的境内机构，按照每个机构每自然年度跨境收入和跨境支出均不超过规定限额（暂定等值1 000万美元，视宏观经济和国际收支状况调节），自主开展跨境投融资活动；限额内实行自由结售汇 | 区内实行限额内资本项目可兑换。在区内注册的、负面清单外的境内机构，按照每个机构每自然年度跨境收入和跨境支出均不超过规定限额（暂定等值1 000万美元，视宏观经济和国际收支状况调节），自主开展跨境投融资活动；限额内实行自由结售汇 | 区内实行限额内资本项目可兑换。在区内注册的、负面清单外的境内机构，按照每个机构每自然年度跨境收入和跨境支出均不超过规定限额（暂定等值1 000万美元，视宏观经济和国际收支状况调节），自主开展跨境投融资活动；限额内实行自由结售汇 |

续表

| 政策类型 | | | 上海自贸区 | 广东自贸区 | 天津自贸区 | 福建自贸区 |
|---|---|---|---|---|---|---|
| 金融政策 | 同业跨境拆借及合作 | 额度 | 1. 具体非银行金融机构从境外借入外债额度如下：<br>（1）建立 FT 账户体系的区内法人金融机构为其资本的 3 倍；<br>（2）建立上海市级 FT 账户体系的分支机构为其境内法人机构资本的 8%；<br>（3）未建 FTU 但在其他金融机构开立 FTA 的区内法人按其资本 2 倍设定；<br>（4）区内的直属分公司按境内法人资本的 5%（没有任何自由贸易账户）。<br>2. 银行业金融机构区内外债额度如下：<br>（1）新设法人银行（如华瑞银行）为一级资本的 5 倍（只有上海华瑞银行一家）；<br>（2）上海市级试验区 FTU 为其境内法人机构一级资本的 5% | 未明确限制 | 未明确限制 | 未明确限制 |

续表

| 政策类型 | | | 上海自贸区 | 广东自贸区 | 天津自贸区 | 福建自贸区 |
|---|---|---|---|---|---|---|
| 金融政策 | 同业跨境拆借及合作 | 用途 | 只能用于区内或境外 | 在宏观审慎管理框架下，应用于与国家宏观调控方向相符的领域，暂不得用于投资有价证券（包括理财等资产管理类产品）、衍生产品 | 暂不得用于投资有价证券（包括理财等资产管理类产品）、衍生产品，不得用于委托贷款 | 1. 在宏观审慎管理框架下，自贸试验区银行业金融机构可与台湾地区金融同业按一定比例跨境拆入人民币短期借款。<br>2. 允许金融机构与台湾地区银行之间开立新台币同业往来账户办理多种形式结算业务，试点新台币区域性银行间市场交易 |
| | | 向境外拆出人民币资金 | 无相关内容 | 无相关内容 | 自贸试验区内的银行业金融机构可按规定向境外同业跨境拆出短期人民币资金 | 可向台湾地区金融同业跨境拆出短期人民币资金 |
| | 跨境资金池业务 | 人民币资金池 | 区内企业可根据自身经营需要，开展集团内双向人民币资金池业务，为其境内外关联企业提供经常项下集中收付业务 | 未明确表述 | 不受经营时间、年度营业额和净流入限制 | 区内符合条件的跨国公司可根据自身经营需要备案开展集团内跨境双向人民币资金池业务，为其境内外关联企业提供经常项下人民币集中收付业务 |
| | | 外汇资金池 | 要求资金池的流入额不超过境内成员公司集中的外债额度，净流出额不超过境内成员公司所有者权益的50% | 放宽跨国公司外汇资金集中运营管理准入条件 | 放宽跨国公司外汇资金集中运营管理准入条件 | |

续表

| 政策类型 | | 上海自贸区 | 广东自贸区 | 天津自贸区 | 福建自贸区 |
|---|---|---|---|---|---|
| 金融政策 | 区内企业/个人跨境投资 | 1. 研究启动合格境内个人投资者境外投资试点，允许符合条件的个人开展境外实业投资、不动产投资和金融类投资。<br>2. 允许或扩大符合条件的机构和个人在境内外证券期货市场投资。<br>3. 在区内就业并符合条件的个人可按规定开展包括证券投资在内的各类境外投资。<br>4. 区内企业可按规定进入上海地区的证券和期货交易场所进行投资和交易 | 1. 区内企业可以开展多种形式的境外投资。<br>2. 研究区内个人以人民币开展直接投资、证券投资、集合投资等境外投资。<br>3. 支持港澳地区个人在区内购买人民币理财产品 | 1. 支持企业及个人开展多种形式的境外投资合作。<br>2. 研究在区内就业并符合条件的境内个人按规定开展各类人民币境外投资。在区内就业并符合条件的境外个人可按规定开展各类境内投资 | 在区内居住或就业并符合条件的境外个人可按规定开展跨境贸易、其他经常项下人民币结算业务以及包括证券投资在内的各类境内投资 |
| | 贸易投资便利化 | 1. 区内货物贸易外汇管理分类等级为A类的企业，货物贸易收入无须开立待核查账户，允许企业选择不同银行办理经常项目提前购汇和付汇。<br>2. 简化直接投资外汇登记手续，直接投资外汇登记下放银行办理。<br>3. 外商直接投资项下外汇资本金实行意愿结汇。<br>4. 提高区内机构对外放款比例，上海明确放款金额上调至所有者权益的50%，广东、天津、福建尚未明确 | 在真实合法交易基础上，进一步简化流程，自贸试验区内货物贸易外汇管理分类等级为A类的企业，货物贸易收入无须开立待核查账户，允许选择不同银行办理经常项目提前购汇和付汇。简化直接投资外汇登记手续，直接投资外汇登记下放银行办理。放宽区内机构对外放款管理，进一步提高对外放款比例。允许区内符合条件的融资租赁收取外币租金 | 在真实合法交易基础上，进一步简化流程，自贸试验区内货物贸易外汇管理分类等级为A类的企业，货物贸易收入无须开立待核查账户，允许选择不同银行办理经常项目提前购汇和付汇。简化直接投资外汇登记手续，直接投资外汇登记下放银行办理，外商投资企业外汇资本金实行意愿结汇。放宽自贸试验区内机构对外放款管理，进一步提高对外放款比例 | 在真实合法交易基础上，进一步简化流程，自贸试验区内货物贸易外汇管理分类等级为A类的企业，货物贸易收入无须开立待核查账户，允许选择不同银行办理经常项目提前购汇和付汇。简化直接投资外汇登记手续，直接投资外汇登记下放银行办理，外商投资企业外汇资本金实行意愿结汇。放宽区内机构对外放款管理，进一步提高对外放款比例。允许区内符合条件的融资租赁收取外币租金 |

续表

| 政策类型 | | 上海自贸区 | 广东自贸区 | 天津自贸区 | 福建自贸区 |
|---|---|---|---|---|---|
| 金融政策 | 支持 QDLP、QFLP 双向跨境投融资 | 无相关内容 | 支持港澳地区机构投资者在自贸试验区内开展 QDLP 业务，募集区内人民币资金投资香港资本市场。支持港澳地区机构投资者在自贸试验区内开展 QFLP 业务，参与境内私募股权投资基金和创业投资基金的投资 | 支持自贸试验区内设立的股权投资基金按规定开展人民币对外投资业务 | 无相关内容 |

**附表 5　经常项目下企业相关外汇跨境流动监管政策分析**

| 项目 | 政策内容 | 流入 | 流出 | 被监管成本 | 监管成本 | 监管部门及监管方式 |
|---|---|---|---|---|---|---|
| 货物贸易 | 国家对贸易项下的国际收支采取不予限制的政策，出口收入可以按照规定调回境内或者存放境外，同时境内机构可以根据自身经营需要自行保留其经常项目的外汇收入 | 无限制 | 无限制 | 伪造相关资料及被发现的惩罚 | 较小 | 1. 外汇局及分支机构依法对规定事项进行监督检查，同时对企业贸易外汇收支进行非现场总量核查和监测。另外，外汇局还要对经常项目外汇账户收支情况进行监测分析，对虚假违规外汇收支活动进行查处。<br>2. 结售汇金融机构对单证的真实性及其与贸易收支的一致性进行合理审查，同时将机构开立外汇账户及办理外汇收支业务等信息报告给外汇局。<br>3. 外汇局、海关、国税三部门联合执法监管严厉打击各类违规跨境资金流动和走私、骗税等违法行为 |

续表

| 项目 | 政策内容 | 流入 | 流出 | 被监管成本 | 监管成本 | 监管部门及监管方式 |
|---|---|---|---|---|---|---|
| 货物贸易 | 根据《关于货物贸易外汇管理制度改革的公告》，改革了货物贸易外汇管理方式，取消出口核销单，同时采用非现场总量核查机制。另外对企业采取动态分类管理，将企业划分为A、B、C三类，并实施不同的监管政策。简化出口退税凭证，出口企业申报出口退税时，税务局参考国家外汇管理局提供的企业出口收汇信息和分类情况，依据相关规定，审核企业出口退税 | 无限制 | 无限制 | 较低 | 三部门协调成本较高 | 外汇局通过货物贸易外汇监测系统，全面采集企业货物进出口和贸易外汇收支逐笔数据，定期比对、评估企业货物流与资金流总体匹配情况，便利合规企业贸易外汇收支；对存在异常的企业进行重点监测，必要时实施现场核查。同时协同海关、国税进行联合监管，形成监管合力 |
| | 在边贸活动方面，其约束相对较少，结算货币可以使用人民币、毗邻国家货币或者可自由兑换货币 | 无限制 | 无限制 | 相对较低 | 相对较低 | 外汇局各边境省区分局按照进出口货物流与收付汇资金流匹配的核查机制，对边贸企业边境贸易外汇收支实施非现场总量核查和监测。边境银行应负责贸易真实性的审查 |
| 服务贸易等 | 国家对服务贸易项下国际支付不予限制。服务贸易外汇收入可按规定的条件、期限等调回境内或者存放境外 | | 限额 | 较小 | | 外汇局对相关规定事项进行监督检查，监测服务贸易外汇收支情况，对外汇收支异常的境内机构、境内个人和相关金融机构进行非现场核查、现场核查或检查，查实外汇违法行为。办理外汇收支的金融机构对交易单证的真实性及其一致性进行审查 |

续表

| 项目 | 政策内容 | 流入 | 流出 | 被监管成本 | 监管成本 | 监管部门及监管方式 |
|---|---|---|---|---|---|---|
| 服务贸易等 | 对外币旅行支票实行阶梯限额管理，利用外汇现汇账户购汇的，小于等值1万美元、等值1万~5万美元之间、大于等值5万美元的分别采取不同的管理措施。个人用其外币现钞存款账户购汇的，采取等值1万美元、2万美元两个分档管理 | | 限额 | 相对较小 | | 外汇局和银行对资料及证明真实性进行审核 |
| | 对捐赠的约束相对较少，需要提供单证证明，保证捐赠的真实性。涉及宗教团体、寺院、宫观等并且受赠额度在100万元人民币以上的，需要另外提供证明文件 | 无限制 | 部分限额 | | | 外汇局依法对捐赠外汇收支进行监督管理，并加强对捐赠外汇收支的非现场监管。银行为境内机构办理捐赠外汇收支应按规定审核相关单证，并及时向所在地外汇管理部门报告可疑或异常捐赠外汇收支信息 |

**附表6　外汇跨境资金流动监管程序优化**

| 政策内容 | 流入 | 流出 | 被监管成本 | 监管成本 | 监管部门 |
|---|---|---|---|---|---|
| 1. 部分业务权限由分局转为支局，同时将外资参股非银机构的外方利润的购汇核准，境外上市外资股公司从境内支付境外上市费用汇出的核准可由银行直接办理 | 准入限制 | 准入限制 | 相对较低 | 较低 | 外汇局 |
| 2. 简化境外放款外汇管理，放宽境外放款资金来源，允许境内企业使用境内外汇贷款进行境外放款 | | 减少流出限制 | | 较低 | 外汇局 |

续表

| 政策内容 | 流入 | 流出 | 被监管成本 | 监管成本 | 监管部门 |
|---|---|---|---|---|---|
| 3. 适当放宽个人内保外贷管理，境内个人可作为担保人参照非金融机构办理内保外贷业务 | | | | 较低 | 外汇局 |
| 4. 简化融资租赁类公司对外债权外汇管理，开展对外融资租赁业务时，不受现行境内企业境外放款额度限制。融资租赁类公司可直接到所在地银行开立境外放款专用账户，用于保留对外融资租赁租金收入，该账户内的外汇收入需结汇时，融资租赁类公司可直接向银行申请办理 | | | 成本相对较小 | | 外汇局 |
| 5. 简化境外投资者受让境内不良资产外汇管理，取消国家外汇管理局对金融资产管理公司对外处置不良资产涉及的外汇收支和汇兑核准的前置管理。取消外管局对金融资产管理公司处置不良资产收入结汇核准，改由银行直接办理入账或结汇手续。取消外管局对境外投资者处置不良资产所得收益购付汇核准，改由银行审核办理 | | | | | 外汇局 |
| 6. 进一步放宽境内机构境外直接投资前期费用管理，实行限额和比例管理，如累计汇出额不超过300万美元，且不超过中方投资总额15%的可直接向银行申请办理前期费用登记 | | | | | 外汇局 |
| 7. 进一步放宽境内企业境外放款管理，允许境内企业向境外与其具有股权关联关系的企业放款。境内企业累计境外放款额度不得超过其所有者权益的30% | | 减少流出限制 | | | 外汇局 |
| 8. 简化境内机构利润汇出管理，取消企业本年度处置利润金额原则上不得超过最近一期财务审计报告中属于外方股东“应付股利”和“未分配利润”合计金额的限制 | | 减少流出限制 | | | 外汇局 |

**附表 7**

## 资本项目下外汇跨境流动监管政策

| 项目 | 政策内容 | 流入 | 流出 | 被监管成本 | 监管成本 | 监管部门 |
|---|---|---|---|---|---|---|
| 外商直接投资 | 根据《外国投资者对上市公司战略投资管理办法》的规定，对外国投资者对上市公司的战略投资设置了投资者自身规模、治理结构等门槛。另外若投资者取得单一上市公司 25% 或以上股份并承诺在 10 年内持续持股不低于 25% | 有一定的限制 | 有严格的退出机制 | 较高 | 较低 | 商务部、银监会、证监会、税务局、工商局、外汇局，准入门槛需经商务部批准，投资者方可对上市公司进行战略投资 |
| | 取消直接投资项下外汇账户开立及入账核准，简化外商投资性公司境内再投资外汇管理，简化外商投资企业验资询证手续，简化外国投资者收购中方股权外资外汇登记手续，取消直接投资项下购汇及对外支付核准 | | | | | |
| | 取消境内直接投资项下外汇登记核准和境外直接投资项下外汇登记核准两项行政审批事项，银行可直接审核办理境内直接投资项下外汇登记和境外直接投资项下外汇登记 | | | | | 银行履行审核、统计监测和报备责任；外汇局及其分支机构通过银行对直接投资外汇登记实施间接监管 |
| | 境内机构资本项目外汇收入实行意愿结汇，意愿结汇比例暂定为 100% | | | | | |
| | 允许境内企业向境外与其具有股权关联关系的企业放款。境内企业累计境外放款额度不得超过其所有者权益的 30% | | 减少流出限制 | | | 外汇局负责对境外放款涉及的额度、登记、专用账户及资金汇兑、划转等事项实施管理 |

续表

| 项目 | 政策内容 | 流入 | 流出 | 被监管成本 | 监管成本 | 监管部门 |
|---|---|---|---|---|---|---|
| 外商直接投资 | 境内机构境外直接投资前期费用管理实行限额和比例管理，如累计汇出额不超过300万美元，且不超过中方投资总额15%的可直接向银行申请办理前期费用登记 | | | | | 外汇局对境内机构境外直接投资及其形成的资产、相关权益实行外汇登记及备案制度 |
| | 从特殊目的公司获得的利润、红利调回境内的，应按照经常项目外汇管理规定办理；资本变动外汇收入调回境内的，应按照资本项目外汇管理规定办理 | 准入限制 | | | | 外汇局及其分支机构对境内居民设立特殊目的公司实行登记管理 |
| 证券市场投资 | 根据《合格境外机构投资者境内证券投资管理办法》2006年36号文，合格投资者在经批准的投资额度内，可以投资于中国证监会批准的人民币金融工具 | 准入、规模限制以及投资范围受限 | | | | 证监会依法对合格投资者的境内证券投资实施管理，外汇局依法对合格投资者境内证券投资有关的投资额度、资金汇出入等实施管理 |
| | 境外机构或个人减持A股或分红所得人民币资金，可通过其存款账户办理以人民币形式在境内的留存、支付、投资以及划往境外等相关业务，所得资金可以用于经常项下和经外汇局批准的资本项下 | | 经常项下不受限，资本项下需符合相关规定 | | | |
| | QDII | | 准入及规模限制 | | | 境内金融机构在外汇局批复的额度内进行业务拓展。具体的投资产品准入会受到银监会（如果是银行QDII）或证监会（如果是券商或基金公司）监管 |

续表

| 项目 | 政策内容 | 流入 | 流出 | 被监管成本 | 监管成本 | 监管部门 |
|---|---|---|---|---|---|---|
| 证券市场投资 | 符合条件的境外机构投资者通过银行间市场结算代理人完成备案、开户等手续后，即可成为银行间债券市场的参与者，投资本金可以是外币也可以是人民币 | 准入制 | | | | 人民银行负责备案，同时对境外机构投资者投资行为进行审慎监管。外汇局负责办理登记 |
| 境外证券市场投资外汇 | 商业银行开办代客境外理财，应向中国银监会申请批准 | | 准入管理额度审批 | 相对较高 | 境内外联合监管，以及跨部门监管 | 银监会负责商业银行代客境外理财业务准入管理和业务管理。外汇局负责商业银行代客境外理财业务的外汇额度管理 |
| | 商业银行受投资者委托以人民币购汇办理代客境外理财业务，应向外汇局申请代客境外理财购汇额度，并且从事代客境外理财的净购汇额，不得超过外汇局批准的购汇额度 | | | | | |
| | 利用险资境外投资的，其对外投资额度不得委托人上年末总资产的15%；实际投资总额不得超过外汇局核准的投资付汇额度；境外投资产品受限（货币市场类产品、权益类、固收类产品） | | 准入限制 | 相对较高 | 境内外联合监管，以及跨部门监管 | 保监会有权对委托人和境内受托人保险资金境外投资的情况进行检查和年度审核。外汇局可以对委托人境外投资付汇额度、汇兑等外汇管理事项进行检查 |
| | 信托公司受托境外理财业务时，信托公司累计净汇出金额不得超过国家外汇局批准的投资付汇额度 | | 准入限制需要进行审批 | | | 银监会对信托公司申请办理受托境外理财业务进行资格审批。外汇局负责审批信托公司办理受托境外理财业务的投资付汇额度 |
| | 批准单个合格投资者境外投资额度，并实行余额管理，净汇出额（含外汇及人民币资金）不得超过经批准的投资额度 | | | | | 外汇局依法对合格投资者境外投资的投资额度、资金账户、资金收付及汇兑等实施监督、管理和检查 |

续表

| 项目 | 政策内容 | 流入 | 流出 | 被监管成本 | 监管成本 | 监管部门 |
| --- | --- | --- | --- | --- | --- | --- |
| 外债 | 境内中资企业举借中长期国际商业贷款，可经发改委批准，也可按照银发 2017 年 9 号进行跨境融资 | 准入及规模管控 | | 较小 | 较小 | 国家发展计划委员会、财政部和外汇局是外债管理部门 |
| | 国家对境内外资银行的外债实行总量控制。2018 年 1 月 12 日前，可在短期外债余额指标管理模式和宏观审慎模式下任选一种，2018 年 1 月 12 日以后，外资银行自动适用宏观审慎模式 | 规模管控 | | 小 | 较小 | 国家发改委、外汇局 |
| 担保 | 发生内保外贷时，由境内银行开出保函或备用信用证为境内企业的境外公司提供融资担保，无须逐笔审批，与以往融资型担保相比，缩短了业务流程 | | 限额约束 | 较小 | 较小 | 外汇局 |
| 外汇贷款 | 根据《境内企业内部成员外汇资金集中运营管理规定》在境内企业内部或者内部成员之间可以开展外汇资金池业务，即通过委托贷款形式在企业内部成员之间划转 | 准入门槛 | | | | 外汇局 |
| | 境内企业可以将外汇用于质押进行人民币贷款，但是质押外汇来源仅限于经常项目外汇账户（出口收汇待核查账户除外）内资金 | 资金来源限制 | | | | 外汇局 |

附表 8

## 个人外币跨境流动相关政策

| 项目 | 政策内容 | 流入 | 流出 | 被监管成本 | 监管成本 | 监管部门及监管方式 |
| --- | --- | --- | --- | --- | --- | --- |
| 经常项目 | 经常项目项下的个人外汇业务按照可兑换原则管理；对个人结汇和境内个人购汇实行年度总额管理，年度总额分别为每人每年等值 5 万美元 | 限额管理 | 限额管理 | | 跨部门协作成本较高 | 银行通过个人外汇业务监测系统进行管理，并负责资料的真实性审核。外汇局及其分支机构负责对个人外汇业务进行统计、监测、管理和检查 |
| | 个人经营性活动按照实际发生额进行结售汇，境外个人旅游购物贸易方式项下的结汇，凭本人有效身份证件及个人旅游购物报关单办理 | 无限制 | 无限制 | 伪造资料的成本及被发现的处罚成本 | 相对较低 | |
| | 境内个人非经营性结汇超过年度总额的，应该提供相应转移证明材料，如捐赠、遗产、境外合法收益等。境内个人经常项目项下非经营性购汇超过年度总额的，凭本人有效身份证件和有交易额的相关证明材料在银行办理。境外个人经常项目项下非经营性结汇超过年度总额的，应提供相关的支出交易证明材料，并且单笔 5 万美元以上的直接划转至交易对方的境内人民币账户 | 特殊情况审批 | 无限制 | 伪造资料的成本及被发现的处罚成本 | 相对较低 | |

续表

| 项目 | 政策内容 | 流入 | 流出 | 被监管成本 | 监管成本 | 监管部门及监管方式 |
|---|---|---|---|---|---|---|
| 资本和金融项目 | 资本项目项下的个人外汇业务按照可兑换进程管理。 | | | | | |
| | 境内个人对外直接投资应按国家有关规定办理。所需外汇经所在地外汇局核准后可以购汇或以自有外汇汇出，并办理相应的境外投资外汇登记手续。个人境外证券投资，境内个人可以使用外汇或人民币，并通过银行、基金管理公司等合格境内机构投资者进行境外固定收益类、权益类等金融投资 | | 审批核准 | 较低 | 较低 | 银行负责进行申请真实性审核。外汇局对买卖商品房外汇收支以及汇兑的统计监测和监督管理 |
| | 个人境外其他投资，境内个人参与境外上市公司员工持股计划、认股期权计划等所涉外汇业务，应通过所属公司或境内代理机构统一向外汇局申请获准后办理。出售相关产品获得的外汇收入汇回所属公司或境内代理机构开立的境内专用外汇账户后，可以结汇，也可以划入员工个人的外汇储蓄账户 | 无限制 | 无限制 | 较低 | 较低 | |
| | 移居境外的境内个人将其取得合法移民身份前境内财产对外转移以及外国公民依法继承境内遗产的对外转移，应向外汇局申请汇出 | | 无限制 | | 较高 | 外汇局及分支机构负责个人财产对外转移的外汇管理工作 |
| | 境外个人在境内买卖商品房及通过股权转让等并购境内房地产企业所涉外汇管理，对自住型购房使用购汇申请制，根据《国家外汇管理局　建设部关于规范房地产市场外汇管理有关问题的通知》规定境外机构和个人在境内银行开立的外国投资者专用外汇账户内的资金，不得用于房地产开发和经营 | 严格限制 | | 较高 | 较高，需要多部门协作联合执行 | 由外汇局进行管理、同时涉及银行、房地产主管部门。银行负责进行申请真实性审核。外汇局对买卖商品房外汇收支以及汇兑的统计监测和监督管理。房地产部门严格执行房地产预售备案制度及协作配合 |
| | 根据人民币资本项目可兑换的进程，逐步放开对境内个人向境外提供贷款、借用外债、提供对外担保以及直接参与境外商品期货和金融衍生产品交易的管理，具体办法另行制定 | | | | | |

**附表 9　国家外汇管理局通报中典型的违规案例**

| 序号 | 处罚对象 | 违规案例内容 | 违规处罚 |
| --- | --- | --- | --- |
| 1 | 企业 | 2015 年 7 月至 9 月，捷汇通（天津）贸易有限公司编造采购合同，虚构进口贸易，以“预付货款”名义对外支付 4 825.78 万美元，造成大额外汇资金非法流出 | 该行为违反《外汇管理条例》第十二条的规定，构成逃汇行为。违规金额巨大，性质恶劣，根据《外汇管理条例》第三十九条的规定，对其处以罚款 606 万元人民币 |
| 2 | 企业 | 2015 年 9 月至 11 月，日照天桥贸易有限公司虚构转口贸易合同，伪造商业发票和货运提单，向境外非法转移资金 1 528.51 万美元 | 该行为违反《外汇管理条例》第十二条的规定，构成逃汇行为。根据《外汇管理条例》第三十九条的规定，对其处以罚款 291.9 万元人民币 |
| 3 | 企业 | 2015 年 4 月至 2016 年 4 月，浙江绍兴三锦石化有限公司与境外公司勾结，使用已作废货运提单，虚构转口贸易合同，先后 5 次向境外非法转移资金，金额合计 2 566 万美元 | 该行为违反《外汇管理条例》第十二条的规定，构成逃汇行为。根据《外汇管理条例》第三十九条的规定，对其处以罚款 280 万元人民币 |
| 4 | 企业 | 2014 年 3 月至 2016 年 6 月，四川元捷贸易有限责任公司虚构转口贸易，多次使用报废船只的虚假提单，办理转口贸易付汇业务 20 笔合计 1 299.92 万美元；办理转口贸易收汇业务 20 笔合计 1 303.38万美元，非法进行套利 | 该行为违反《外汇管理条例》第十二条、第十四条的规定，根据《外汇管理条例》第三十九条的规定，利用虚假单证向境外付汇的行为，构成逃汇行为，对其处以罚款 243.89 万元人民币；根据《外汇管理条例》第四十一条的规定，利用虚假单证收汇构成外汇违规汇入行为，对其处以罚款 244.53 万元人民币，合并处罚 488.42 万元人民币 |
| 5 | 企业 | 2016 年 1 月，上海珂玺国际贸易有限公司勾结境外关联公司，伪造海运提单，虚构转口贸易，向境外非法转移资金 824.86 万美元 | 该行为违反《外汇管理条例》第十二条的规定，构成逃汇行为。根据《外汇管理条例》第三十九条的规定，对其处以罚款 380 万元人民币 |
| 6 | 企业 | 2015 年 11 月，宁波北工能源有限公司与境外公司勾结，虚构转口贸易，使用无效的海运提单办理转口贸易付汇，向境外非法转移资金 804.91 万美元 | 该行为违反《外汇管理条例》第十二条的规定，构成逃汇行为。根据《外汇管理条例》第三十九条的规定，对其处以罚款 152 万元人民币 |

续表

| 序号 | 处罚对象 | 违规案例内容 | 违规处罚 |
|---|---|---|---|
| 7 | 企业 | 2015年3月，深圳市圣灏实业有限公司通过虚构转口贸易、篡改提单信息、伪造海运提单等手段，从银行骗取贸易融资849.49万美元，非法转移境外 | 该行为违反《外汇管理条例》第十二条的规定，构成逃汇行为。根据《外汇管理条例》第三十九条的规定，对其处以罚款105万元人民币 |
| 8 | 企业 | 2011年8月至2015年3月，施某通过其实际控制的香港公司在内地开立离岸账户，将公司出口所得外汇收入546万美元，非法售卖给境内个人 | 该行为违反《个人外汇管理办法》第三十条的规定，构成非法买卖外汇行为。根据《外汇管理条例》第四十五条的规定，对其给予警告，并处以罚款84万元人民币 |
| 9 | 企业 | 2015年8月至9月，宁波大程国际贸易有限公司勾结境外多家公司，使用其他公司作废提单，虚构转口贸易合同，订立高于市场价5倍至20倍的交易价格，先后15次向境外非法转移资金，金额合计1.19亿美元 | 该行为违反了《外汇管理条例》第十二条和第十四条的规定，构成逃汇行为。违规金额巨大，性质恶劣，严重干扰外汇市场秩序，根据《外汇管理条例》第三十九条的规定，对其作出罚款2 281万元人民币的行政处罚 |
| 10 | 企业 | 2015年1月至7月，上海大新华物流控股（集团）有限公司勾结境内外关联公司，签订虚假租船合约，伪造运费发票，非法向境外转移资金4 506.90万美元 | 该行为违反了《外汇管理条例》第十二条、第十四条的规定，构成逃汇行为。违规金额巨大，性质恶劣，严重干扰外汇市场秩序，根据《外汇管理条例》第三十九条的规定，对其作出罚款2 075万元人民币的行政处罚 |
| 11 | 企业 | 2015年9月至2016年1月，杭州值遇信息技术有限公司（原名：杭州全麦电子商务有限公司）虚构进口贸易，重复使用合同和发票，以“预付货款”名义对外支付44笔，合计3 967.70万美元，造成大额外汇资金非法流出 | 该行为违反了《外汇管理条例》第十二条和《货物贸易外汇管理指引》第三条的规定，构成逃汇行为。违规金额巨大，性质恶劣，严重干扰外汇市场秩序，根据《外汇管理条例》第三十九条的规定，对其作出罚款1 000万元人民币的行政处罚 |

续表

| 序号 | 处罚对象 | 违规案例内容 | 违规处罚 |
| --- | --- | --- | --- |
| 12 | 企业 | 2015 年 4 月至 10 月，哈尔滨亚布力木业有限公司与境外公司勾结，重复使用已作废海关进口报关单，篡改报关单金额，套用其他公司进口报关单信息，伪造对应的合同和发票，虚构进口贸易，向境外非法转移资金 1 892 万美元 | 该行为违反了《外汇管理条例》第十二条、第十四条和《货物贸易外汇管理指引》第三条的规定，构成逃汇行为。根据《外汇管理条例》第三十九条的规定，对其作出罚款 293 万元人民币的行政处罚 |
| 13 | 企业 | 2014 年 9 月至 2015 年 12 月期间，武汉胭脂物业管理有限责任公司假借境外投资名义，多次为境内个人非法向境外转移资金。共收取了 22 名境内个人总计 7 192. 49 万元人民币，然后该公司以境外投资名义，将其中 6 738. 17 万元人民币分 23 笔购汇汇至境外，从而协助个人非法向境外转移资金。该公司从中非法牟利 454. 32 万元人民币 | 该公司上述行为违反了《境内机构境外直接投资外汇管理规定》（汇发〔2009〕30 号）第二条和第四条，属于逃汇行为。根据《中华人民共和国外汇管理条例》第三十九条的规定，外汇局对该公司作出罚款 336. 9 万元人民币的行政处罚 |
| 14 | 企业 | 2015 年 4 月 2 日，江西赣州思创贸易有限公司在银行办理了 1 笔一年期流动资金贷款 962. 49 万美元，然后该公司伪造合同、商业发票，篡改提单等资料，虚构转口贸易，将上述贷款资金以支付“转口贸易货款”的名义全部汇往香港 | 该公司上述行为违反了《中华人民共和国外汇管理条例》第十四条和《货物贸易外汇管理指引》（汇发〔2012〕38 号）第三条，属于逃汇行为。根据《中华人民共和国外汇管理条例》第三十九条，外汇局对该公司作出罚款 65 万元人民币的行政处罚 |
| 15 | 企业 | 2015 年 6 月至 7 月期间，广西钦州勇佳顺贸易有限公司凭借进口合同及海关进境备案清单，在银行办理 11 笔合计 1 036. 88 万美元对外付汇后，又重复使用该进口合同及海关进境备案清单，在另一家银行办理了对外付汇 | 该公司上述行为违反了《中华人民共和国外汇管理条例》第十二条和《货物贸易外汇管理指引》（汇发〔2012〕38 号）第三条，属于逃汇行为。根据《中华人民共和国外汇管理条例》第三十九条，外汇局对该公司作出罚款 129. 96 万元人民币的行政处罚 |

续表

| 序号 | 处罚对象 | 违规案例内容 | 违规处罚 |
|---|---|---|---|
| 16 | 企业 | 2015 年 6 月至 8 月期间，山东龙阳化工有限公司多次虚构进口交易，通过伪造变造进口合同、发票、提货单及海关进口货物报关单等资料，分别在 3 家银行办理 4 笔对外付汇，合计 407.65 万美元，非法将资金转移境外 | 该公司上述行为违反了《中华人民共和国外汇管理条例》第十二条，属于逃汇行为。根据《中华人民共和国外汇管理条例》第三十九条，外汇局对该公司作出罚款 28.2 万元人民币的行政处罚 |
| 17 | 个人 | 2014 年 3 月至 12 月期间，浙江籍个人吴某通过其控制的某公司离岸账户（OSA），按照地下钱庄经营者季某的指令，先后 118 次将总计 3 043.37 万美元转入地下钱庄控制的离岸美元账户，从中牟取非法利益 | 吴某上述行为违反了《结汇、售汇及付汇管理规定》（银发〔1996〕210 号）第三十二条，属于非法买卖外汇行为。根据《中华人民共和国外汇管理条例》第四十五条，外汇局对其作出罚款 212.5 万元人民币的行政处罚 |
| 18 | 个人 | 2014 年 9 月至 2015 年 9 月，祝某为逃避监管，将 1 291.4 万港元通过地下钱庄兑换并转入境内本人人民币账户，涉及金额 1 034.74万元人民币 | 该行为违反《个人外汇管理办法》第三十条的规定，构成非法买卖外汇行为。根据《外汇管理条例》第四十五条的规定，对其处以罚款 36 万元人民币 |
| 19 | 个人 | 2014 年，潘某通过其境内个人结算账户收取境内个人叶某 11 笔，共计 403 万元人民币，联系香港地下钱庄向叶某指定境外供货商付款 501 万港元，用于走私动物饲料 | 该行为构成非法介绍买卖外汇行为，根据《外汇管理条例》第四十五条的规定，对其给予警告，并处以罚款 18 万元人民币 |
| 20 | 个人 | 2014 年 11 月至 2016 年 10 月，广东籍梁某为实现逃税目的，将出口贸易货款 2 403 万港元分 82 笔划转至地下钱庄境外账户，后由地下钱庄向梁某及其亲属境内账户分 94 笔划入 1 956 万元人民币 | 该行为违反了《个人外汇管理办法》第三十条的规定，构成非法买卖外汇行为。数额巨大，违规性质恶劣，严重干扰外汇市场秩序，根据《外汇管理条例》第四十五条的规定，对其作出罚款 58.66 万元人民币的行政处罚 |

续表

| 序号 | 处罚对象 | 违规案例内容 | 违规处罚 |
|---|---|---|---|
| 21 | 个人 | 2015 年 2 月至 12 月，山东籍赵某为实现大额兑换外汇目的，将公司账户内资金分散划入 41 名员工个人账户，利用这些员工个人购汇额度通过网银办理购汇，再组织人员将所购外汇分 439 笔全部提取现钞后归集存入赵某个人账户，转为定期存款，合计 204. 68 万美元 | 该行为违反了《个人外汇管理办法》第七条的规定，构成非法套汇行为。根据《外汇管理条例》第四十条，对其作出罚款 70. 58 万元人民币的行政处罚 |
| 22 | 个人 | 2015 年 4 月至 9 月，孙某为非法向境外转移资产，采用分拆方式，将人民币资金分散汇入 69 人境内个人账户，再借用该 69 名个人年度购汇额度，将 344. 99 万美元违规汇至本人控制的境外账户 | 该行为违反《个人外汇管理办法》第七条的规定，构成逃汇行为。根据《外汇管理条例》第三十九条的规定，对其处以罚款 54. 25 万元人民币 |
| 23 | 个人 | 2015 年 6 月至 7 月，史某非法向境外转移资产，将 644 万元人民币分 7 笔转入地下钱庄控制的境内账户，通过地下钱庄境外账户在澳大利亚收取 123. 47 万澳元 | 该行为违反《个人外汇管理办法》第三十条的规定，构成非法买卖外汇行为。根据《外汇管理条例》第四十五条的规定，对其处以罚款 45. 08 万元人民币 |
| 24 | 个人 | 2015 年 7 月至 8 月期间，天津籍个人苏某采取分拆方式，将共计 1 188. 11 万元人民币汇入 39 名个人账户，并使用该 39 名个人的银行卡在自助终端（ATM）上办理了购汇业务，合计 246. 75 万加元。后使用该 39 名个人的身份证和银行卡以境外留学等名义，将 246. 75 万加元全部汇入苏某控制的香港账户，非法将资金转移至境外 | 苏某上述行为违反了《个人外汇管理办法》（中国人民银行令〔2006〕第 3 号）第七条及《国家外汇管理局关于进一步完善个人结售汇业务管理的通知》（汇发〔2009〕56 号）第一条，属于逃汇行为。根据《中华人民共和国外汇管理条例》第三十九条，外汇局对其作出罚款 12 万元人民币的行政处罚 |
| 25 | 个人 | 2015 年 7 月至 8 月，山西籍个人王某将其本人的资金转入自己公司 30 名员工的账户，并由其员工以境外留学名义购汇，分 30 笔汇至王某在境外的个人账户，总计金额折合美元 144. 63 万美元 | 王某上述行为违反了《个人外汇管理办法》（中国人民银行令〔2006〕第 3 号）第七条，属于逃汇行为。根据《中华人民共和国外汇管理条例》第三十九条，外汇局对其作出罚款 9 万元人民币的行政处罚 |

续表

| 序号 | 处罚对象 | 违规案例内容 | 违规处罚 |
| --- | --- | --- | --- |
| 26 | 个人 | 2015 年 12 月至 2017 年 1 月，广东籍车某为实现向境外转移资金目的，逃避监管，将其人民币资金多层分散划入刘某等 84 名个人的账户，再利用该 84 名个人年度购汇额度，冒用因私旅游、赡家款等名义，将 435.52 万美元违规汇至车某在澳大利亚及香港的个人账户 | 车某非法向境外转移资金的行为违反了《个人外汇管理办法》第七条的规定，构成逃汇行为，性质恶劣。根据《外汇管理条例》第三十九条的规定，对其作出罚款 100 万元人民币的行政处罚 |
| 27 | 个人 | 2016 年 2 月至 2016 年 6 月，耿某为达到向境外非法转移资产目的，将其人民币资金分散打入 31 人的个人账户，再利用 31 名个人的年度购汇额度，通过网银兑换成外汇，集中汇至耿某控制的香港个人账户，金额合计 1 178 万港元 | 该行为违反了《个人外汇管理办法》第七条的规定，构成逃汇行为。根据《外汇管理条例》第三十九条的规定，对其作出罚款 15 万元人民币的行政处罚 |
| 28 | 个人 | 2016 年 3 月，河南籍娄某为实现非法向境外转移资金目的，多次向地下钱庄控制的 11 名个人账户打入资金 710 万元人民币，由地下钱庄将该资金兑换成外汇汇至娄某指定境外账户，金额合计 142.6 万澳元 | 该行为违反了《个人外汇管理办法》第三十条的规定，构成非法买卖外汇行为，干扰外汇市场秩序。根据《外汇管理条例》第四十五条的规定，对其作出罚款 23.5 万元人民币的行政处罚 |
| 29 | 银行 | 2014 年 9 月至 2015 年 4 月，兴业银行重庆分行在 6 家异地企业提交的提单均为虚假提单，装箱单、提单货物重量畸轻，明显有悖常理，未对转口贸易及单证真实性、合理性进行尽职审核，为上述企业办理名为转口贸易实为非法套利的付汇业务 15 笔，金额合计 1.62 亿美元 | 该行上述行为违反了《外汇管理条例》第十二条的规定，金额巨大，情节严重。根据《外汇管理条例》第四十七条的规定，予以责令限期改正，没收违法所得 41.05 万元人民币，并处罚款 90 万元人民币的处罚 |

续表

| 序号 | 处罚对象 | 违规案例内容 | 违规处罚 |
|---|---|---|---|
| 30 | 银行 | 2014 年 5 月至 2016 年 1 月，民生银行三亚分行为 17 名个人办理 18 笔购汇汇出业务，金额 81.08 万美元。其中 16 人为该行员工，均为出借个人购汇额度帮助该行负责人汪某及朋友购汇汇往境外账户。2016 年 7 月，该行为 5 名员工办理 5 笔购汇提钞业务，金额 45 000 美元，均为出借个人购汇额度帮助该行负责人汪某购汇提钞 | 该行上述行为违反了《个人外汇管理办法》第七条、第九条、第三十二条等规定，参与人员主要为该行负责人和员工，情节严重、影响恶劣。根据《外汇管理条例》第四十七条的规定，予以罚款 100 万元人民币，责令停止对私售汇业务 1 年的处罚，对该行负责人汪某罚款 50 万元人民币，责令对相关责任人进行责任追究 |
| 31 | 银行 | 2016 年 5 月至 7 月，宁波银行上海张江支行在企业提交的海运提单均为复印件，收货人名称与该企业不一致，不能证明该企业拥有相关货权和真实转口贸易背景的情况下，未对转口贸易及单证真实性、合理性进行尽职审核，为该企业办理转口贸易付汇 4 笔，金额合计 9 217.69 万美元 | 该行上述行为违反了《外汇管理条例》第十二条的规定，金额巨大，情节严重。根据《外汇管理条例》第四十七条的规定，予以责令限期改正，并处罚款 100 万元人民币，责令停止经营对公售汇业务 1 年的处罚 |
| 32 | 银行 | 2014 年 3 月至 11 月，重庆农村商业银行在某企业提交的提单为虚假记名提单，收货人名称与该企业不一致，提单、装箱单中商品数量、重量等基本计量单位缺失的情况下，未对转口贸易及单证真实性、合理性进行尽职审核，为该企业办理名为转口贸易实为非法套利的付汇业务 11 笔，金额合计 6 608.21 万美元 | 该行上述行为违反了《外汇管理条例》第十二条的规定，金额巨大，情节严重。根据《外汇管理条例》第四十七条的规定，予以责令限期改正，没收违法所得 23.28 万元人民币，并处罚款 90 万元人民币的处罚 |
| 33 | 银行 | 2015 年 6 月，中国农业银行嘉善支行在企业提供的销售合同金额大幅偏离实际生产经营，在构造合同情况下，未对贸易背景及单证真实性、合理性进行尽职审查，为该企业办理了 1 笔 1 900 万美元贸易融资 | 该行上述行为违反了《外汇管理条例》第十二条的规定。根据《外汇管理条例》第四十七条的规定，予以罚款 40 万元人民币的处罚 |

续表

| 序号 | 处罚对象 | 违规案例内容 | 违规处罚 |
|---|---|---|---|
| 34 | 银行 | 2015 年 8 月至 9 月，恒丰银行泉州分行在某异地企业提交的提单均为记名提单复印件，收货人名称与企业不一致，不能证明企业拥有相关货权和真实转口贸易背景的情况下，未对转口贸易及单证真实性、合理性进行尽职审核，为该企业办理名为转口贸易实为非法套利的付汇业务 3 笔，金额合计 1 183 万美元 | 该行上述行为违反《外汇管理条例》第十二条的规定，根据《外汇管理条例》第四十七条的规定，予以责令限期改正，并处罚款 40 万元人民币的处罚 |
| 35 | 银行 | 2015 年 2 月，中国建设银行德州分行所辖支行在同一企业多名员工同日通过新开账户集中购汇、每笔接近 5 万美元、本人不到场等分拆特征明显的情况下，既未审核个人委托购汇授权书等材料，也未对购汇人民币资金来源进行尽职调查，为 2 名个人办理了 41 人名下的个人分拆购汇，金额合计 204. 59 万美元 | 该行上述行为违反了《个人外汇管理办法》第七条、第九条、第三十二条等规定，情节严重。根据《外汇管理条例》第四十七条的规定，予以罚款 30 万元人民币的处罚 |
| 36 | 银行 | 2015 年 7 月，平安银行珠海分行在企业提交的合同显示企业为出口方、应办理出口收汇业务、并无真实贸易购汇需求的情况下，未对贸易背景及单证真实性、合理性进行尽职审查，为企业办理进口购汇 3 笔，金额合计 375 万美元 | 该行上述行为违反了《外汇管理条例》第十二条的规定。根据《外汇管理条例》第四十七条的规定，予以责令限期改正，并处罚款 26 万元人民币的处罚 |

资料来源：根据国家外汇管理局网站公开信息整理。

# 参考文献

## 一、中文文献

[1] 巴曙松，严敏．股票价格与汇率之间的动态关系——基于中国市场的经验分析［J］．南开经济研究，2009：46－62.

[2] 毕玉江．美国货币政策变动对中国经济的影响：兼论QE政策变化的经济效应［J］．中央财经大学学报，2015：75－87.

[3] 曹永福，匡可可．美联储加息与新兴市场资本流动：历史经验分析［J］．北京工商大学学报（社会科学版），2016：31，23－30.

[4] 常博．货贸项下本外币一体化监管研究［J］．中国外汇，2015：34－35.

[5] 陈创练，杨子晖．"泰勒规则"、资本流动与汇率波动研究［J］．金融研究，2012：60－73.

[6] 陈凤书，董爱慈，马世祺．美国国际银行业务设施制度的建立和发展［J］．世界经济研究，1986：13－18.

[7] 陈高松．中国跨境资金流动监管有效性研究［J］．中共中央党校，2014.

[8] 陈浪南，陈云．人民币汇率、资产价格与短期国际资本流

动［J］. 经济管理，2009：1 –6.

［9］陈平，李凯. 人民币汇率与宏观基本面：来自汇改后的证据［J］. 世界经济，2010：28 –45.

［10］陈学彬，余辰俊，孙婧芳. 中国国际资本流入的影响因素实证分析［J］. 国际金融研究，2007：53 –60.

［11］崔军. 我国跨境资金流动监管中存在的问题及对策［J］. 经营管理者，2008：80 –82.

［12］邓力平. 经济全球化下的国际税收竞争研究：理论框架［J］. 税务研究，2003：11 –18.

［13］董玉婷. 新形势下的本外币一体化统筹管理问题研究［J］. 北方金融，2017：18 –22.

［14］杜萌，徐明伟，方华山，武岩. 国际资本流动理论回顾：一个文献综述［J］. 金融教育研究，2011：24，32 –37.

［15］方铭贤. 跨境人民币结算业务政策框架研究［J］. 国际金融，2014：24 –29.

［16］飞岭，齐慧君，郝海燕，胡玉丹. 跨境资金流动本外币协同监管问题研究［J］. 华北金融，2016：54 –58.

［17］冯彩. 我国短期国际资本流动的影响因素——基于1994—2007 年的实证研究［J］. 财经科学，2008：32 –39.

［18］冯润祥，辛然. 美国国际银行设施：发展与启示［J］. 中国货币市场，2011：24 –29.

［19］高材林. 美元国际化及对中国的借鉴［J］. 上海金融，2008：61 –65.

［20］谷宇，高铁梅，付学文. 国际资本流动背景下人民币汇率

的均衡水平及短期波动［J］. 金融研究，2008：1－13.

［21］郭琦，张家绪. 货物贸易项下本外币联合监管问题研究［J］. 济南职业学院学报，2015：110－113.

［22］郭远杰. 本外币跨境收支一体化监管模式探究［J］. 西部金融，2017：59－64.

［23］韩龙. 美元崛起历程及对人民币国际化的启示［J］. 国际金融研究，2012：37－46.

［24］何蔼先. 构筑跨境资金流动监管新机制［J］. 中国外汇，2012：66－67.

［25］何诚颖，刘林，徐向阳，王占海. 外汇市场干预、汇率变动与股票价格波动——基于投资者异质性的理论模型与实证研究［J］. 经济研究，2013：29－42.

［26］何德旭，姚战琪，余升国. 资本流动性：基于中国及其他亚洲新兴国家的比较分析［J］. 经济研究，2006：4－16.

［27］何帆，李志远. 汇率变动与汇率制度变革的政治经济分析［J］. 世界经济与政治，2002：26－31.

［28］何孝星，余军. 资本市场开放、本币升值与居民资产结构调整——分析中国股市上涨的三重视角［J］. 金融研究，2008：42－52.

［29］胡志浩，杨承亮. 人民币离岸与在岸市场资本流动的渠道［J］. 农村金融研究，2015：22－27.

［30］黄继承. 关于跨境贸易人民币结算试点对外汇管理政策影响的研究［J］. 中国货币市场，2009：26－29.

［31］贾宪军. 金融资本跨境流动与储备货币地位——基于日元

经验的研究［J］. 国际金融研究，2014：35－43.

［32］姜波克．人民币自由兑换论［M］. 上海：立信会计出版社，1995.

［33］姜奇平．区块链与货币哲学的发展［J］. 互联网周刊，2016：70－71.

［34］蒋炜．从美元国际化路径看人民币国际化［J］. 知识经济，2015：60－61.

［35］金子寿，刘鹤麟．金融监管的成本收益分析［J］. 财经理论与实践，2001：182－184.

［36］李波．人民币跨境使用回顾与展望［J］. 投资与创业，2016：17－20.

［37］李翀．论汇率形成的基础——对购买力平价学说的修正［J］. 中山大学学报（社会科学版），1993：1－8.

［38］李翀．论英镑、美元和日元国际化对人民币国际化的启示［J］. 贵州财经大学学报，2013（31）：8－13.

［39］李宏，钱利．人民币升值对中国国际资本流动的影响［J］. 南开经济研究，2011：16－27.

［40］李婧．人民币汇率制度与人民币国际化［J］. 上海财经大学学报，2009：11，76－83.

［41］李坤望，佟家栋．外国资本流入对中国经济增长影响的实证分析［J］. 南开学报（哲学社会科学版），1996：43－49.

［42］李琳．人民币国际化成本收益分析及推进策略［J］. 征信，2011（29）：90－92.

［43］李学武．本外币一体化视角：跨境资金流动监管体系研究

［J］. 金融发展评论，2016：29－44.

［44］李翊萌．中国个人本外币兑换行业发展策略与监管研究［J］. 吉林大学，2015.

［45］梁建华．经常项目项下跨境资金异常流动研究［J］. 华北金融，2012：40－45.

［46］梁鹏程．对跨境资金本外币统筹监管初探［J］. 金融经济，2016：174－175.

［47］梁中，许芯．企业跨境关联交易的本外币一体化监管研究［J］. 金融纵横，2008：53－56.

［48］刘爱文．人民币的国际化之路［J］. 商业研究，2005：150－153.

［49］刘国风．国际投机资本冲击风险预警指标体系的构建［J］. 财经理论与实践，2009（30）：48－51.

［50］刘立达．中国国际资本流入的影响因素分析［J］. 金融研究，2007：62－70.

［51］刘莉亚．境外“热钱”是否推动了股市、房市的上涨？——来自中国市场的证据［J］. 金融研究，2008：48－70.

［52］刘群．区域货币与世界货币：人民币前景判断与抉择分析［J］. 学术论坛，2006：76－82.

［53］刘毅．资本项目事后监管探析［J］. 中国外汇，2015：66－67.

［54］刘毅．我国资本项目外汇管理改革刍议［J］. 福建金融，2016：46－48.

［55］刘源．从跨境人民币结算角度审视本外币一体化跨境监管

[J]. 金融纵横, 2013: 53 - 57.

[56] 吕光明, 徐曼. 中国的短期国际资本流动——基于月度VAR模型的三重动因解析 [J]. 国际金融研究, 2012: 61 - 68.

[57] 吕鑫. 跨境贸易人民币结算的现状与影响因素分析 [J]. 经济管理: 全文版, 2016: 295.

[58] 马晓丽. 人民币资本项目可兑换背景下跨境资金反洗钱监管的难点及对策 [J]. 河北金融, 2015: 63 - 65.

[59] 倪素芳, 高鹏. 跨境人民币结算背景下构建本外币一体化跨境监管的思考 [J]. 金融发展评论, 2012: 154 - 158.

[60] 欧阳志刚. 外商直接投资及其对经济增长的贡献 [J]. 财经科学, 2004: 83 - 86.

[61] 蒲春雷. 合格境外机构投资者 (QFII) 监管模式的转变: 从事前监管到事后监管 [J]. 甘肃金融, 2016: 17 - 21 + 16.

[62] 乔兆颖, 杨小亮. 我国长短期跨境资金流动的影响因素及实证分析 [J]. 甘肃金融, 2015: 62 - 66.

[63] 彭化非, 本外币一体化监管的国际经验及启示 [N]. 金融时报, 2016 - 04 - 25: 10.

[64] 苏彩玲. 我国跨境资金流动预警指标体系研究 [J]. 武汉金融, 2014: 46 - 48.

[65] 孙欣蕾, 刘华, 刘丽颖. 跨境资金流动监测难点及政策建议 [J]. 黑龙江金融, 2013: 29 - 30.

[66] 田平. 本外币一体化监管势在必行 [J]. 当代金融家, 2016: 128 - 129.

[67] 外汇局广东省分局课题组, 匡国建. 建立本外币一体化监

管体系的构想［J］. 中国外汇，2013：33－35.

［68］汪洋.1994年以来中国的资本流动研究［J］. 国际金融研究，2004：67－73.

［69］王琦. 关于我国国际资本流动影响因素计量模型的构建和分析［J］. 国际金融研究，2006：64－69.

［70］王世华，何帆. 中国的短期国际资本流动：现状、流动途径和影响因素［J］. 世界经济，2007：12－19.

［71］王书朦. 我国资本项目开放进程中跨境资金流动宏观审慎监管研究——基于新兴经济体的国际借鉴［J］. 金融与经济，2015a：32－37.

［72］王书朦. 我国跨境资本流动监管：基于新兴经济体宏观审慎监管的国际借鉴［J］. 新金融，2015b：29－34.

［73］王书朦. 我国跨境资本流动的宏观审慎监管研究——基于新兴经济体的国际借鉴［J］. 金融发展研究，2015c：33－39.

［74］王晓春. 资本流动程度估计方法及其在发展中国家的应用［J］. 世界经济，2001：20－26.

［75］王杏平. 新形势下本外币一体化管理政策研究［J］. 南方金融，2014a：42－44＋12.

［76］王杏平. 跨境人民币与外汇管理业务协同管理政策探究［J］. 金融会计，2014b：74－78.

［77］王叙果，范从来，戴枫. 中国外汇资本流动结构对实际有效汇率影响的实证研究［J］. 金融研究，2012：71－83.

［78］王昭伟，代晶静. 监管成本、资本成本与最优资本充足率监管［J］. 金融监管研究，2013：77－102.

［79］王诏惠．我国跨境资金流动研究［J］．时代金融，2015：22－23.

［80］闻黛梅．人民币跨境结算背景下套利行为的监管政策分析［J］．硕士．湖南大学，2013.

［81］吴大庆．本外币跨境监管联动探索［J］．中国金融，2015：37－38.

［82］吴磊．构建本外币跨境资金监管机制［J］．银行家，2013：56－58.

［83］吴丽华，傅广敏．能源价格变动对一般价格水平的传导影响［J］．当代经济科学，2014：36，81－90.

［84］肖卫国，兰晓梅．新一轮美联储加息对中国跨境资本流动溢出效应研究［J］．经济学家，2017：84－90.

［85］肖跃．贸易人民币结算对跨境及境内资金流影响分析［J］．江苏商论，2011：56－57.

［86］谢媛．网络银行风险监管制度探析［J］．上海金融，2014：68－71.

［87］徐明东，解学成．中国资本管制有效性动态研究：1982—2008［J］．财经研究，2009（35）：29－41.

［88］许力．如何对跨境流动人民币监管［J］．资本市场，2012：61－63.

［89］杨承亮．人民币离岸市场与在岸市场联动关系研究［J］．中国社会科学院研究生院，2014.

［90］易纲．外汇管理方式的历史性转变［J］．中国金融，2014：15－18.

［91］张方波．人民币国际化条件下的跨境资本流动监管——基于美国、德国和日本的国际借鉴［J］．区域金融研究，2015：4－7.

［92］张明，肖立晟．国际资本流动的驱动因素：新兴市场与发达经济体的比较［J］．世界经济，2014：151－172.

［93］张原．美元国际化的历史经验及其对我国的启示［J］．经济研究参考，2012：82－91.

［94］赵进文，张敬思．人民币汇率、短期国际资本流动与股票价格——基于汇改后数据的再检验［J］．金融研究，2013：9－23.

［95］赵文胜，张屹山，赵杨．短期国际资本流动对中国市场变化的反应分析［J］．数量经济技术经济研究，2011：104－117.

［96］郑锐敏．人民币国际化的成本收益分析［J］．金融管理与研究：杭州金融研修学院学报，2011：20－25.

［97］郑杨．对当前资本跨境流动性质的几点认识［J］．中国金融，2009：65－66.

［98］中国人民银行衢州市中心支行课题组．新形势下加强本外币一体化协同监管研究［J］．浙江金融，2017：11－17.

［99］钟伟．美联储加息、资本流动和人民币汇率［J］．世界经济，2005：10－16.

［100］周豪，温小敏．跨境资金流动风险监测预警指标体系的构建与实证分析［J］．上海金融，2010：73－77.

［101］周永涛，许嘉扬．我国跨境人民币资金流动的趋势及影响分析［J］．新金融，2016：8－12.

［102］朱孟楠，刘林．短期国际资本流动、汇率与资产价格——基于汇改后数据的实证研究［J］．财贸经济，2010：5－13.

［103］朱玉华．本外币跨境资金一体化监管模式研究［J］．金融经济，2013：58－60.

## 二、英文文献

［1］Accominotti O.，Eichengreen B.，2013. The Mother of All Sudden Stops：Capital Flows and Reversals in Europe，1919—1932. Economic History Review 69，469－492.

［2］Agénor P. R.，1998. The Surge in Capital Flows：Analysis of 'Pull' and 'Push' Factors. International Journal of Finance and Economics 3，39－57.

［3］Ahmed S.，Zlate A.，2014. Capital flows to emerging market economies：A brave new world? Journal of International Money and Finance 48，221－248.

［4］Akdogan K.，Eksi N. K.，Eksi O.，2016. Cross－Border Capital Flows in Emerging Markets：Demand－Pull or Supply－Push? Agricultural Bank of the Republic of Turkey Working Paper No：16/15.

［5］Albuquerque R.，2003. The Composition of International Capital Flows：Risk Sharing Through Foreign Direct Investment. Journal of International Economics 61，353－383.

［6］Antràs P.，Caballero R. J.，2009. Trade and Capital Flows：A Financial Frictions Perspective. Journal of Political Economy 117，701－744.

［7］Arias F.，Parra D.，2013. Do the different types of capital flows respond to the same fundamentals and in the same degree? Recent evidence for emerging markets. Working Paper.

[8] Arida P., 2003. Por uma moeda plenamente conversível. Brazilian Journal of Political Economy, 151 – 154.

[9] Athukorala P. C., Rajapatirana, S., 2003. Capital Inflows and the Real Exchange Rate: A Comparative Study of Asia and Latin America. World Economy 26, 613 – 637.

[10] Atkeson A., 1991. International Lending with Moral Hazard and Risk of Repudiation. Econometrica 59, 1069 – 1089.

[11] Avdjiev S., Mccauley R. N., Mcguire, P., 2012. Rapid Credit Growth and International Credit: Challenges for Asia. Bis Working Papers.

[12] Balasubramanyam V. N., Salisu M., Sapsford D., 1996. Foreign Direct Investment and Growth in EP and IS Countries. Economic Journal 106, 92 – 105.

[13] Bekaert G., Harvey C. R., 1998. Capital Flows and the Behavior of Emerging Market Equity Returns. NBER w6669.

[14] Bekaert G., Harvey C. R., 2000. Capital Flows and the Behavior of Emerging Market Equity Returns. Ssrn Electronic Journal 2014, 159 – 194.

[15] Bekaert G., Harvey C. R., Lumsdaine R. L., 1999. Structural breaks in emerging market capital flows.

[16] Bernheim B. D., Shoven J. B., 1991. National saving and economic performance. University of Chicago Press.

[17] Bo S. R., 1999. On the Scope for International Tax Coopera-

tion: The Role of Capital Controls. Open Economies Review 10, 395 -414.

[18] Bonizzi B., 2013. Capital Flows to Emerging Markets: An alternative Theoretical Framework. Department of Economics, SOAS No. 186.

[19] Borensztein E., Gregorio J. D., Lee J. W., 1998. How does foreign direct investment affect economic growth? Journal of International Economics 45, 115 -135.

[20] Bresser - Pereira L. C., 2014. Financial Stability and Growth: Perspectives on Financial Regulation and New Developmentalism. Routledge.

[21] Bretschger L., Hettich F., 2002. Globalisation, Capital Mobility and Tax Competition: Theory and Evidence for OECD Countries. European Journal of Political Economy 18, 695 -716.

[22] Broner F., Ventura J., 2016. Rethinking the Effects of Financial Globalization. Quarterly Journal of Economics, qjw010.

[23] Brooks R., Edison H., Kumar M. S., Sløk T., 2006. Exchange Rates and Capital Flows. European Financial Management 10, 511 -533.

[24] Bruno V., 2013. Global Factors in Capital Flows and Credit Growth. Griswold Center for Economic Policy Studies Working Paper No. 237.

[25] Calvo G. A., Leiderman L., Reinhart C. M., 1996. Inflows of Capital to Developing Countries in the 1990s. Journal of Economic Per-

spectives 10, 123 – 139.

[26] Calvo G. A., Reinhart C. M., 1993. Capital Inflows and Real Exchange Rate Appreciation in Latin America: The Role of External Factors. IMF Economic Review 40, 108 – 151.

[27] Cardarelli R., Elekdag S., Kose M. A., 2010. Capital Inflows: Macroeconomic Implications and Policy Responses. Economic Systems 34, 333 – 356.

[28] Cerutti E., Claessens S., Puy M. D., 2015. Push Factors and Capital Flows to Emerging Markets: Why Knowing Your Lender Matters More Than Fundamentals. International Monetary Fund WP/15/127.

[29] Dabã S M. P., Juanramon V. H., 2000. Real Exchange Rate Response to Capital Flows in Mexico: An Empirical Analysis. International Monetary Fund.

[30] Das U. S., Papaioannou M. G., Trebesch, C., 2010. Sovereign Default Risk and Private Sector Access to Capital in Emerging Markets. International Monetary Fund WP/10/10.

[31] David A. C., 2009. Are Price – based Capital Account Regulations Effective in Developing Countries? Applied Economics 41, 3375 – 3388.

[32] de Paula L. F., 2012. Financial Liberalization, Capital Account Regulation and Economic Policy in Brazil.

[33] De Vita G., Kyaw K. S., 2008. Determinants of Capital Flows to Developing Countries: A Structural VAR Analysis. Journal of Economic Studies 35, 304 – 322.

[34] Detzer D. K., Herr H., 2014. Financial Regulation in Ger-

many. Working Papers 55.

[35] Devereux M. B. , Saito M. , 2006. A Portfolio Theory of International Capital Flows. Institute for International Integration Studies Discussion Paper 124.

[36] Devereux M. P. , Freeman H. , 1995. The impact of tax on foreign direct investment: Empirical evidence and the implications for tax integration schemes. International Tax & Public Finance 2, 85 – 106.

[37] Di Giovanni J. , 2005. What drives capital flows? The case of cross – border M&A activity and financial deepening. Journal of international Economics 65, 127 – 149.

[38] Drehmann M. , Borio C. E. V. , Tsatsaronis K. , 2011. Anchoring Countercyclical Capital Buffers: The Role of Credit Aggregates. Bis Working Papers 7, 189 – 240.

[39] Drehmann M. , Borio C. E. V. , Tsatsaronis K. , 2012. Characterising the Financial Cycle: Don't Lose Sight of the Medium Term!. Bis Working Papers 68, 1 – 18.

[40] Eaton J. , Gersovitz M. , 1981. Debt with Potential Repudiation: Theoretical and Empirical Analysis. Review of Economic Studies 48, 289 – 309.

[41] Edison H. J. , Reinhart C. M. , 2000. Capital Controls During Financial Crises: The Case of Malaysia and Thailand. International Finance Discussion Papers, 427 – 456.

[42] Edwards S. , 2001. Capital Mobility and Economic Performance: Are Emerging Economies Different? NBER w8046.

[43] Engle R. F. , Yoo B. S. , 1987. Forecasting and testing in co – integrated systems . Journal of Econometrics 35, 143 – 159.

[44] Feldstein M. , 1994. Tax Policy and International Capital Flows. Weltwirtschaftliches Archive 130, 675 – 697.

[45] Feldstein M. , Horioka C. , 1980. Domestic Saving and International Capital Flows. Economic Journal 90, 314 – 329.

[46] Fernandez – Arias E. , 1996. The New Wave of Private Capital Inflows: Push or Pull? Journal of Development Economics 48, 389 – 418.

[47] Forbes K. J. , Warnock F. E. , 2012. Capital Flow Waves: Surges, Stops, Flight, and Retrenchment. Journal of International Economics 88, 235 – 251.

[48] Frankel J. A. , 1989. International capital mobility and exchange rate volatility. Papers 32, 162 – 194.

[49] Frankel J. A. , 1992. Measuring International Capital Mobility: A Review. American Economic Review 82, 197 – 202.

[50] Fratzscher M. , 2011. Capital Flows, Push versus Pull Factors and the Global Financial Crisis. Journal of International Economics 88, 341 – 356.

[51] Ghosh S. , Reitz S. , 2013. Capital flows, financial asset prices and real financial market exchange rate: A case study for an emerging market, India. Kiel Advanced Studies Working Papers, 158 – 171.

[52] Goldfajn I. , Minella A. , 2005. Capital Flows and Controls in Brazil: What Have We Learned? NBER Working Papers.

[53] Gossel S. J. , Biekpe N. , 2015. Push – Pull Effects on South

Africa's Capital Inflows. Journal of International Development.

[54] Gourinchas P. O. , 2007. Capital Flows to Developing Countries: The Allocation Puzzle. Review of Economic Studies 21, 1027 – 1032.

[55] Gourinchas P. O. , Jeanne O. , 2013. Capital Flows to Developing Countries: The Allocation Puzzle. Review of Economic Studies 80, 1484 – 1515.

[56] Griffin J. M. , Nardari F. , Stulz, R. M. , 2004. Daily Cross – Border Equity Flows: Pushed or Pulled? The Review of Economics and Statistics 86, 641 – 657.

[57] Gropp R. , Kostial K. , 2000. The Disappearing Tax Base. Imf Working Papers.

[58] Gruben W. C. , Mcleod D. , 1998. Capital flows, savings, and growth in the 1990s. Quarterly Review of Economics & Finance 38, 287 – 301.

[59] Hau H. , Rey H. , 2006. Exchange Rates, Equity Prices, and Capital Flows. Review of Financial Studies 19, 273 – 317.

[60] Hau H. , Rey H. , 2006. Exchange Rates, Equity Prices, and Capital Flows. Review of Financial Studies 19, 273 – 317.

[61] Hooper V. , Kim S. , 2007. The Determinants of Capital Inflows: Does Opacity of Recipient Country Explain the Flows? Economic Systems 31, 35 – 48.

[62] Ibarra C. A. , 2011. Capital Flows and Real Exchange Rate Appreciation in Mexico. World Development 39, 2080 – 2090.

[63] Jongwanich J. , Kohpaiboon A. , 2013. Capital flows and real

exchange rates in emerging Asian countries. Journal of Asian Economics 24, 138 - 146.

[64] Kalemli - Özcan S., Reshef A., Sørensen, B. E., Yosha, O., 2010. WHY DOES CAPITAL FLOW TO RICH STATES? Review of Economics & Statistics 92, 769 - 783.

[65] Kaplan E., Rodrik D., 2002. Did the Malaysian Capital Controls Work?

[66] Kapur B. K., 2005. Capital Flows and Exchange Rate Volatility: Singapore's Experience. Social Science Electronic Publishing.

[67] Kenen P. B., 1965. Nature, Capital, and Trade. Journal of Political Economy 73, 437 - 460.

[68] Kim S., Cyn S. H. K., Park Y., International Capital Mobility of East Asian Countries: Is Domestic Investment Financed by Regional or Global Savings?

[69] Kim S., Kim S., Choi Y., 2013. Determinants of International Capital Flows in Korea: Push vs. Pull Factors. Korea and the World Economy 14, 447 - 474.

[70] Kirabaeva K., Razin, A., 2010. Composition of International Capital Flows: A Survey. Bank of Canada, Working Paper 2010 - 2033.

[71] Krol R., 1996. International capital mobility: evidence from panel data. Journal of International Money & Finance 15, 467 - 474.

[72] Krugman P. R., 1995. Technology, trade and factor prices. Journal of International Economics 50, 51 - 71.

[73] Kuang O. S., 2008. Capital flows and financial assets in emer-

ging markets: determinants, consequences and challenges for central banks: the Malaysian experience. In: Settlements BFI (ed.) Financial globalisation and emerging market capital flows. Bank for International Settlements, pp. 321 –339.

[74] Kurihara Y., 2006. The relationship between exchange rate and stock prices during the quantitative easing policy in Japan. International Journal of Business 11, 375 –386.

[75] Langer W. L., 1936. Aspects of the Theory of International Capital Movements. Foreign Affairs.

[76] Li C., 2010. Savings, Investment, and Capital Mobility within China. China Economic Review 21, 14 –23.

[77] Lucas R. E., 1990. Why Doesn't Capital Flow from Rich to Poor Countries? The American Economic Review 80, 92 –96.

[78] Lupo – Pasini F., 2011. The International Regulatory Regime on Capital Flows. Social Science Electronic Publishing.

[79] Mccauley R. N., Borio, C., Mcguire, P., 2011. Global Credit and Domestic Credit Booms. BIS Quarterly Review.

[80] Mcguire P., Peter G. V., 2012. The Dollar Shortage in Global Banking and the International Policy Response. International Finance 15, 155 –178.

[81] Meng G., Mosig A., Vingron M., 2002. The Global Disconnect: The Role of Transactional Distance and Scale Economies in Gravity Equations. Scottish Journal of Political Economy 49, 526 –543.

[82] Mercado Jr R. V., Park C., 2011. What Drives Different

Types of Capital Flows and Their Volatilities in Developing Asia? International Economic Journal 25, 655 - 680.

[83] Miller N. C., 1968. A General Equilibrium Theory of International Capital Flows. Economic Journal 78, 312 - 320.

[84] Montiel P., 1998. The Capital Inflow Problem. World Bank Stock No. 37135.

[85] Montiela P., Reinhartb C. M., 1999. Do capital controls and macroeconomic policies influence the volume and composition of capital flows? Evidence from the 1990s. Mpra Paper 18, 619 - 635.

[86] Ngiam K., 2001. SINGAPORE - COPING WITH THE ASIAN FINANCIAL CRISIS: THE SINGAPORE EXPERIENCE. Working Paper No. 8, Institute of Southeast Asian Studies 4, 63 - 83.

[87] Nieh C. C., Lee C. F., 2001. Dynamic relationship between stock prices and exchange rates for G - 7 countries. Quarterly Review of Economics & Finance 41, 477 - 490.

[88] Obstfeld M., 1985. Capital mobility in the world economy: Theory and measurement. NBER.

[89] Ocampo J., Palma J., 2008. The Role of Preventative Capital Account Regulations.

[90] Ocampo J. A., 2003. Capital Account and Countercyclical Prudential Regulations in Developing Countries. Palgrave Macmillan UK.

[91] Ono F. H., Silva G. J., L. O. J., Paula L. F., 2005. Conversibilidade da conta de capital, taxa de juros e crescimento econômico: uma avaliação empírica da proposta de plena conversibilidade do real. Bra-

zilian Journal of Political Economy 2, 231 -261.

[92] Pan M. S. , Fok C. W. , Liu Y. A. , 2007. Dynamic linkages between exchange rates and stock prices: Evidence from East Asian markets. International Review of Economics & Finance 16, 503 -520.

[93] Paula L. F. , Pires M. C. , Faria Jr. J. , Meyer T. R. , 2012. Liberalização financeira, performance econômica e estabilidade macroeconômica no Brasil: uma avaliação do período 1994—2007. Nova Economia.

[94] Paula L. F. , Prates D. , 2012. Capital Account and Foreign Exchange Derivatives Regulation in Brazil: The Recent Experience.

[95] Paula L. F. D. , Ferrari - Filho F. , Gomes A. M. , 2013. Capital Flows, International Imbalances and Economic Policies in Latin America. Palgrave Macmillan UK.

[96] Portes R. , Rey H. , 2005. The Determinants of Cross - border Equity Flows. Journal of International Economics 65, 269 -296.

[97] Portes R. , Rey H. , Oh Y. , 2001. Information and capital flows: The determinants of transactions in financial assets. European Economic Review 45, 783 -796.

[98] Prasad E. , Rajan R. G. , Subramanian A. , 2006. Patterns of international capital flows and their implications for economic development. University of Bristol 65, 144 -164.

[99] Primiceri G. E. , 2014. Time Varying Structural Vector Autoregressions and Monetary Policy. Staff Reports 72, 821 -852.

[100] Quinn D. P. , Toyoda, A. M. , 2008. Does Capital Account Liberalization Lead to Growth? Review of Financial Studies 21,

1403 – 1449.

[101] Razin A., Sadka E., Yuen, C. W., 1998. A Pecking Order of Capital Inflows and International Tax Principles. Journal of International Economics 44, 45 – 68.

[102] Reinhardt D., Ricci L. A., Tressel T., 2013. International Capital Flows and Development: Financial Openness Matters. Journal of International Economics 91, 235 – 251.

[103] Reinhart C. M., Rogoff K. S., 2004. Serial Default and the "Paradox" of Rich – to – Poor Capital Flows. American Economic Review 94, 53 – 58.

[104] Reisen H., Soto M., 2001. Which Types of Capital Inflows Foster Developing – Country Growth? International Finance 4, 1 – 14.

[105] Saak S. E., 2016. The Effect of ECB Monetary Policy on Capital Flows to Emerging Market Economies.

[106] Sanchez C. V., 2006. The Direction of International Capital Flows: New Empirical Evidence.

[107] Sarno L., Tsiakas I., Ulloa B., 2016. What Drives International Portfolio Flows? Journal of International Money and Finance 60, 53 – 72.

[108] Singh S., 2009. Foreign capital flows into India: Compositions, regulations, issues and policy options. Informatore Agrario 59.

[109] Sjaastad L. A., Manzur M., 1996. Protection and Real Exchange Rate Volatility Creation Date: 1996. Economics Discussion.

[110] Smaghi L. B., 2007. Global imbalances and monetary poli-

cy. Journal of Policy Modeling 29, 711 - 727.

[111] Springer K., 2000. Do We Have to Consider International Capital Mobility in Trade Models? Kieler Arbeitspapiere Working Paper No. 964.

[112] Steenbeek O. W., 1999. Financial Regulation and Systemic Risk: The Case of Japan.

[113] Steinherr A., Cisotta A., Klar E., Sehovic K., 2015. Liberalizing Cross - Border Capital Flows: How Effective Are Institutional Arrangements against Crisis in Southeast Asia. Working Papers on Regional Economic Integration.

[114] Sy M., Tabarraei H., 2010. Capital inflows and exchange rate in LDCs: The Dutch disease problem revisited. Working Papers.

[115] Taylor M. P., Sarno L., 1997. Capital Flows to Developing Countries: Long - and Short - term Determinants. World Bank Economic Review 11, 451 - 470.

[116] Tille C., van Wincoop, E., 2010. International Capital Flows. Journal of International Economics 80, 157 - 175.

[117] Tong H., Wei S. J., 2009. The Composition Matters: Capital Inflows and Liquidity Crunch during a Global Economic Crisis. In: Review of Financial Studies, pp. 2023 - 2052.

[118] Tsyrennikov V., 2007. Capital Flows and Moral Hazard.

[119] Vann Der Laan C. R., Cunha A. M., Lelis M. T., 2011. Desregulamentação financeira externa no Brasil: reestimando o ICC e alguns impactos macroeconômicos em um modelo VEC (1995—2011).

[120] Wang Y., Liberalization of Foreign Exchange Controls: Japan's Experiences and Its Implications for China.

[121] Watson M., 2007. The Political Economy of International Capital Mobility. Palgrave Macmillan.

[122] Wei S. J., 2006. Connecting two views on financial globalization: Can we make further progress?. Journal of the Japanese & International Economies 20, 459 –481.

# 后　记

本书通过大量翔实可靠的数据和典型案例较为全面、客观、深入地分析阐述了跨境资金流动及其监管的发展历程和主要成果，同时兼顾当前与长远，深入研究分析了当前我国跨境资金流动面临的风险，以及本外币协同监管存在的困难与挑战，探索地提出未来我国跨境资金流动本外币一体化管理的总体方向、监管模式及实现路径，具有较强的理论性、实践性和操作性，是中国人民银行天津分行和南开大学研究推进跨境资金流动本外币一体化管理的重大成果展现，对健全跨境资金流动“宏观审慎管理与微观市场监管”两位一体的管理体系有重要意义。

作为联合课题组的集体智慧结晶，本书历时近一年而成，在编写过程中，得到了中国人民银行天津分行和南开大学双方领导的高度重视和大力支持。中国人民银行天津分行周振海行长、刘通午副行长多次就本书的写作思路、结构布局、核心内容等方面提出指导性意见。南开大学、中国金融出版社等有关单位领导和工作人员，特别是南开大学梁琪教授作为高级顾问为本书的撰写出版给予了专业性和技术性的指导，南开大学课题组负责人郝项超副教授带领团队很好地完成了分配的工作。共22位同志对全书的编纂工作做出了重要贡献，他们分别是南开大学课题组负责人郝项超，中国人民银行天津分行李璐、徐力、马金辉、马彦平、王云、王伟亮、王凯霞、孔蕊、汤娟、李万里、李建伟、张平、张立军、张利勇、张洪伟、张晓宇、张薇、黄萍、崔建红、寇霭婷、谢健。共29位同志参与了本书撰稿，他们分别是中国人民银行天津分行马庆强、马金辉、马彦平、王伟亮、王武斌、王佳、王睿、孔蕊、卢志利、刘文静、孙为昭、李万里、杨晓、张立军、张利勇、张奕、张洪伟、张晓宇、张薇、饶慧君、顾玲、徐力、常军、寇霭婷、蒋浩，南开大学郝项超、刘精山、赵沛、赵玲玲。在此对各方给予的支持和帮助表示衷心感谢！

由于水平所限，本书所阐述的看法、观点、评价难免有偏颇之处，欢迎读者朋友们批评指正。我们真诚地希望，本书的付梓出版能够为我国跨境资金流动和本外币一体化管理提供参考，为人民币国际化稳步推进提供助力，为有效防控跨境资金流动风险、维护金融安全和社会稳定提供有价值的参考和借鉴。